Elisabeth Wellano alias Liesl Karlstadt (1892–1960) stammte aus ärmlichen Verhältnissen. Ihr komisches Talent und ihre große schauspielerische Begabung verhalfen ihr bald zu Popularität und gefeierten Auftritten. Hinter dem Glanz des öffentlichen Lebens stand der private Albtraum: Zu der schmerzhaften Zurücksetzung hinter ihren allgegenwärtigen Bühnenpartner Karl Valentin gesellte sich die emotionale Abhängigkeit von ihm. Erst Anfang der Vierzigerjahre fand sie die Kraft zur Eigenständigkeit und zum künstlerischen Neuanfang. Mit großer Kompetenz und Sensibilität erzählt Gunna Wendt den wechselhaften Lebensweg dieser Ausnahmekünstlerin.

Gunna Wendt, geboren 1953, studierte Soziologie und Psychologie und lebt als freie Autorin und Ausstellungsmacherin in München. Neben ihren Arbeiten für Radio und Theater schrieb sie mehrere Libretti für zeitgenössische Opern und veröffentlichte zahlreiche Biografien, etwa über Liesl Karlstadt, Paula Modersohn-Becker, Franziska zu Reventlow, Helmut Qualtinger, Maria Callas, Erika Mann und Therese Giehse.

Gunna Wendt

Liesl Karlstadt

Ein Leben

Mit 39 Fotos

btb

Die Originalausgabe ist unter dem gleichen Titel
erstmals 1998 im Piper Verlag erschienen.

1. Auflage
Überarbeitete Neuausgabe November 2019

Umschlaggestaltung: semper smile, München
Umschlagmotive auf der Vorder- und Rückseite:
Monacensia Literaturarchiv, München
Satz: Uhl + Massopust, Aalen
Druck und Einband: GGP Media GmbH, Pößneck
SK · Herstellung: sc
Printed in Germany
ISBN 978-3-442-71907-5

www.btb-verlag.de
www.facebook.com/btbverlag

They tell me everything is going to be all right,
but I don't know what all right even means.

BOB DYLAN, Time Out of Mind

in memoriam Peter Hanusch

INHALT

AUFTAKT

Eine Winternacht kurz nach Weihnachten 2018. Ich bin auf dem Rückweg von Erl in Tirol nach München. Im Kopf die Bilder der Oper »Stillhang«, deren Premiere am 28. Dezember im Rahmen der alljährlichen Erler Festspiele stattfand. Isabel Karajan als Liesl Karlstadt auf der Bühne – verloren im weißen Hemd wie Sterntaler in dunkler Nacht. Gefunden von einer Gruppe Soldaten, die auf einer Alm in den Bergen stationiert sind. Junge Männer, die genauso ausgesetzt sind im Niemandsland wie sie. Während sie den Horror und die Todesnähe schon hinter sich hat, ahnen die Rekruten, dass etwas Schreckliches vor ihnen liegt, und versuchen, die Furcht vor dem Unbekannten zu verdrängen. Was die fünfzigjährige Frau mit ihnen verbindet, ist das Warten, die Unsicherheit, die Angst, der Überlebenswille, die Lebensfreude, die sich bis zur Gier steigern kann. Gemeinsam erfinden sie einen Alltag mitten im Krieg, der ihnen zumindest für begrenzte Zeit Geborgenheit, Spaß und die Illusion von Frieden bietet. Liesl schlüpft in verschiedene Rollen, ist mal Mutter, mal Vater für ihre »Söhne«, aber vor allem der Mulitreiber und Gefreite Gustav, dem noch einige Beförderungen bevorstehen. Die muntere Truppe bespielt die Leere der Zwischenwelt mit ihrer Fantasie, erklärt das Wettersteingebirge zum Himalaja und hält eine tibetanische Faschingsprozession auf der Zugspitze ab.

Ihr Aufenthalt auf der Ehrwalder Alm sei die »schönste Zeit ihres Lebens« gewesen, hat Liesl Karlstadt beteuert. Zwischen 1941 und 1943 fand sie dort nach ihrem Selbstmordversuch und langen Psychiatrieaufenthalten in München wieder zu Ruhe, Kraft und Balance. Diese Zeit ist der Gegenstand der Oper »Stillhang« von Klaus Ortner und Christian Spitzenstaetter. Ortner schrieb das Libretto und führte Regie, Spitzenstaetter schuf die Musik und dirigierte. Zusammen mit dem großartigen Ensemble von Sängern, Musikern und Schauspielern, allen voran Isabel Karajan, kreierten sie ein Gesamtkunstwerk, vertrauten dem Zusammenspiel von Text und Musik und ließen – wie einst das Bühnenpaar Valentin/Karlstadt – der Stille genügend Raum.

Ich war von dem Gefühl überwältigt, dass mit dieser Produktion etwas zurechtgerückt worden war: Das Urteil »Lebenslänglich komisch«, das Karl Valentin über seine Partnerin gesprochen hatte und das – aus Bequemlichkeit – von der Allgemeinheit übernommen wurde, war endlich revidiert worden, das Bild von der handfesten Frohnatur, dem bodenständigen Münchner Kindl als Trugbild entlarvt.

Eine ähnlich tiefe Zufriedenheit verspürte ich, als ich im Frühjahr 2015 die große Paula-Modersohn-Becker-Ausstellung im Louisiana Museum für Moderne Kunst in Kopenhagen besuchte. Endlich wurden die Werke der aus der Künstlerkolonie Worpswede stammenden Malerin dort gezeigt, wo sie hingehörten: in »der Welt« – so hatte sie selbst

Paris genannt, das die nächste Station der Ausstellung sein würde.

Die Künstlerin hatte endlich den Platz und die Aufmerksamkeit gefunden, die ihr gebührten. So auch Liesl Karlstadt. Es ist heute unfassbar, dass man sie in den 1920er- und 1930er-Jahren übersehen oder nur als nebensächlich wahrnehmen konnte, wie es so namhafte Publizisten wie Feuchtwanger, Brecht, Polgar, Tucholsky und Kerr taten. Die nahezu unbegrenzte Verwandlungsfähigkeit und Flexibilität ihrer Darstellung entging diesen sonst so aufmerksamen Autoren. Sie konzentrierten sich fast ausschließlich auf den beständigen Teil des starr-beweglichen Bühnenpaars und feierten Karl Valentins Genie. Der bewegliche Teil wurde zum Beiwerk, zur Stichwortgeberin degradiert. Wahrscheinlich gab es damals, in der ersten Hälfte des 20. Jahrhunderts, kein Wahrnehmungsmuster für das, was Liesl Karlstadt auf der Bühne tat. Genie wurde damals gleichgesetzt mit Monomanie, und die fand sich bei Karl Valentin und nicht bei Liesl Karlstadt.

Doch dabei ist es nicht geblieben. Multiplizität, Flexibilität, Selbsterfindung sind heute übliche Begriffe, um Darstellungs- und Existenzformen zu beschreiben. Bei Liesl Karlstadt beschränkten sie sich nicht nur auf die Bühne, sondern auch auf den Alltag. Nachdem sie zunächst ihre »weibliche Eitelkeit vergessen« musste, um den alten beleibten Kapellmeister zu spielen, erkannte sie bald, dass sie »in der Hosn immer a freche Goschn« haben würde.

In den letzten Jahren rückte Liesl Karlstadt zunehmend in den Mittelpunkt des Interesses, wie diverse Publikationen, Filme und Ausstellungen zeigen. Zuletzt die Ausstellung »Liesl Karlstadt: Schwere Jahre 1935–1945« im Valentin-Karlstadt-Musäum anlässlich ihres 125. Geburtstags am 12.12.2017.

Einen Höhepunkt der Zuwendung und Würdigung Liesl Karlstadts bedeutete die Einrichtung des Liesl-Karlstadt-Kabinetts, mit der der Grafiker Herbert Woyke und ich betraut wurden, und die damit verbundene Umbenennung des bisherigen Valentin-Musäums in Valentin-Karlstadt-Musäum. Sie wurde initiiert durch einen Stadtratsantrag, der 1999 von den Stadträtinnen Monika Renner und Christine Strobl eingebracht und positiv entschieden wurde.

Am Mittwoch, dem 25.7.2001, war es so weit: Um 11.01 wurde im nördlichen Turm des Isartors das Liesl-Karlstadt-Kabinett eröffnet und die Umbenennung vorgenommen. Inzwischen ist das Karlstadt-Kabinett in den Südturm zur Karl-Valentin-Dauerausstellung umgezogen, sodass die beiden Künstler, die nur miteinander einzigartig werden konnten, wieder beisammen sind.

München, im Juni 2019

VORWORT

> Also steigen wir einfach irgendwo ein,
> kein Einstieg ist besser als ein anderer,
> keiner hat Vorrang, jeder ist uns recht,
> auch wenn er eine Sackgasse, ein enger
> Schlauch, ein Flaschenhals ist.
>
> Gilles Deleuze, Félix Guattari,
> *Kafka. Für eine kleine Literatur*

Wenn man eine Abenteuerreise antritt, rüstet man sich entsprechend aus. Die möglichen Erfahrungen sind genauso vielzählig und vielfältig wie die möglichen Gefahren. Die Beschäftigung mit dem Leben eines verstorbenen Menschen ist mit einer Abenteuerreise vergleichbar. Irgendetwas zieht einen an. Lange Zeit bewegt man sich im Dunkeln, ab und zu leuchtet eine Spur auf. Ihr Licht wirft seinen Schein auf die Umgebung und verlischt wieder. Wachsam sein. Genau hinschauen. Alles einprägen. Verbindungen herstellen. Verknüpfungen schaffen. Eine eigene Kartografie entstehen lassen.

Manchmal kommt man einem Menschen näher durch einen Film, ein Bild oder ein Musikstück – Dinge, die einen an ihn erinnern, auch wenn sie eigentlich nichts mit ihm zu tun haben. Näherkommen, annähern sind die adäquaten Verben. Ziel sollte es sein, während der Arbeit, die Person als Gegenüber, als Dialogpartner zu verstehen, nicht als Objekt, das einem ausgeliefert ist. Weder akademische Überordnung noch plumpe Vertraulichkeit oder vereinnahmende Identifikation sollten die eigene Haltung prägen. Keiner hat das so deutlich und eindringlich gesagt wie Gilles Deleuze über seine Auseinandersetzung mit Kafka: »Als Ideal schwebt mir vor, wenn ich über einem Autor sitze, nichts zu schreiben, was ihn traurig machen könnte. Man sollte an den Autor denken, über den man schreibt. Man sollte so fest an ihn denken, daß er kein Objekt mehr sein kann und man selbst sich nicht mehr mit ihm identifizieren kann. Zu vermeiden ist eine zweifache Schändlichkeit: das Gelehrtenhafte und das Familiäre. Man sollte dem jeweiligen Autor ein wenig von der Freude, der Kraft, dem politischen und amourösen Leben zurückgeben, die er selbst sich auszudenken und zu vermitteln vermochte.«[1]

Für mich bedeutet das, mich der allgemeinen Vertraulichkeit, mit der über »unsere Liesl« gesprochen wird, nicht anzuschließen, auch wenn es Phasen in der Arbeit gibt, wo man das tun möchte und vielleicht sogar so empfindet. Doch Vertraulichkeit verstellt den Blick. Immer und besonders bei Liesl Karlstadt. Gerade in ihrem Fall liegt im allzu Familiären ein Grund dafür, dass man einem wesentlichen Teil ihrer Persönlichkeit nicht gerecht wurde, nämlich dem, der nicht in die Familie passte. Der nicht familiäre oder nicht familiengerechte Teil wurde ausgespart, abgedrängt oder mit dem Mäntelchen der trügerischen Harmlosigkeit zugedeckt.

Das bedeutet nicht, dass ich einer Schlüssellochpublizistik das Wort reden möchte. Kein Enthüllungsehrgeiz, keine Aufklärungswut. Die Chance, das Leben eines Menschen nachzufühlen, besteht im Entfalten seiner Vielfalt, nicht im Bemühen um Vollständigkeit, denn die ist eine Illusion. Der

Versuch, die vielfältigen Aspekte darzustellen, beginnt mit der Suche nach vielfältigen Betrachtungswinkeln und Aussichtsplateaus.

Die großen Maler, allen voran Vermeer und Cézanne, haben es gewusst, dass sie mehr sehen und abbilden können, wenn sie den Fluchtpunkt ihrer Perspektiven außerhalb des Bildes annehmen – für seine berühmten Stillleben hat Cézanne sogar mehrere Fluchtpunkte pro Bild erfunden. Die Annäherung von verschiedenen Ausgangspunkten, die Deterritorialisierung eines vermeintlich abgesteckten Territoriums hat das Ziel, mehr zu sehen und vor allem anderes und anders zu sehen.

Man nimmt nicht historisch oder chronologisch wahr, sondern analogisch, über Geschichten. Jeder Tag mit seiner Vielzahl von Wahrnehmungen und Eindrücken entspricht einer Vielzahl von erlebten Geschichten. Wenn wir uns ein Gesicht, eine alltägliche Straßenszene einprägen wollen, tun wir es mithilfe einer Geschichte. Und auch das Weitererzählen geschieht auf diese Weise. Darin waren Liesl Karlstadt und Karl Valentin Meister. So sind ihre Stücke entstanden. Liesl Karlstadt belauscht in einem Lokal das Gespräch zweier Männer, kommt aufgeregt auf die Probe, berichtet ihrem Partner, welchen unglaublichen Aufschneider sie eben kennengelernt hat. Der Partner lässt sich von ihrer Begeisterung anstecken, und das Stück »An Bord« entsteht. Ein anderes Mal schildert sie ihm, mit welchen Worten der alte Inhaber eines Zigarrenladens einem Kunden gerade erzählt hat, wie sein Firmling zu seinem Firmlingsanzug gekommen ist. Daraus entwickeln die beiden ihr Stück »Der Firmling«. Alle ihre Szenen hatten ihren Ursprung im Alltagsleben und formierten sich in der Improvisation über viele einzelne Geschichten zu einer neuen, komplexen.

Der Vorgang, das Leben eines Menschen zu beschreiben, ist ein ähnlicher. Jede Einzelbegebenheit, jede Situation hat ihre eigene Wahrheit und Authentizität. Zeitgeschichtliche, psychologische Einordnungen ändern bestenfalls die Beleuchtung.

Nachdem ich das Herz an Liesl Karlstadts Grab aufgeklappt hatte, wurde die Tätigkeit des Aufklappens zu einem Leitmotiv für mich. Das knallrote, fröhliche, robuste Lebkuchenherz barg in seinem Innern einen fremden, entfernten, schimmernden Namen.

Vom Alten Bogenhausener Friedhof aus führte mich mein Weg in verschiedene Archive, in denen ich Liesl Karlstadts Lebensspuren fand. Und auch in ihrem Nachlass fand ich viel Geschlossenes, was zum Öffnen aufforderte – einiges von ihr selbst so eingerichtet. Da ist das Aufsatzheft aus dem Jahre 1906, das die Schulaufsätze enthält, die sie im Alter von 13 Jahren geschrieben hat. Liesl Karlstadt hat es bis zu ihrem Lebensende aufgehoben. Es zeigt sie schon früh als Schreibende, die über eine erstaunliche Beobachtungsgabe verfügt. Und über eine Art der Differenzierung in der Betrachtung, die es ihr erlaubt, verschiedene, einander widersprechende Ebenen einzubringen, zu entwickeln und trotzdem zu einem versöhnlichen Schluss zu gelangen. Da ist das Heft, in dem die ersten Rollen notiert sind, eng und genauso sorgfältig beschrieben wie das Aufsatzheft, und da ist das Heft mit den Couplets aus der ersten Theaterzeit als Soubrette. Alle drei Hefte ähneln sich äußerlich. Wenn man sie jedoch aufklappt, findet man ganz unterschiedliche Inhalte vor.

Ein weiteres Buch, das zum Aufklappen einlädt, ist die »Familienchronik von Elisabeth Wellano genannt Liesl Karlstadt«. Sie erzählt ausführlich von der goldenen Hochzeit der Bäckers-Eheleute Ignaz und Agathe Wellano in Osterhofen, den Großeltern väterlicherseits. Die Eltern sind nebeneinander abgebildet und mit ihren Lebensdaten versehen. Ein Familienbild der Wellanos mit vier Kindern. Elisabeth Wellano genannt Liesl Karlstadt – im Kommunionskleid, als Verkäuferin im Warenhaus Tietz, beim ersten Auftreten im Frankfurter Hof in München, beim ersten Auftreten mit dem Partner Karl Valentin am selben Ort. Daneben Zeugnisse, Verträge und die für das Kalenderjahr 1914 erteilte »stets widerrufliche ortspolizeiliche Erlaubnis«, gewerbsmäßig in öffentlichen Wirtschaftslokalitäten innerhalb des Stadtbezirkes München Gesangsaufführungen darzubieten.

Und dann sind da die Alben, immer wieder Alben unterschiedlicher Größe und Inhalts. Zunächst einmal Fotoalben, wie man sie kennt. Angefüllt mit Erinnerungsbildern von Reisen, bevorzugt in die Berge, Innsbruck, Garmisch, Ehrwald, Liesl Karlstadts geliebte Berge – geschmückt durch Edelweißarrangements, um wenigstens ein bisschen von der Liebe zu ihnen festzuhalten. Wenige Menschen, immer wieder Naturaufnahmen.

Die Alben, die die Menschen zeigen, sehen von außen ganz ähnlich aus. Fotoalben mit Szenenfotos, Filmstills und Bühnenaufnahmen. Ein ganzes Album zum Thema »Sturm im Wasserglas« und »Die 3 Gschpusi der Zenta«. Immer wieder ihr eigenes Bild in den verschiedensten Szenen. Die anderen als Statisten. Alle.

Die Alben werden größer. Enthalten plötzlich nicht mehr nur Fotos, sondern schriftliche Spuren der künstlerischen Tätigkeit. Und da steht der Name nicht mehr allein, sondern zusammen mit dem des Partners Karl Valentin. Auf einer Seite ungefähr dreißigmal, immer wieder aus der Zeitung ausgeschnitten und kunstvoll zu einer typografischen Collage arrangiert und aufgeklebt. Variationen solcher Wort- und Bildinszenierungen kommen häufig vor, erinnern an Dada und tschechische Bildgedichte. Vervielfältigung, Wiederholung, Steigerung.

Fünf große Alben fallen auf. Die berühmten Bühnenalben, die die Geschichte von Liesl Karlstadts Karriere detailliert, chronologisch und persönlich erzählen. Da finden sich ebenso die ersten Auftrittsfotos als Soubrette wie glanzvolle Theaterprogramme der triumphalen Berlin-Gastspiele in den Golden Twenties, ausführliche Kritiken und Interviews, Plakate zu den Wohltätigkeitsveranstaltungen aus der Zeit des Ersten Weltkriegs und Programmzettel der »Kraft durch Freude«-Abende der Nazizeit. Auf jeder Seite kommentiert durch handschriftliche Notizen, die Jahreszahl und Ort nennen und manchmal lakonisch vermelden: Karlstadt krank. Eine Urkunde über die 99 Jahre währende Ehrenmitgliedschaft in einer skurrilen Gesellschaft, ein Billett von Thomas Mann, der seinen Besuch nach der Vorstellung ankündigt, Glückwunschtelegramme, eine Annonce, die den Verlust ihrer Klarinette im Zug von München nach Garmisch meldet und um Anrufe auf der Ehrwalder Alm bittet, viele Bilder aus den Sketchen und Szenen: der coole junge Typ mit der Zigarette im Mundwinkel, der alte Kapellmeister, der sich die Haare rauft, der großäugige Bub mit der Firmungskerze und die elegante junge Frau im Halbprofil mit Seidenstola. Ist das wirklich ein und dieselbe Person? Ein und dieselbe Frau? Große Bilderbücher, die von einer märchenhaften Karriere erzählen. Zeitweise. Immer wieder die rätselhafte Eintragung »krank«, nach der dann eine Zeitspanne in der Chronologie übersprungen wird.

Ab und zu ein Motto. Klappt man Bühnenalbum 2 auf, leuchtet einem auf der rechten Seite in großen strahlend blauen Buchstaben der Name »Lisl Karlstadt« entgegen, der mit einem dicken blauen Punkt sein i-Tüpfelchen erhalten hat. Links daneben, auf der Innenseite des Umschlags, ist ein Wilhelm-Busch-Zitat eingeklebt:

Humor kann nur aus Leid erwachsen.
Daß du des Lebens Ernst erfaßt,
beweist du nicht durch Trauerfachsen,
Nein, dadurch, daß Humor du hast!

Im Theater zählt der Augenblick. Das Nichtwiederholbare, Nichtreproduzierbare. Das ist ein Teil seiner Magie. Flüchtigkeit, die zur Ewigkeit werden kann. Ein Augenblick kann alles verändern. Man darf ihn nur nicht festhalten wollen. Aber manchmal braucht man etwas, um sich daran festzuhalten. Erinnerungen. Einzelne Kritiken sind ein schlechtes Gedächtnis. Sie suggerieren Objektivität, aber eine Vielzahl von ihnen, kombiniert mit Programmen, Fotos, Plakaten und persönlichen Kommentaren, kann weit über das Dokumentarische hinausgehen. Exakte Dokumentation ist nicht beabsichtigt, denn die einzelnen Zeitungsartikel sind weder durch Ort noch Zeit ausgewiesen. Der Name der jeweiligen Zeitung und ihr Erscheinungsdatum ist in den meisten Fällen abgeschnitten worden, bevor der Artikel eingeklebt wurde.

Auf einigen Seiten ihrer Bühnenalben gelingt es Liesl Karlstadt, die Atmosphäre eines Theaterabends und der Zeit, in der er stattfand, aufscheinen zu lassen. Sie inszeniert ihn mit anderen Mitteln nach und bewahrt seinen Zauber. Man klappt das Album auf und sitzt plötzlich im Zuschauerraum, das Licht geht aus, man spürt die Spannung vor der Vorstellung, hält den Atem an und wartet, bis sich der Vorhang öffnet.

Neugier und Staunen haben meine Arbeit begleitet. Eine Intention des Textes liegt darin, den Prozess meiner Recherche nachvollziehbar zu machen. So wird ein scheinbar individuelles Verfahren transparent. Wesentliche Bestandteile des Buches sind Originaltexte von Liesl Karlstadt, Originalzitate aus den angegebenen Quellen. Wenn sie nicht explizit ausgewiesen sind, handelt es sich um Zeitungsartikel, die Liesl Karlstadt in ihre Bühnenalben eingeklebt hat, ohne Erscheinungsort und Datum zu nennen. Sie transportieren ein Stück Alltagsgeschichte und schreiben den Text weiter.

Ich habe oft bewusst darauf verzichtet, Fremdtexte zu paraphrasieren, um ihnen die zeitgeschichtliche Authentizität zu lassen. In meinem Buch stehen die verschiedenen Textelemente gleichberechtigt nebeneinander, treten in einen Dialog, treiben sich gegenseitig weiter und bilden eine Collage, deren Arrangement keinen Anspruch auf Endgültigkeit erhebt. Alles bleibt in Bewegung.

EINS

Herz mit doppeltem Boden

> The heart shuts,
> The sea slides back,
> The mirrors are sheeted.
>
> Das Herz fällt zu,
> Das Meer gleitet zurück,
> Die Spiegel sind verhangen.
>
> Sylvia Plath,
> »Contusion – Quetschung«

Liesl Karlstadt liegt auf dem Alten Bogenhausener Friedhof in München begraben. Das Pilgern an die Gräber ist keine sentimentale Angelegenheit der Alten und nicht nur den dafür vorgesehenen Feiertagen vorbehalten. Spätestens wenn man sich das Grab Jim Morrisons auf dem Pariser Friedhof Père Lachaise und seine jungen Besucher anschaut, wird das deutlich. Allmählich wird es den Wächtern zu viel, dass dieser Unruhige im Leben auch im Tod keine Ruhe geben kann und jene anzieht, die keine Ruhe finden wollen. Der Begriff Friedhofsruhe wird Lügen gestraft, wie auch Helmut Qualtingers Witwe beklagt. Auf dem Zentralfriedhof in Wien, dieser Stadt, die eine besondere Liaison mit dem Tod eingegangen ist, sei sie am Grab ihres verstorbenen Mannes noch nie allein gewesen. Ruhelose, Fremde im Glauben, in der Sprache und im Denken hat der a-katholische Friedhof in Rom aufgenommen, den italienischen Kommunisten Antonio Gramsci genauso wie die jung verstorbenen englischen Dichter John Keats und Percy Bysshe Shelley. »Du kannst, begreifst du es?, nur in diesem Ort der Fremden ruhen, noch immer verbannt« heißt es in Pasolinis Gedicht »Gramscis Asche«. Unversöhnt, wie der im Alter von 25 Jahren verstorbene Keats, der nicht wollte, dass sein Name auf seinem Grab erscheint, sondern die Aufschrift: »Here lies one whose name was writ in water«. So ruht er zwar namenlos neben seinem Freund Joseph Severn, bleibt aber nicht ganz ungenannt, denn dieser wird auf seinem Grabstein als »ergebener Freund und Grabgenosse von John Keats« bezeichnet.

So zahlreich wie die Nationalitäten seiner Bewohner und die Schriften auf ihren Gräbern, darunter kalligrafische Kunstwerke aus arabischen und kyrillischen Schriftzügen, so zahlreich waren auch die Namen, die man dem Friedhof gab: a-katholischer Friedhof, Friedhof der Nichtkatholiken am Testaccio, protestantischer Friedhof, Friedhof der Ausländer.

Der Alte Bogenhausener Friedhof in München nimmt nur Persönlichkeiten auf, die im Leben der Stadt eine besonders wichtige Rolle gespielt haben, kulturell, wirtschaftlich, in der Wissenschaft. Menschen, die durch ihre Arbeit das Leben der Stadt geprägt haben, versöhnte wie unversöhnte. Und so finden sich Erich Kästner, Annette Kolb, Helmut Fischer, Oskar Maria Graf, Hans Lietzau, Walter Sedlmayr, Rainer Werner Fassbinder genauso dort wie Liesl Karlstadt.

Gerade noch das schöne Grab Fassbinders betrachtet, den Feldstein, still, geborgen, meditativ, beschützt von einem kleinen Baum, zieht es mich hin zu dem roten Herz an der Friedhofsmauer, das so gar nichts mit Trauer und Tod zu tun zu haben scheint. Nur kurz kommt der Gedanke an flammende Herzen, Marienverehrung und Herz-Jesu-Anbetung auf, wenn man vor dem schwarzen schmiedeeisernen Grabkreuz steht, an dem das Herz befestigt wurde. Rasch wird dieser Gedanke jedoch abgelöst durch solche an Lebkuchenherzen vom Christkindlmarkt oder vom Oktoberfest, und die Schrift, mit der der Name Liesl Karlstadt aufgeschrieben ist, tut ein Übriges dazu. Es ist die kindliche Schreibschrift, mit der aus Zuckerguss »Ich hab dich lieb« oder »Schatzi« geschrieben ist. »Die Liesl« – ein Münchner Kindl, das keine Schwierigkeiten hatte, auf diesem Münchner Friedhof seine Ruhe zu finden. Kein Enfant terrible wie Fassbinder schräg gegenüber, bei dem man sicher überlegt hat, ob er wirklich ein würdiger Sohn der Stadt sei.

Liesl Karlstadt. Volksschauspielerin. Eine von uns. Identifikationsfigur.

Plötzlich, mitten in der Assoziation, fällt mir auf, dass das rote Herz eine Tiefendimension hat. Es ist dreidimensional, keine Fläche, Grabtafel, sondern ein Körper, ein Kästchen mit einer Tür, an dem links ein Riegel angebracht ist, der die Tür verschließt. Aufklappen und nachschauen! Die Herztür öffnet sich, zeigt einen hellen, schimmernden Hohlraum und an der Rückwand die Inschrift: Elisabeth Wellano 1892–1960. Moment des Innehaltens. Irritation.

Ein rotes Herzerl, fröhlich, putzig, so wie es allen gefällt. Bonbonherz. Mit der Aufschrift Liesl Karlstadt. Das Herz hat einen doppelten Boden. Es wirkt wie ein großes Medaillon, wenn man den seitlichen Riegel zum Öffnen und Verschließen entdeckt hat. In einem Medaillon trägt man das, was man liebt, das, was einem wert und teuer ist. Bilder eines geliebten Menschen.

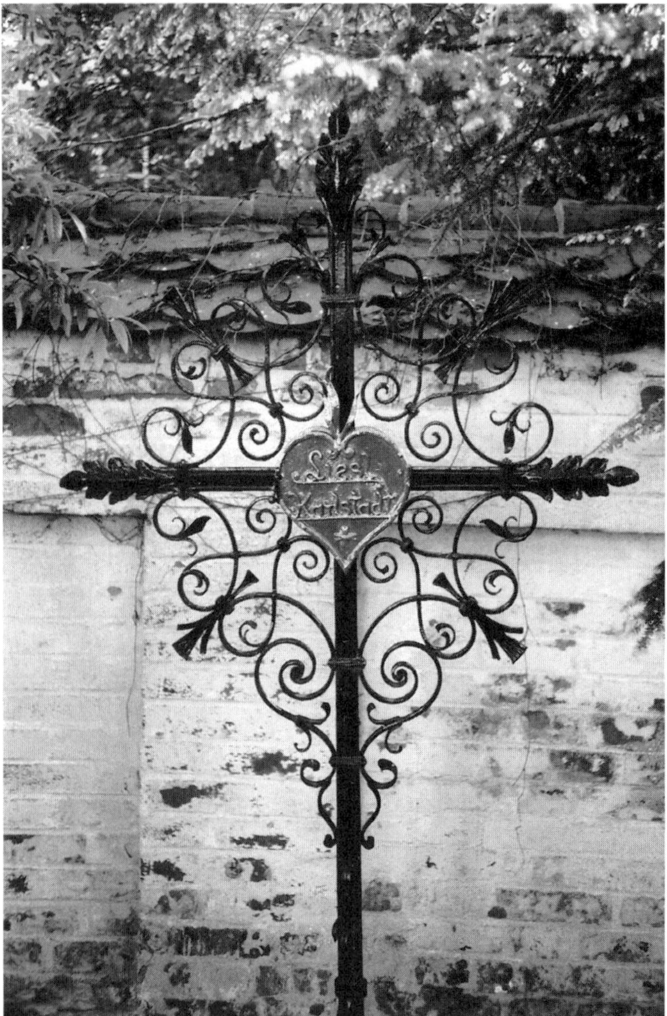

Liesl Karlstadts Grabkreuz
auf dem Alten Bogenhausener Friedhof

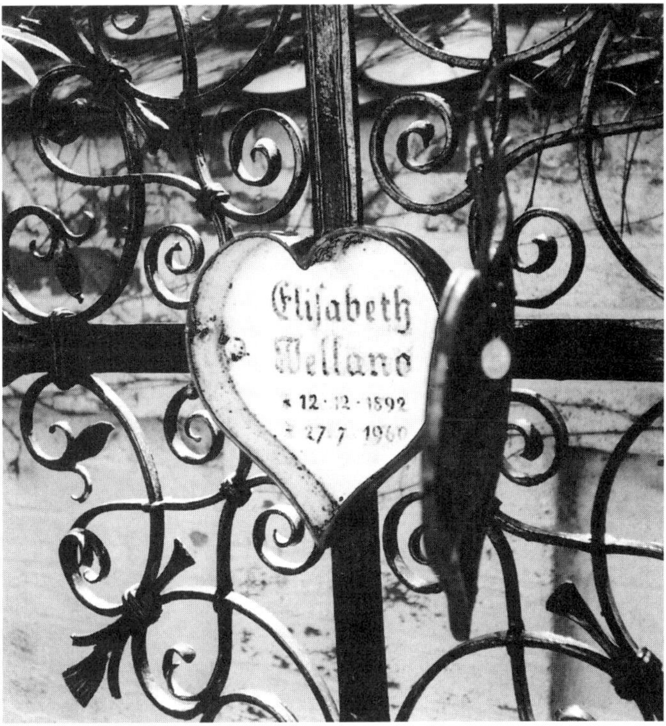

In dem großen roten Medaillon auf Liesl Karlstadts Grabkreuz steht ihr Geburtsname Elisabeth Wellano. Da hat also jemand, der als Elisabeth Wellano zur Welt kam, seinen Namen geändert in Liesl Karlstadt. Aus der Distanz und ohne Kenntnis der Hintergründe betrachtet schwer vorstellbar. Der umgekehrte Weg wäre der wahrscheinlichere. Kommt man Liesl Karlstadt näher und begibt sich in den Kontext ihrer Lebensgeschichte hinein, kann man nachvollziehen, dass der exotische Name wahrscheinlich nicht so recht gepasst hätte auf die Münchner Volkssängerbühnen zu Beginn des 20. Jahrhunderts und dass die Trägerin ihn gar nicht ungern aufgegeben hat, war er doch in ihrer Kindheit für sie mit Anderssein, Fremdheit verbunden – in einem Lebensalter, in dem man sich nichts sehnlicher wünscht, als so wie alle anderen zu sein. Gründe, Kausalitäten lassen sich im Nachhinein immer ausmachen, scheinbar erhellende, die uns der Wirklichkeit näher bringen wollen. Die Summe der Fakten und Zusammenhänge lässt die Realität einer Lebensgeschichte entstehen. Sie erzeugt Wirklichkeit, aber der erste, unvoreingenommene Eindruck ist vielleicht der Wahrheit näher. Mich hat er immer wieder zurückgeholt zu dem ersten Geheimnis, das über dem Leben dieses Menschen, wie über dem Leben eines jeden Menschen, liegt. Immer dann, wenn ich in den verschiedenen Archiven objektiv verwert- und interpretierbare Funde machte, schriftliche wie mündliche Zeugenaussagen fand, belegbare Ergebnisse vorweisen konnte und doch gleichzeitig spürte, dass sie den Blick mehr verstellen als erhellen, fiel mir das Herz mit dem doppelten Boden ein. Das lodernde knallrote Herz mit dem Namenszug in kindlicher Schreibschrift, appetitlich, zum Anbeißen, niedlich, fröhlich. Lebhaft und munter – an einem Ort der Ruhe und Besinnung. Das Herz fiel mir ein und vor allem das, was es verbarg: einen anderen fremden Namen in seiner Tiefe, hell und durchschimmernd, sehr weit weg, aber präsent.

ZWEI

Elisabeth Wellano genannt Liesl Karlstadt

Liesl Karlstadt wurde am 12. Dezember 1892 in der Zieblandstraße in München-Schwabing als Elisabeth Wellano geboren. Ihre Eltern waren der Bäckermeister Ignaz Wellano aus Osterhofen und Agathe Wellano, geb. Edenhofer, aus Regen im Bayerischen Wald.

Liesl Karlstadt hat ihrem Freund Theo Riegler, der eine Zeit lang die Wanderbühne »Rieglers Nudelbrett« betrieb und als Conférencier arbeitete, in den Fünfzigerjahren ihre Lebensgeschichte erzählt. Daraus ist nach ihrem Tod das Liesl-Karlstadt-Buch entstanden. Theo Riegler vergleicht darin ihre Kindheit mit den Märchen der Brüder Grimm, in denen Armut und Anständigkeit immer ein Paar bilden, das irgendwann reichlich belohnt wird.

»Das Leben der Liesl Karlstadt ist die rührende und schmucklose Geschichte eines kleinen Münchner Aschenbrödels – nur fand sie als junges Mädchen von zwanzig Jahren keinen Prinzen, der sie in ein prunkvolles Schloß führte, sondern einen dünnen, kauzigen Komiker, der Karl Valentin hieß.«[2]

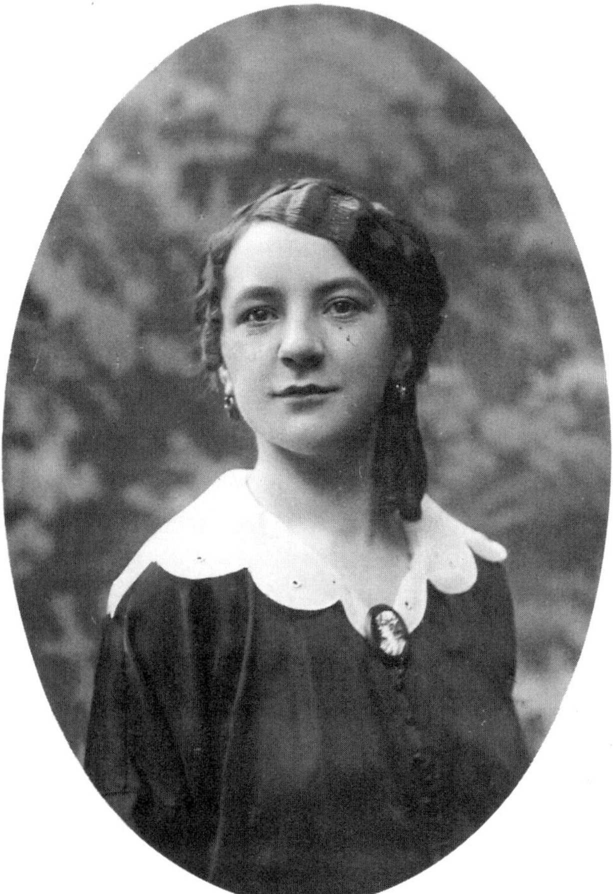

Die junge Elisabeth Wellano

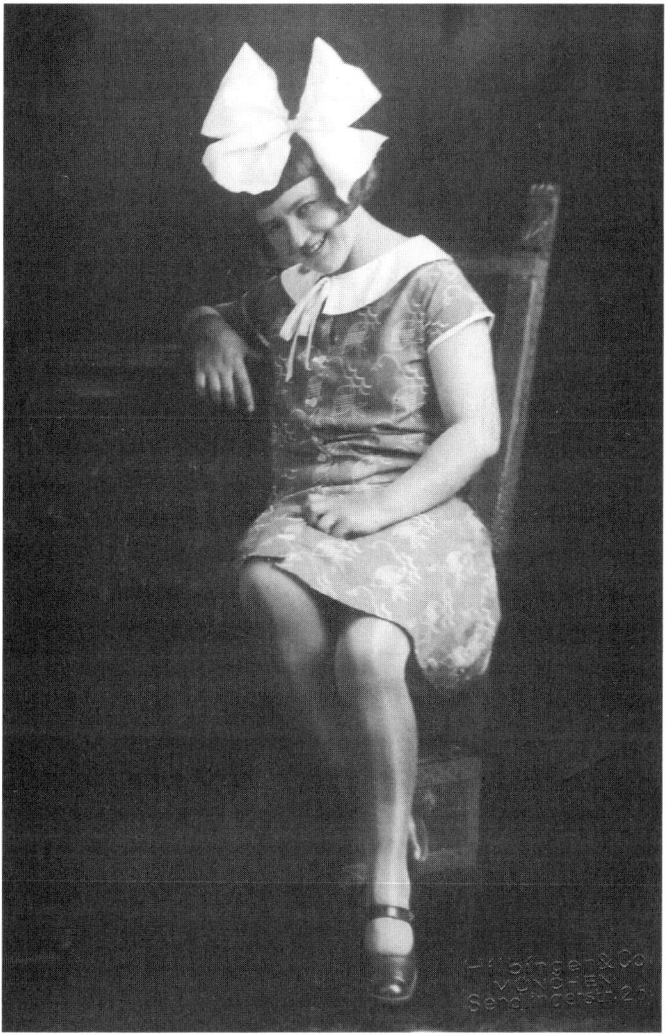

Liesl Karlstadt in »Der Bittsteller«

Ganz abgesehen von der Frage, ob Karl Valentin wirklich als der die Erlösung bringende Märchenprinz zu betrachten ist, muss hier sofort darauf hingewiesen werden, dass Liesl Karlstadt nicht auf jemanden gewartet hat. Sie hat schon sehr früh ihr Leben selbst in die Hand genommen und eben nicht auf den Mann gehofft, der ihr ein anderes Leben bieten konnte. Das war für die Zeit um die Jahrhundertwende nicht selbstverständlich. Damals war die weibliche Aschenbrödelhaltung üblich. Kein irrationaler Komplex, sondern eine realistische Verhaltensweise, die aus den mangelnden Selbstverwirklichungsmöglichkeiten einer Frau erwuchs. Das, was Colette Dowling achtzig Jahre später ihren Geschlechtsgenossinnen als Cinderellakomplex vorwirft, nämlich eine passive Wartehaltung der aktiven Tat vorzuziehen, konnte damals nicht als Vorwurf benutzt werden.

Das durchschnittliche Frauenleben zu Beginn des Jahrhunderts bot nicht viele Möglichkeiten zu individueller Verwirklichung, und auch die Arbeitsmöglichkeiten zum Zweck des Geldverdienens waren beschränkt auf die Fabrik und den Haushalt, wie Marita Krauss und Florian Beck in ihrem Buch »Leben in München. Von der Jahrhundertwende bis 1933« anhand von Originaltexten belegen.

»Ob als Näherin, Kellnerin, Verkäuferin oder Zugehfrau: Beruflicher Aufstieg und selbständige Arbeit war 1907 nur wenigen der etwa 100 000 arbeitenden Münchnerinnen möglich. Das erstrebte Wunschziel vieler Frauen blieb deshalb eine gute Heirat, die allein finanzielle Unabhängigkeit garantierte.«[3]

Dienstmädchen war einer der häufigsten weiblichen Berufe. Bis Mitte der Zwanzigerjahre arbeiteten etwa 23 000 Dienstmädchen in München, die ihre Stelle oft wechselten.

»Hatte das Mädchen eine Stelle gefunden, begann der harte Arbeitsalltag; spätestens um sechs Uhr morgens hieß es aufstehen. Im Winter mußten zunächst die Öfen angeheizt werden. Regelmäßig hatte das Mädchen Frühstück, Mittag- und Nachtessen zu bereiten, außerdem gehörten Abspülen, Putzen, Waschen und Bügeln zu ihren Aufgaben. Laut Emy Gordons Bestseller »Die Pflichten eines Dienstmädchens« fiel in Haushalten mit kleinen Kindern auch noch die ›Wartung und Beaufsichtigung derselben‹ in dessen Aufgabenbereich. Eigentlich stand das Dienstmädchen 24 Stunden am Tage zur Verfügung. Nur am Sonntagnachmittag nicht: Zwischen drei und sieben Uhr, in Ausnahmen bis zehn Uhr, hatte das Mädchen Ausgang.«[4]

Als Dienstmädchen hat Liesl Karlstadt nie gearbeitet, auf der Bühne allerdings hat sie die Rolle einige Male gespielt, zum Beispiel im »Brillantfeuerwerk«, und dafür viel männliche Anerkennung erfahren, genau wie ihre »Kocherl«-Kolleginnen, die von jeher eine verlockende Projektionsfläche für Männerfantasien boten. Der Münchner Kunsthistoriker und Journalist Dr. Wilhelm Hausenstein schrieb 1930 unter dem Titel »Es war einmal die Rosenau«:

»Und die Dienstmädchen, die hübschen Dienstmädchen von damals. Du lieber Himmel, war das eine Generation von Kocherln – und wie ganz und gar gelungen waren ihre Repräsentantinnen gestern abend! (...) Die Dienstmädchen in der Theater-Rosenau: das war die Wirklichkeit, die wir noch erlebt haben; es konnte gar nicht suggestiver sein. Und noch einmal, wie blitzsauber sie waren; die erste, vorn am ersten Biertisch – man muß einen Fluch des Entzückens unterdrücken; aber auch die dritte und, verdammt, auch die robuste mittlere. Und wie sie angezogen waren; es stimmte auf den Druckknopf; nur daß ich der Liesl gern ein paar ›Stiefeletten‹ auftreiben möchte, die vorn, am Rand oben, herzförmig geschnitten wären; denn so war es, und dies ist wichtig; so war es mit den Knopfstiefeletten von dazumal!«[5]

Liesl Karlstadt kam als fünftes von neun Kindern zur Welt. Ihr Vater, der Bäcker aus Osterhofen, war 25 Jahre lang als Brotschießer in der Dombäckerei Ringler am Münchner Frauenplatz tätig. Obwohl er hart arbeitete, lebte die Familie in großer Armut. Liesl Karlstadt hat Theo Riegler erzählt, wie einfach die Mahlzeiten bei ihr zu Hause waren. Nur selten gab es ein Fleischgericht oder eine süße Mehlspeise, stattdessen Kartoffeln und trockenes Brot. Da der Vater sehr früh aufstehen musste, schlief er am Tag. Darauf hatte die Familie Rücksicht zu nehmen. Die Mutter hielt ihre Kinder dazu an, den Vater nicht zu stören. Um ihn, seinen Arbeitsalltag, sein Wohlbefinden drehte sich alles. Liesl Karlstadt hat also schon früh erfahren, dass der Mann und seine Arbeit der Mittelpunkt ist, um den herum sich die Frau bewegt. Dass er wichtiger ist.

Als es für ihre Mutter immer schwieriger und schließlich unmöglich wurde, die vielen Kinder vom geringen Verdienst ihres Mannes zu ernähren, kaufte sie einen kleinen Milchladen auf der Schwanthaler Höh.

Liesl Karlstadt musste von Anfang an mithelfen und frühmorgens die Milch austragen. Aber der Laden rentierte sich nicht und wurde schließlich wieder geschlossen. Es gab so gut wie keine Perspektive, dass es der Familie jemals besser gehen würde. Liesl Karlstadt hat einmal gesagt, sie habe dadurch sehr früh die Relativität menschlicher Glücksgefühle kennengelernt. Sie entwickelte eine Sensibilität für kleine Dinge, ein schönes Essen, einen liebevollen Blick, ein Sichkümmern. Aber immer verbunden mit der Angst, dass es wieder verschwinden könnte. Niemals ein ungetrübter Genuss, sondern immer die Erwartung der Kehrseite. Wenigstens das genießen, was da ist. Ein Stück warmer Leberkäs war ein Festmahl für sie und wurde mit den anderen geteilt. Die anderen, das waren mittlerweile nur noch fünf Geschwister, denn vier waren gestorben.

Die Familie wohnte in einer einzigen Stube, die gleichzeitig Küche, Wohn-, Schlaf- und Kinderzimmer war. Neben der häuslichen Enge hatte Liesl Karlstadt nach eigenen Angaben auch unter Diskriminierung zu leiden: »Wellano – Italiano – lebst aa no?«, riefen ihre Mitschüler hinter ihr her und verspotteten ihren klangvollen Namen. Vielleicht nur ein harmloser Kinderreim, der jedoch angesichts der Tatsache, dass vier ihrer Geschwister gestorben waren, für Liesl Karlstadt eine tiefere Bedeutung hatte.

Wenn sie davon erzählte, tat sie das im Ton der unerschütterlichen Heiterkeit und meinte, dass ihr der angeborene Humor und die anerzogene bayerische Frömmigkeit über die Kränkung hinweghalfen. Vielleicht trug sie in dieser Zeit schon den Traum vom Weg ins Freie mit sich herum.

Mit Wehmut hat sie ihre Firmung geschildert. Als Kind konnte sie noch nicht ahnen, dass sie ein Vierteljahrhundert später auf der Bühne als Firmling große Triumphe feiern und das Publikum von München bis Berlin in Begeisterungsstürme versetzen würde. Über die eigene reale Firmung sagte sie:

»Der Firmtag war sehr bescheiden – aber schee! Wir warn ja ganz arme Leut, und mei Mutter is glegen, und die Firmung is immer näher kommen. Wie sie mich dann einmal in die Adalbertstraß gschickt hat um ein Petroleum zur Kramerin, da hab ich gwart, bis alle Leut fort warn, und dann hab ich zur Kramerin gsagt: ›Bitt schön, können S'net mei Firmpatin machen?‹ Die Kramerin hat gsagt: ›Ja mei, Lieserl, i bin aa krank, aber vielleicht macht's mei Tochter!‹ Die Kramertochter hat dann auch wirklich die Firmpatin gmacht, in der Josephskirche.«[6]

Sie bekam zwar keine Uhr geschenkt wie die anderen Kinder, aber dafür einen roten Kleiderstoff, ein Gebetbuch, einen Rosenkranz in einem gedrechselten Ei, das man aufschrauben konnte. Sie hat es ihr Leben lang aufgehoben und in ihrer Wohnung aufgestellt. Nach der Firmung ging sie mit ihrer Firmpatin in die Max-Emanuel-Brauerei zum Weißwurstfrühstück. Es wird dort nicht so ausgelassen zugegangen sein wie später auf der Bühne, mit Weinzwang, Affenthaler, Brezn und Zigarre.

Dass es anders als bei ihr daheim zugehen konnte und auch zuging, dass es eine andere Welt gab, die sehr wenig mit der zu tun hatte, in der sie mit ihrer Familie lebte, erfuhr sie durch die Bücher. Darin las sie von einem anderen Leben, in dem es Spielsachen, Marzipan, Weintrauben und Puppen mit goldenem Haar gab. Aus den Träumen entwickelte sich allmählich eine Sehnsucht und aus der Sehnsucht eine Fluchtlinie. Sie führte über Bildung.

Am 12. Dezember 1902, an Liesl Karlstadts 10. Geburtstag, wurde ihre Schwester Amalie geboren, mit der sie zeitlebens eng verbunden blieb. In ihren »Aufzeichnungen über meine geliebte Liesel« schreibt Amalie Wellano über die ältere Schwester:

»Als echtes Münchner Kindl wuchs sie in Schwabing auf. Ihr Spielplatz war die Neureuther Wiese und in die Amalienschule ging sie. Wie liebte sie die Schulzeit, die Kleine war eine Musterschülerin, sie lernte so gut und brachte lauter Einser heim. Eigentlich wollte sie ja Lehrerin werden, aber es kam anders. Als sie die Schulzeit beendet hatte, ging sie nochmals zu ihrer so geliebten Lehrerin und fragte ob sie nicht nochmals in die Schule gehen könnte. Es war natürlich nicht möglich.«[7]

Das Wort »natürlich« ist aussagekräftiger als jede detaillierte Erklärung. Ein Mädchen aus der Unterschicht konnte nicht Lehrerin werden, so begabt und fleißig es auch sein mochte. Liesl Karlstadts Zeugnisse waren immer hervorragend. In der Familienchronik findet sich ihr Werktagsschul-Entlasszeugnis aus der St.-Ludwigs-Schule an der Amalienstraße vom 14. Juli 1905, die sie sieben Jahre lang besucht hat. Es wird ihr darin sehr großer Fleiß und sehr liebenswürdiges Betragen bescheinigt. Die Hauptnote lautet »sehr gut«, und auch die einzelnen Lehrgegenstände (Religion, Lesen, Sprachlehre, Rechtschreiben, Aufsatz, Rechnen, Geografie, Geschichte, Naturkunde, Zeichnen, Singen, Turnen, Handarbeit) wurden mit »sehr gut« benotet. Einzig Schönschreiben erhielt die Zensur »gut«.

Im »Zeugnis über die Entlassung aus der Sonntagsschule« an der Gabelsbergerstraße am 14. Juli 1908, die sie drei Jahre lang besucht hat, sieht es ganz ähnlich aus. Auch dieses Zeugnis weist nicht nur als Hauptnote »sehr gut« auf, sondern in allen Fächern: Religion, Lesen, Aufsatz, Rechtschreiben, Schönschreiben, Rechnen und Haushaltungskunde. Außerdem werden wieder ihr sehr großer Fleiß und ihr sehr liebenswürdiges Betragen hervorgehoben.

Es ist anzunehmen, dass der Fleiß und die Lernbereitschaft ganz von ihr selbst ausgingen und ihre Realisierung nicht ohne Schwierigkeiten geschah. In einem Zimmer mit den Eltern und vier Geschwistern lebend – wo sollte sie da Ruhe finden, um zu schreiben, zu lesen, zu rechnen? Und wann? Wenn der Vater tagsüber schlief, wird sie mit ihren Schulheften nicht erwünscht gewesen sein. Überhaupt ist es fraglich, ob den Eltern die Ausbildung ihrer Tochter am Herzen gelegen hat. Sie hatten andere Sorgen. Jedenfalls war es für alle klar, dass Liesl Karlstadt nicht Lehrerin werden konnte. Die Rollenerwartung sah um diese Zeit für ein Mädchen ganz anders aus:

»Ausbildungsplätze boten die Innungen, das städtische Arbeitsamt oder die Tagespresse, Rubrik ›Lehrstellenangebote‹. So konnte man sich zum Beispiel als Buchhalterin im expandierenden Angestelltenbereich bewerben: Schöne Handschrift, Kenntnisse in Stenographie und Schreibmaschine sowie gute Augen wurden vorausgesetzt; ein Monatsgehalt von 90 Mark war durchaus üblich. Eine Verkäuferin dagegen mußte täglich zwischen 12 und 14 Stunden durchstehen können; ein Ratgeber für die Berufswahl aus dem Jahre 1910 forderte daher: ›Keine Anlage zu Plattfüßen, keine Krampfadern‹. Empfohlen wurden häusliche Berufe, da es an weiblichem Dienstpersonal mangelte; bei freier Unterkunft und nahrhafter Kost könne man Ersparnisse zurücklegen. Ein einfaches Hausmädchen erhielt allerdings anfangs nur etwa 30 Mark im Monat. Davon mußte es noch die Beiträge für Invaliden- und Krankenversicherung abführen, so daß wenig übrig blieb. Ein Fabrikmädchen durfte nur mit einem tariflichen Stundenlohn von 25 Pfennigen rechnen; Lohnsteigerung war nicht vorgesehen.«[8]

Die Chancen, einen eigenen Bildungsweg zu beschreiten, waren gering, wie Marita Krauss und Florian Beck dokumentieren.

»Mädchen aus der Unter- oder Mittelschicht bekamen auch nur selten eine weiterführende Schulbildung: Das erste öffentliche Gymnasium, das heutige Luisen-Gymnasium, wurde 1913 seiner Bestimmung übergeben. Eine bayerische Universität konnten Abiturientinnen seit 1908 besuchen.«[9]

Liesl Karlstadt hat verschiedentlich ihren Wunsch nach mehr Bildung erwähnt, so auch in ihren handschriftlichen Notizen unter dem Titel »Alte Münchnerinnen«, die sich in ihrem Nachlass befinden:

»Als ich aus der 8. Klasse entlassen wurde, hab ich mich freiwillig beim nächsten Einschreiben gemeldet – denn ich wollte unbedingt noch weiter in die Schule gehn. Das wurde mir zu meinem größten Leidwesen nicht genehmigt – weil ich in die Lehre mußte. So kam ich als Lehrmädchen zur Firma Eder.«[10]

Das war 1906 im Alter von 13 Jahren. Der monatliche Verdienst betrug 10 Mark. Zwei Jahre später begann sie im Warenhaus Hermann Tietz in der Kurzwarenabteilung zu arbeiten, wo man ihr 45 Mark im Monat zahlte.

Als sie 16 Jahre alt war, starb ihre geliebte Mutter. Nun musste sie ohne deren Humor und Verständnis auskommen und zugleich für ihre kleine Schwester sorgen. Amalie Wellano erzählt:

»Meine so von Herzen geliebte Schwester erzog mich nun und nie werde ich vergessen wie schön Weihnachten immer war. Was wird heute alles gekauft und wie unzufrieden sind an diesen Tagen oft die verwöhnten Kinder. Liesl holte mich in der vorweihnachtlichen Zeit von der Schule ab und wir gingen auf eine Stunde in den Englischen Garten. Dort bei unserem Spaziergang erzählte sie mir die schönsten Weihnachtsgeschichten, dann lenkte sie mich ab, nahm aus der Tasche eine vergoldete Nuß oder einen Tannenzapfen, warf ihn in den Schnee und sagte zu mir: schau da hat das Christkind etwas verloren. Immer wieder glaubte ich daran und wie glücklich war ich darüber.«[11]

Wann bei Liesl Karlstadt der Entschluss reifte, zur Bühne zu gehen, ist nicht genau zu rekonstruieren. Theo Riegler berichtet, dass sie jeden Sonntag ihr einziges Ausgehkleid anzog und in die Au zum Tanzen ging. Das Theater besuchte sie kaum – wann sollte sie auch? Sie hatte weder Zeit noch Geld. Von ihrem erwachsenen Bruder wurde sie einmal in den Bamberger Hof, ein beliebtes Volkssängerlokal, ausgeführt. Es gefiel ihr sehr.

Auf die Frage »Als was haben Sie eigentlich angefangen?« hat Liesl Karlstadt 1931 in einem Zeitungsinterview geantwortet:

»Als Verkäuferin bei Tietz, Abteilung Kurzwaren und Posamenten. Es war ein paar Jahre vor dem Krieg, da saß ich im Bamberger Hof mit leuchtenden Augen vor einer Dachauer Bauernkapelle. Ich weiß nicht mehr recht, wie es kam, aber der Herr Direktor ›engaschierte‹ mich, vielleicht meiner Begeisterung wegen, vom Fleck weg als ›Anfängerin‹! Mein Vater, der Bäcker, sagte natürlich, ›da wird nix draus!‹

Trotzdem hab ich's durchgesetzt, aber vorsichtigerweise kündigte ich bei Tietz noch nicht, sondern betrieb die Kunst nur heimlich als Nebenberuf. Erst abends halb acht Uhr war damals Ladenschluß; um acht stand ich schon auf den Brettern, als Jodlerin, Chorsängerin, Soubrette oder Komödie spielend. Unter Tags in der ruhigen Geschäftszeit lernte ich meine Rollen. Aber das ging nur drei Monate lang, dann konnte ich blutjunges Ding den Schlaf nicht mehr länger entbehren. Nicht leichten Herzens – obgleich ich bei Tietz nur 45 Mark im Monat hatte – ging ich zum Personalchef und kündigte. Der machte große Augen und sagte, von jeder anderen als gerade von mir mit meinem ernsten, ruhigen Wesen hätte er den Schritt zur Bühne erwartet! Er meinte es gut, schrieb mir ein glänzendes Zeugnis und sagte, wenn es schief ginge, könnte ich jederzeit wieder zu Tietz zurück! Das hatte ich nun gottlob nicht nötig, sondern ich fühlte mich als Volkssängerin mit meinen drei Mark für den Abend glücklich und furchtbar reich!«[12]

DREI

Das Aufsatzheft

> Ein Mädchen lebte allzu ernsthaft in sich hinein, und jeden Tag tat es sich was anderes an, ganz was Schlechtes, und wenn nur was Schweres an sie herantrat, gleich nahm sie sich darum an und hielt das Schwere aufmerksam in der Hand, wie wenn sie gar nicht mehr davon lassen konnte. Man fragte sie, warum sie das tat. Seht ihr nicht, daß mir da was nicht hinausgegangen ist, sagte sie.
>
> Marieluise Fleisser,
> *Ein Pfund Orangen*

Die frühesten schriftlichen Äußerungen Liesl Karlstadts finden sich in einem alten Aufsatzheft. Das Etikett des blauen Heftes ist mit der Aufschrift versehen: »Aufsatzheft für Elsa Wellano München, geschrieben 1906 in Riedering (bei Rosenheim) im 13. Lebensjahr (nachträglich datiert)«.

Blättert man das Heft auf, erfährt man schon auf der ersten Seite, dass alle fünf Texte mit der Note 1 bewertet wurden. Die Titel der Aufsätze lauten »Das Frohnleichnamsfest in Riedering«, »Ein Besuch der Wallfahrtskirche in Neukirchen«, »Ein Ausflug nach Rosenheim!«, »Der Sommer« und »Mein Landaufenthalt!«.

Schon nach den ersten Sätzen spürt man, dass hier jemand schreibt, der es offensichtlich gern tun. Jemand, der gern beobachtet und diese Beobachtungen weitergibt:

»Das Frohnleichnamsfest in Riedering

Frohnleichnam ist vor der Türe. Am Vorabende werden noch Kränze aus Tannen- und Fichtenzweigen gebunden, um die Häuser damit zu schmücken. Um 4 Uhr früh wurden 6 Böllerschüsse abgegeben, um den feierlichen Tag zu ehren. Ein heiliger Odem wehte am kühlen Frohnleichnamsmorgen; ein leises Säuseln der Bäume, ein feierliches Glockengeläute, durch keinen anderen Laut unterbrochen, war hörbar.«

Es sind nicht nur eindrucksvolle äußere Beobachtungen, für die sich die 13-jährige interessiert, sondern auch versteckte atmosphärische, die eine bestimmte, in diesem Falle feierliche Stimmung heraufbeschwören. Auch der zweite Aufsatz »Ein Besuch der Wallfahrtskirche in Neukirchen« fällt durch die besondere Form der Beobachtung auf. Man könnte sich die ersten Sätze sehr gut als Beschreibung eines Schauplatzes für einen Film vorstellen. Die Sichtweise erinnert an eine Kamerafahrt, die sich ihrem Ziel langsam nähert:

»Gestern Samstag durfte ich mit dem Herrn Pfarrer u. der Fräulein Köchin die bekannte Wallfahrtskirche in Neukirchen besuchen. In früher Morgenstunde brachen wir schon auf, um rechtzeitig zu kommen. Kaum waren wir einige Schritte außerhalb Riedering, als man überall Wiesen u. Felder erblickte, wo eifrige Arbeiter mit Mähen beschäftigt waren. Nun führte der Weg durch einen Wald. Am Eingange desselben grüßte vom Stamme des ersten Baumes ein sogenanntes Feldkreuz mit der Inschrift: ›Herr erbarme dich unser!‹ herab. Einige male wurde unter den schattigen Bäumen Rast gemacht. Der Herr Pfarrer bediente sich des Feld-

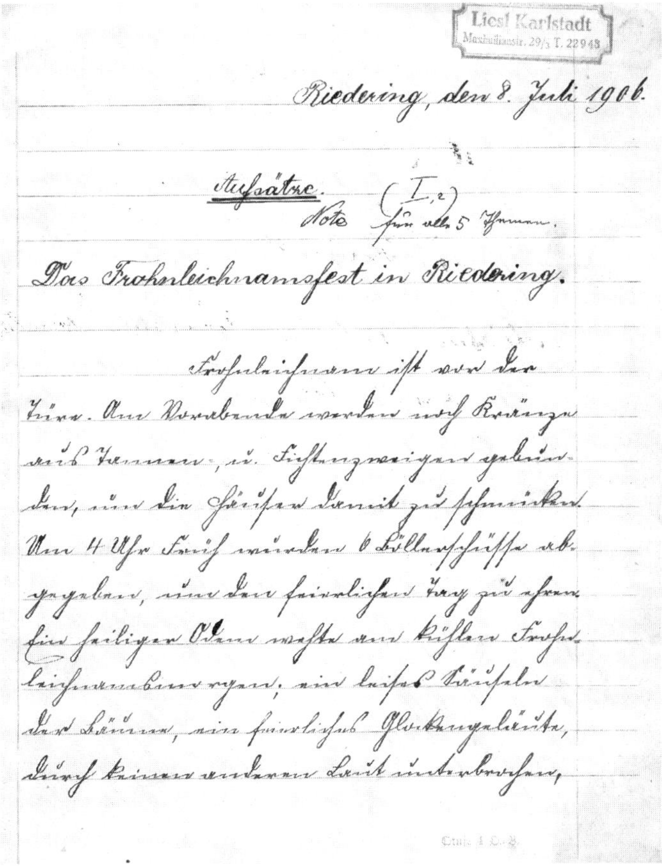

Liesl Karlstadt
Maximilianstr. 29/3 T. 22948

Riedering, den 8. Juli 1906.

Aufsätze. (I, 2)
Note für alle 5 Themen.

Das Frohnleichnamsfest in Riedering.

Frohnleichnam ist vor der Tür. Am Vorabende werden noch Kränze aus Tannen- u. Fichtenzweigen gebunden, um die Häuser damit zu schmücken. Um 4 Uhr früh wurden 6 Böllerschüsse abgegeben, um den feierlichen Tag zu ehren. Ein heiliger Odem wehte am kühlen Frohnleichnamsmorgen, ein leises Säuseln der Bäume, ein feierliches Glockengeläute, durch keinen anderen Laut unterbrochen,

Liesl Karlstadts Aufsatzheft aus dem Jahre 1906

stechers, den ich trug, die Köchin aber u. ich setzten uns auf den, mit grünem Teppich überzogenen Waldboden. Wir traten aus dem Wald auf einen Bergrücken. Vor uns erstreckte sich ein großes Klee- und Haberfeld u. weiterhin erblickten wir ein freundliches Dorf. Oben angelangt taucht vor unseren Augen der Simsee auf. Wir kamen immer näher, weshalb er uns immer größer und deutlicher erschien.«

Danach wird ausführlich der Gottesdienst geschildert, sehr feierlich und andächtig. Plötzlich schlägt die Stimmung um:

»Wir traten aus der Kirche; da regnete es, infolge eines sich entladenden Gewitters, vom Himmel herunter, was es konnte. Herr Pfarrer trank beim Meßner Kaffee, die Köchin u. ich heiße Milch. Nun hatten wir vollends zu tun, daß wir heimkamen. Dieses Wetter hatte nun unseren heiteren Mut ganz u. gar verdorben. Doch aber wird mir der Besuch dieser feierlichen Andacht, genau wie die Frohnleichnamsprozession in steter Erinnerung bleiben.«

Ein ungewöhnlicher Szenenwechsel. Da wird vorher die Wärme, Ruhe und Andacht eines Gottesdienstes beschrieben, und dann wartet draußen die Natur nicht mit ihrem Reichtum und mit ihrer Schönheit auf, sondern mit Kälte, Lärm, Unwetter und Unbequemlichkeit. Kein Ort zum Wohlfühlen.

Monika Dimpfl spricht in ihrem Buch über Liesl Karlstadt, »Immer veränderlich«, von einer wiederkehrenden Denkfigur, die man Einschränkung nennen könnte, denn »bei all den schön und brav-naiv erzählten Ferienfreuden ist nämlich immer ein ›aber‹ mitgedacht und hingeschrieben.«[13]

Dieses »aber« ist so etwas wie eine negative Erwartungshaltung. Man will vorbereitet sein auf das Schlimme, was kommen könnte. Das Glück, das Schöne, den Traum nicht zu sehr genießen, damit das Aufwachen nicht so schmerzhaft wird. Vielleicht hat Liesl Karlstadt in diesen Aufsätzen ihre eigenen Erfahrungen vermischt mit dem, was sie über die Welt gelesen hatte, im Guten wie im Bösen. Sehnsüchte werden deutlich, das Festhaltenwollen von Momenten, in denen man sich wohlgefühlt hat. Meist kommt der Schrecken oder das Unangenehme von außen, dringt in eine Geborgenheit ein. Aber es ist ein Unterschied, ob etwas von außen kommt oder ob man selbst hinausgeht. Nicht von ungefähr handeln alle Texte von Ausflügen, dem Hinausgehen in die Welt. Fluchtlinien suchen, hinaus aus der Enge. Damit wird aber auch immer eine Geborgenheit verlassen. Die Vermutung liegt nahe, dass diese Haltung aus einer eigenen frühen Erfahrung resultiert. Ein Glück, das als vollkommen, bedingungslos und unendlich empfunden wurde, muss einmal zerstört worden sein. Damals war man nicht vorbereitet. Aber von jetzt an wird man es sein. Allerdings darf man nicht im Negativen stecken bleiben, nicht den Optimismus verlieren. Auffällig ist die Hinwendung zum Guten am Schluss, als Fazit. Es wird eine Eigenheit Liesl Karlstadts bleiben, fast jedem Text einen zusammenfassenden und kommentierenden Schluss hinzuzufügen.

In dem Aufsatz »Mein Landaufenthalt!« schildert sie ihre Versuche, den Wohltaten, die ihr entgegengebracht werden, gerecht zu werden. Sie will sich als dankbar und würdig erweisen. Sie will Gutes tun.

»Dank der unermüdlichen Sorge meines (Fräulein) Lehrerin durfte ich schon frühzeitig die Ferien antreten u. auf das

Land. Welch' große Freude war es, als ich am 11. Juni auf den Bahnhof durfte? Um 10 Uhr ging es dahin. Das Dampfroß trug mich durch Wiesen, Felder u. an vielen Bahnstationen vorbei. In Rosenheim angekommen, konnte ich kaum mehr die nächste Station, Stephanskirchen, erwarten. Der Zug hielt an. Ich stieg aus, u. schon stand das Fräulein Köchin am Perron, um mich abzuholen. Der Weg führte nun an lauter Wiesen und Wälder vorbei. Kaum waren wir ¼ Stunde lang gegangen, als ich schon die hochgelegene Kirche von Riedering erblickte. Aber immerhin hatten wir noch ½ Stunde Weges zurückzulegen. Es war sehr schwer weiter zu kommen, da durch das fortwährende Regnen der ungepflasterte Boden, einem Sumpf gleich, aufgeweicht wurde. Den ganzen Weg entlang hatte ich eine wunderbare Aussicht auf die Berge. In Riedering angekommen, wurde ich vom Hochwürden Herrn Pfarrer liebreichst aufgenommen. Nachdem mir die gute Köchin mein Zimmer angewiesen hatte, brachte sie mir einen Teller voll Wurstwaren, ein Stück Butter u. ein Glas Milch. Es wurde Abend. Nach dem Gebetläuten begab ich mich zur Ruhe. Die ganze Nacht schlief ich, ohne einmal wach zu werden. Um 6 Uhr stand ich auf, trank heiße Milch u. ging um 7 Uhr in die Kirche, was ich alle Tage tue. Alle Sonn- und Feiertage gehe ich in das Frühamt, den Haupt- u. Nachmittagsgottesdienst, die Christenlehre u. in die Feiertagsschule. Ist es schön Wetter an Werktagen so helfe ich Nachmittag bei der Gartenarbeit, oder ich erhalte vom Hochwürden Herrn Pfarrer die Erlaubnis bei der Feldarbeit, beim sog. ›Heuen‹ mitzuhelfen, was mich sehr freut. Vormittag bin ich immer in der Küche beschäftigt. So vergeht Tag für Tag u. nur zu bald wird es heißen: ›den Heimweg antreten!‹ Lange noch wird mir die Gutherzigkeit u. Mildtätigkeit des Herrn Pfarrers eingedenk bleiben, u. werde Gott bitten, daß er ihm diese Wohltat reichlich vergelten werde, da es in meinen Kräften nicht steht!

Vergelt's Gott!

Ihnen!«

Eine Sonderstellung nimmt der Aufsatz »Der Sommer« ein, der einzige, der kein konkretes Erlebnis, sondern ein abstraktes Thema zum Inhalt hat. Es ist erstaunlich, wie die Schülerin hier ihr Differenzierungsvermögen einsetzt, wie es ihr gelingt, Bedrohungen aus der Idylle heraus zu entwickeln. Der hoffnungsvolle, versöhnliche Schlusssatz hat fast etwas Gewaltsames.

»Die schönste der 4 Jahreszeiten ist der Sommer. Er bietet ein Vergnügen nach dem Andern; doch besitzt er auch viele Unannehmlichkeiten. Jetzt wollen wir uns die Lichtseiten dieser heißen Jahreszeit zuerst betrachten. Welche Wonne ist es, wenn früh Morgens die Sonne ihre Strahlen herabschickt u. in die schläfrigen Gemüter der Menschen neue Lust u. Kraft sendet? Die Bäume grünen u. tragen Früchte; Rosen u. Veilchen verbreiten ihren wohlriechenden Duft; zwitschernde Vöglein sitzen in den Zweigen der Bäume, muntere Danklieder singend. Überall ist heiteres Tun und Treiben bemerkbar. Alles eilt hinaus in die freie Natur, um der Sommerfreuden teilhaftig zu werden. Die Leute in der Stadt suchen Verwandte u. bekannte Leute auf dem Lande auf, bei welchen sie den Sommer durch Wohnung nehmen. Wie atmen sie auf, wenn sie aus der nebeligen, staubigen Stadt herauskommen, u. die freie Landluft genießen können? Aber bald werden sie andere Gesichter machen, wenn der Landmann mit dem Odlfaß auf dem Wagen vorbeifährt, wenn die Mucken und Staunzen kommen, u. ihnen überall Stiche versetzen; wenn sie beim Spaziergange schwitzen müssen, daß sie vor Mühe nicht mehr weiter kommen. Da wird die Jahreszeit mit ihren Freuden den Sommerfrischlern zur Last. Auch ist es nicht immer angenehm, wenn man sich weit von zuhause entfernt, die Wunder der Natur zu betrachten; plötzlich färbt sich der Himmel, schwarze Wolken ziehen herauf u. verdecken die glühende Sonne. Es erhebt sich ein mächtiger Wind, u. im nächsten Augenblick fallen schon schwere Tropfen. Es donnert u. feurige Blitze fahren am Himmel hin u. her. Tropfnaß kommt man dann heim; also auch hier verwandelt sich die Sommerlust in Leid. Doch die Freuden u. Vergnügungen des Sommers sind weit mehr als die Schattenseiten desselben. Der Sommereinzug wird doch immer mit einem Freudengeschrei empfangen.«

VIER

Anfänge als Soubrette

»Nach einem schweren Auftritt zuhause mit dem Vater, kündigte ich bei Tietz u. kam als Anfängerin u. jugendliche Soubrette zu der Truppe, die vom Bambergerhof in den Frankfurter Hof in der Schillerstrasse engagiert wurde.«[14]

So resümiert Liesl Karlstadt ihren Schritt in ein neues Leben. Schon zu Beginn der Bühnenkarriere wurde von ihr in vieler Hinsicht große Flexibilität verlangt, in Bezug auf ihre Rollen genauso wie im Hinblick auf die Auftrittsorte. Sie trat bei den Volkssängern als Solistin auf, sang im Chor, spielte lustige Einakter, Bauernkomödien, aber auch dramatische Schauspiele. Zu ihren Rollen gehörten die Marie in »Der Müller und sein Kind« und Marguerite Gauthier in »Die Kameliendame«, die damals den Titel »Am Glück vorbei« trug. Bevorzugt wurden gemütvolle Rührstücke, die zu Herzen gingen. Sie mussten aber nicht unbedingt lustig sein. Die Auftrittsorte waren überwiegend Wirtshausbühnen wie der Franziskanerhof, der Gasthof Ober Ottl, das Gasthaus zur Gemütlichkeit, Der Baderwirth, der Kurgarten Nymphenburg, das Restaurant Marsfeld oder die Max-

Emanuel-Brauerei. Dorthin ging man kurz vor dem Ersten Weltkrieg, um gut zu essen, zu trinken und sich zu amüsieren. Bier, Schweinsbraten und Unterhaltung. Es gab damals weit über hundert Auftrittsorte dieser Art in München und mehr als vierzig Gesellschaften, die dort »ambulant« spielten, darunter Gum-Kaufmann, Kipper, Brückl. Das »ambulant« Spielen setzte eine große Offenheit, Freude an der Abwechslung, Neugier auf immer neue Räume und Spielorte voraus und bedeutete gleichzeitig den Verzicht auf aufwendige Requisiten und Kulissen. Die Auftrittsflächen waren unterschiedlich groß. Manchmal passten nur vier Akteure auf die Bühne. Die Schauspieler konnten sich nicht auf Einstudiertes verlassen, denn es gab möglicherweise schon beim nächsten Mal keinen Platz für ausholende Gesten und großzügige Bühnengänge. Man war gezwungen, an Ort und Stelle spontan auf die räumlichen Gegebenheiten zu reagieren. Improvisationsfähigkeit und -bereitschaft waren erforderlich.

Liesl Karlstadt schloss ihren ersten Bühnenvertrag mit dem Konzertunternehmer Adalbert Meier im Mai 1911 ab. Sie wurde für ein Jahr als Sängerin engagiert. Die monatliche Gage betrug neunzig Mark, also das Doppelte ihres Verkäuferinnengehalts im Warenhaus von Hermann Tietz.

Rudolf Bach berichtet in seinem Buch »Die Frau als Schauspielerin«, das 1937 erschien und sich ausführlich mit Valentins Partnerin auseinandersetzte:

»Auf mannigfache Weise wurde man da verwendet, Fräulein Wellano mußte im Chor mitwirken, Couplets singen, tanzen, jodeln und in Einaktern spielen. Auch im Seriösen hatte man sich zu bewähren, in Stücken, deren blutiger Ernst schon aus ihren Titeln hervorging, die da lauteten ›Gerichtet!‹ oder ›Der Spion‹ oder ›Aus Liebe zum Mörder‹. Ja, manchmal galt es sogar die hohe Literatur, die Klassiker, die in eigenen zweckdienlichen Bearbeitungen zur Darstellung gelangten (es wird wohl auf mehr oder weniger radikale Kürzungen hinausgelaufen sein) und so stand L. Wellano im Saal des Gasthauses ›Zur Gemütlichkeit‹ oder in der ›Max-Emanuel-Brauerei‹ auf einem Podium, auf dem kaum vier Menschen Platz hatten, mit echten Rokokokleidern angetan, als Luise in dem Drama ›Der verhängnisvolle Brief‹, eigentlich Schillers ›Kabale und Liebe‹, oder sie mußte, die eben Zwanzigjährige, Liebe, Leiden und Sterben der Marguerite Gauthier darstellen, der ›Kameliendame‹, welches Stück nun ›Am Glück vorbei‹ hieß. Aber es ging echt und ernst dabei zu, wie nur je auf dem großen Theater, das Publikum war tief erschüttert, niemand wagte zu rauchen oder zu trinken und der Wirt schluchzte vernehmlicher als seine Gäste.«[15]

1929 hat Liesl Karlstadt in der Süddeutschen Sonntagspost von ihren künstlerischen Anfängen erzählt:

»Können Sie sich das vorstellen? Gelt – da müssen Sie lachen! (...) Ich habe aber tatsächlich die ›Kameliendame‹ gespielt. Im Blütenalter von achtzehn Jahren beim Oberottlbräu in Sendling. Ich war damals wohlbestalltes Mitglied der ›Münchner Volkssänger‹. Diese erfreuten sich in gewissen Kreisen eines guten Ansehens. Wir gastierten allabendlich vor einem begeisterten und stets zu Tränen gerührten Publikum in einem anderen Münchner Bräu. Nannten das ›ambulant‹ spielen. Unser Repertoire bestand aus den herrlichsten klassischen Stücken, die natürlich grauslich zusammengestrichen waren. So ein Abend hatte nämlich ein ›buntes

Programm‹. Da mußte ich meist neben der Kameliendame oder der Luise Millerin noch jodeln oder als Soubrette auftreten.«[16]

Wie stolz Liesl Karlstadt auf sich gewesen ist, davon berichtet ihr erstes Bühnenalbum. Die Fotos, die sie als hübsche Sängerin und Tänzerin zeigen, wirken bewusst weiblich und kess. Sie scheint das Glitzern ihres Paillettenkleides sehr zu genießen. Ihre eigenen handschriftlichen Kommentare dazu lauten: »Ich konnte schlecht jodeln – und noch schlechter Komödie spielen, aber ich war sehr stolz auf mich«, »Das rechte fesche Mädel auf dem Bild bin ich« und »So stand ich zum ersten mal im Leben auf der Bühne 1911«. Das war im Frankfurter Hof in der Schillerstraße. Im selben Jahr gastierte sie schon außerhalb Münchens im Konzerthaus Café Kuss in Augsburg und schreibt dazu: »Meine erste Gastspielreise ins Ausland 1911«. Den nächsten Kommentar glaubt man ihr allerdings nicht ganz, weil die Bilder bisher etwas anderes erzählt haben. Zu einem kolorierten Foto, das sie mit verwegenem Gesicht, Zigarrenstumpen im Mundwinkel, schwarzen Männerstiefeln in der Hand, hochgekrempelten Hosenbeinen und Arbeitsschürze zeigt, hat sie geschrieben: »Als Schusterbua fühlte ich mich bedeutend wohler, wie als ›Soubrette‹«. Ein offensichtlich nachträglicher Kommentar, der einmal mehr die Frage aufkommen lässt, wann sie ihre Bühnenalben wohl angelegt hat. Es ist unwahrscheinlich, dass sie von Anfang an diese genaue Chronik parallel zu ihren Auftritten geführt hat, um ihre Karriere zu protokollieren. Sie wird sich ins Leben und in die neue aufregende Arbeit gestürzt haben, ohne sie gleichzeitig zu kommentieren. In das Foto, eine gedruckte Postkarte, auf dem das Konzerthaus Café Kuss abgebildet ist, ist das Datum »Augsburg 1930« eingeprägt. Neunzehn Jahre später hat sie es sich besorgt, aber nichts deutet darauf hin, dass sie es erst nachträglich beigefügt hat. Es war von Anfang an Mittelpunkt der Albumseite. Ein Indiz dafür, dass sie erst zu diesem Zeitpunkt mit den Bühnenalben begonnen hat. Im Jahre 1930, neunzehn Jahre nach den Auftritten.

1913 hat sie jedoch schon damit begonnen, besondere Geschichten aus ihrer Soubrettenzeit aufzuschreiben. In ihrem Nachlass befindet sich ein Typoskript von »Müller und sein Kind. Erlebnis von Liesl Karlstadt, 1913«, das wieder einmal ihre Freude an der genauen Beobachtung vermittelt:

»Wir spielten in einem kleinen Wirtshaus draußen in der Vorstadt. Unser Puplikum bestand aus gemütlichen Bürgersleuten, Soldaten, wir selbst waren eine Münchner Volkssängergesellschaft, bestehend aus 2 Damen und 4 Herren. Auch eine Direktion hatten wir. Unser Herr Direktor war ein ungünstig aussehender Mann mit Hasenscharte am Munde, der nur einmal im Monat ausgehen durfte – von seiner gestrengen Gattin aus – und das ward ihm immer zum größten Vergnügen, diesen Ausgang nützte er so reichlich aus, daß er jedesmal am frühen Morgen erst, total besoffen nach Hause kam. Er verjubelte eben das Geld, was er unter der Zeit verdiente. Und wiederum seine Gattin sparte dafür wochenlang, um das versoffene Geld wieder einzubringen. Und gerade deshalb war unsere Frau Direktor eine bis an äußerste Sparsamkeit grenzende Person, die jeden Pfennig mit eiserner Energie zusammenhielt. Da wars im November, als auf dem Spielprogramm ›Müller und sein Kind‹ stand. Das schöne, alte Allerheiligenstück von Ernst Raupach. Und da wir täglich in einem anderen Lokal spielten, sogenannt ›ambulant‹ umherzogen wurden unsere Requisiten und Kostüme von einem eigens dazu engagierten alten Dienstmann von einem Lokal ins andere gefahren.

Beim ›Müller und sein Kind‹ war ein Hauptrequisit vorhanden und zwar eine ausgestopfte Eule, die der Direktion ein Stück Geld gekostet hat und deshalb von der Frau Direktor nicht wie andere, weniger wertvolle Sachen in die Körbe verpackt wurden, sondern mit grösster Liebe und Sorgfalt persönlich nach der Vorstellung heimgetragen und wieder am andern Tage ins nächste Lokal gebracht wurde. Und dabei sparte sie Strassenbahngeld und ging die weitesten Wege zu Fuss. Als tüchtige Hausfrau arbeitete sie den ganzen Tag über im Hause und hetzte in letzter Minute zur Abendvorstellung. Und diesmal lief sie von einem Ende der Stadt über die grosse Theresienwiese bis zum anderen. Da trug sie vorsichtig verpackt in Zeitungspapier die Nachteule unterm Arm und drückte sie dabei liebevoll an ihre Brust. Aber sie hatte grosse Eile.

Wir sassen im Lokal, da kam sie atemlos an, begrüsste uns und – oh welch ein Schreck – unterm Arm befand sich nur mehr die leere Zeitungshülle, denn die Nachteule hatte sie verloren. Sie lief auf die Strasse und frug alle Leute – bitte haben sie nicht einen Vogel gesehen? – worauf ihr jedermann eine mitleidiges Lächeln entgegenbrachte und kam schweisstriefend ohne ›Nachteule‹ zurück. Die Vorstellung musste gleich beginnen und ohne Nachteule ging es einfach nicht. Da war guter Rat teuer. Aber es leuchtete ein rettendes Lichtlein auf und zwar in Gestalt des Wirtes der ein leidenschaftlicher Vogelsammler war. Im Gastlokal hatte er nämlich an einer Längswand ausgestopfte Kanarienvögel aller Art zur Schau gestellt. Und davon lieh er uns einen hübschen gelben Vogel, um die Vorstellung zu retten. Und als nun unser guter ahnungsloser Direktor als alter Müller den Müllerburschen empfing, der auf die Bühne mit den Worten kam: Hier Meister, habe ich Euch den Totenvogel vom Dache geschossen, bemerkte er zu seinem Entsetzen, dass derselbe ihm statt der Nachteule einen kleinen gelben Kanarienvogel, der auf ein schönes viereckiges Brett genagelt war, überreichte. Aber auch das zahlreich anwesende Puplikum bemerkte es und brach in dem ernsten Stücke in ein schallendes Gelächter aus.«

Liesl Karlstadts Leben als Soubrette war aber nicht nur sonnig und vergnüglich. Auch in diesem Bereich war es nicht leicht, sich seinen Unterhalt zu verdienen. Engagements dauerten eine gewisse Weile, wurden verlängert oder auch nicht. Immer wieder musste man sich nach neuen Auftrittsmöglichkeiten umsehen. Einmal war Liesl Karlstadt ohne Engagement und Einkommen und bewarb sich auf ein Inserat in den Münchner Neuesten Nachrichten, in dem »zierliche, gut gewachsene junge Damen für Artistennummer und zu späterer Tournee« gesucht wurden. Zunächst wurde sie beim Vorstellungstermin als zu klein und zu schmächtig abgelehnt, schaffte es aber dann doch, den Agenten zu überreden, sie in die Truppe aufzunehmen. Künstlerisch war die neue Arbeit keine große Herausforderung. Eine Reihe von Mädchen stand auf der Bühne, jedes mit einem Glöckchen in der Hand. So viele Töne in der musikalischen Nummer vorkamen, so groß war die Anzahl der »Musikerinnen«, die das Glöckchen ertönen lassen mussten, wenn ihr Ton an der Reihe war.

Zu den musikalischen Nummern gehörten die beliebtesten Schlager der damaligen Zeit: »Puppchen, du bist mein Augenstern«, »Im Grunewald, im Grunewald ist Holzauktion«, »Die Männer sind alle Verbrecher«. Obwohl künstlerisch wie musikalisch nicht ausgelastet, machte es Liesl Karlstadt Spaß, mit ihren Kolleginnen auf der Bühne zu bimmeln. Deshalb hoffte sie auch sehr auf die versprochene Tournee. Wieder eine Chance, um herauszukommen, neue Städte, neue Menschen, ein neues Leben kennenzulernen.

Aber dazu kam es nicht. Gebremst wurde sie in ihrer Begeisterung und in ihrer Aufbruchsstimmung von Karl Valentin. Er allerdings spricht davon, dass er sie »gerettet« hat. Kurz vorher waren sie sich zum ersten Mal begegnet, und als sie ihm ihre Tourneepläne unterbreitete, malte er ein Schreckensszenario aus Aufschneidern und Mädchenhändlern und Verlorengehen in fremden Städten aus, das sie nachdenklich werden und sich von den Tourneeplänen zurückziehen ließ. Damals wusste sie noch nicht, dass es für Karl Valentin kaum eine größere Bedrohung gab, als den Ort, an dem er aufgewachsen war und den er genau kannte, zu verlassen. Gefühle wie Fernweh und Neugier auf unbekannte Orte waren ihm fremd, er hatte an sich selbst genug.

ZWISCHENSPIEL

Das Heft mit den Couplets

Der Umschlag sieht so aus wie der ihres Aufsatzheftes, blau und mit einem fein säuberlich beschrifteten Etikett versehen, und genau wie ihr altes Aufsatzheft hat Liesl Karlstadt es bis an ihr Lebensende aufgehoben, das Heft mit den Couplets. Hier hat sie die Lieder eingetragen, die sie zu ihrer Soubretten- und Volkssängerzeit auf den Münchner Wirtshausbühnen gesungen hat – allein oder im Chor mit anderen Sängerinnen. Und immer ging es natürlich um Männer.

Die Männer sind treu!

Mich liebte einst ein junger Mann aus vollster Seelengluth,
& ich sag es frei heraus, ich war ihm herzlich gut,
er schwur mit ewge Lieb & Treu bis an sein Lebensend,
& was ein Mann uns schwören tut, das hält er konsequent.
Doch nach acht Tagen, welche Schand,
ware er mir treulos durchgebrannt.

Refrain:
Ja die Männer sind treu
von 1 bis um 2.
Ihre Liebe währt nur
von 3 bis 4 Uhr.
Ihre Absicht ist rein
von 8 bis 9.
Doch von 9 bis 10,
da verduften sie schön.

Männer Couplet

An Männern gibt es keine Not
das können dreist wir sagen.
Wenn man auch bei der Damenwelt
hört über Mangel klagen
vielleicht haben wir gerade Glück
denn wo wir promenieren
haben wir gleich hinter uns stolzieren
Begleitungskavaliere
|: *große, kleine, grobe, feine, grade,*
krumme, gscheite, dumme, weiße,
schöne an jedem Finger 10ne :|

Wenn wir wo auf der Straße gehn
heißts gleich, patentes Mädel
es bleib'n alle Männer stehn
verdreht ist gleich ihr Schädel
& wüßten sie daß wir noch frei

& daß wir haben Moneten
geb's wegen uns Schlägerei
es hingen g'wiß an jeden
|: große, kleine, grobe, feine, grade,
krumme, gscheite, dumme, weiße,
schöne an jedem Finger 10ne :|

Drum Männer gebt Euch keine Müh,
wir blieben jetzt noch ledig
das Freien ist uns noch zu früh
doch haben Sie es nötig
Das müssen wir doch selber sehn
denn Mädels gibts auf Ehre
wir müssen es selbst eingestehn
genug wie Sand am Meere.
|: große, kleine, grobe, feine, grade,
krumme, gscheite, dumme, weiße,
schöne an jedem Finger 10ne :|

Schnurrbart

Der Schnurrbart ist des Mannes Zier,
auf den er stolz sein kann,
denn ohne Schnurrbart gleicht er schier,
nicht einmal einem Mann.
Ja das Symbol der Männlichkeit
ist nur ein schöner Bart,
wenn er exakt voll Niedlichkeit
so aufgedreht recht hart.

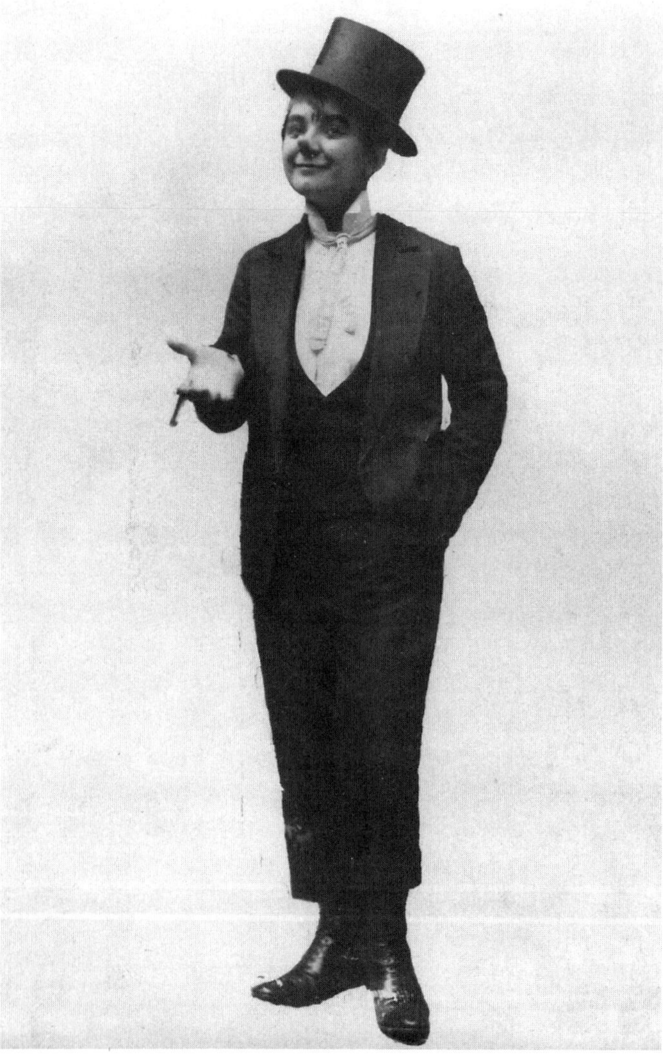

Der böhmische Ladislaus

Kurze Zeit später ist Liesl Karlstadt selbst in die Rolle eines Mannes geschlüpft und hat als böhmischer Komiker Ladislaus ihre damals gewonnenen Erkenntnisse über das Wesen der Männer in die Präsentation des folgenden Couplets, dessen Ursprung nicht genau bekannt ist, einbringen können. Sie trat mit dunkel gefärbter frecher Nasenspitze auf, trug einen Frack, dessen Hosenbeine zu kurz waren, Schnürstiefel, Zylinder, Zigarette und sang:

Servus, meine liebe Landsleut, also daß ich ihne sag'
Ladislaus so is mei Name, höchste Steiger torledag.
Hab ich imme Glück bei Madel, weil ich bin halt gar so g'stellt,
bei mir find e jedes Weibel, no das was ihr eben fehlt
ob sie dumm ist oder g'scheit ist, ob sie gross ist oder klan,
Sie ich hab an Charakte, pack ich nämlich alles zam.
Ladi od Ladislaus – ladislaus, halts nix allani aus, lani aus
Ladi od Ladislaus – ladislaus, ist und bleibt ein riesig frecher
Herzensbrecher –
Ladi od Ladislaus – ladislaus, halt's net allane aus, lani aus
mir echte Wieneleut, Wieneleut, sans gemütlich heut.
Unlängst war ich mit an Madel, in an Kino Plastigon
durten war es gar so finste, hat ihr aner Tascherl g'stohln
Ich sag ich a so was, so was, hast denn net g'spürt sei Griff?
O ja sagt sie, da bei Tascherl, und lacht sich dabei ganz schief
Warum, sag ich, dumme Maderl, warst denn so mäuserl stad?

Ja sagt sie, ich glaubte, daß er ehrliche Absichten hat.
Ladi od Ladislaus – ladislaus, halts nix allani aus, lani aus
Ladi od Ladislaus – ladislaus, ist und bleibt ein riesig frecher
Herzensbrecher –
Ladi od Ladislaus – ladislaus, halt's net allane aus, lani aus
mir echte Wieneleut, Wieneleut, sans gemütlich heut.
Neulich habn's mich vurgeladen, weil mi hat a Maderl klagt,
Heirat hätt ich ihr versprochen, strenge hat der Richter g'sagt,
Woll'n Sie halten Ihr Versprechen, oder Himmel Saperlot –
muss ich vierzehn Tag Sie einsperrn, bei a Wasser und a Brot.
wie a Dichter spricht der Richter, 14 Tag sag ich o nein,
wege schwache 5 Minuten, glabn's ich tu a Wurzen sei.[17]

FÜNF

Megamagnetische Begegnung mit einem Genie

> Es war nicht ganz heraus, war sie seine Mitarbeiterin, Freundin, Geliebte oder wurde sie seine Frau. »Das wird meine Frau«, hatte der umstrittene Dichter ganz im Anfang gesagt. Aber was hieß das schon bei ihm, und was galt es bei seinem Verschleiß an Menschen? Er nahm sich die Freiheiten eines Genies, und es war das Genialische, was sie ihm unentrinnbar verband, etwas hatte gezündet.
>
> Marieluise Fleisser, »Avantgarde«

»Karl Valentin und ich.

Kurz nach dem Ersten Weltkrieg lernte ich Karl Valentin kennen. Im Frankfurterhof in der Schillerstrasse, einem der besten Münchner Volkssängerlokale trat er als Solist auf, während ich als junge Anfängerin in das Ensemble kam, um Komödien zu spielen und mich als Solistin auszubilden. Mein Solofach war damals jugendliche Soubrette.

So stand ich in einem grellfarbenen Flitterkostüm jeden Abend auf der Bühne und sang recht mittelmässig: ›Ein jeder ruft Hipp Hipp Hurrah, die fesche Mizzi die ist da – und Jubel schallt durch's ganze Haus, ein jeder spendet mir Applaus!‹ Im Schlusscouplet sang ich die Männer im Par-

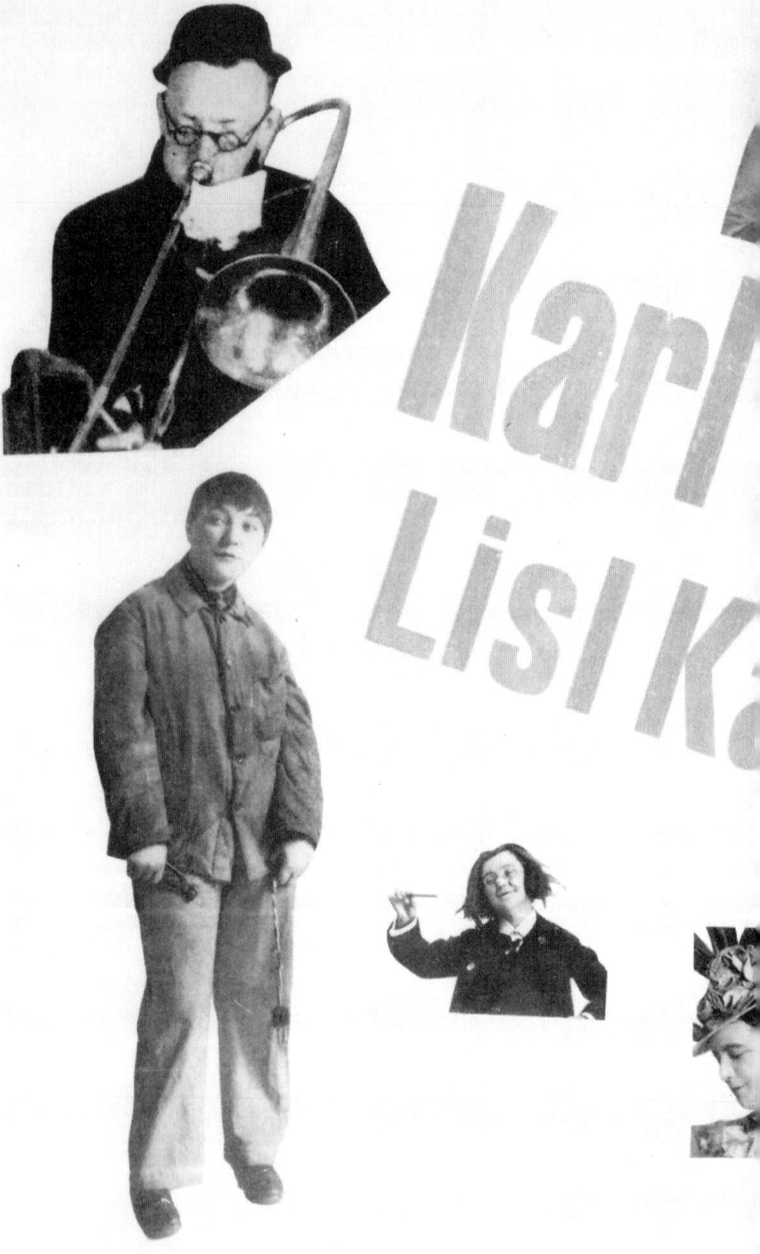
Karl
Lisi Ka

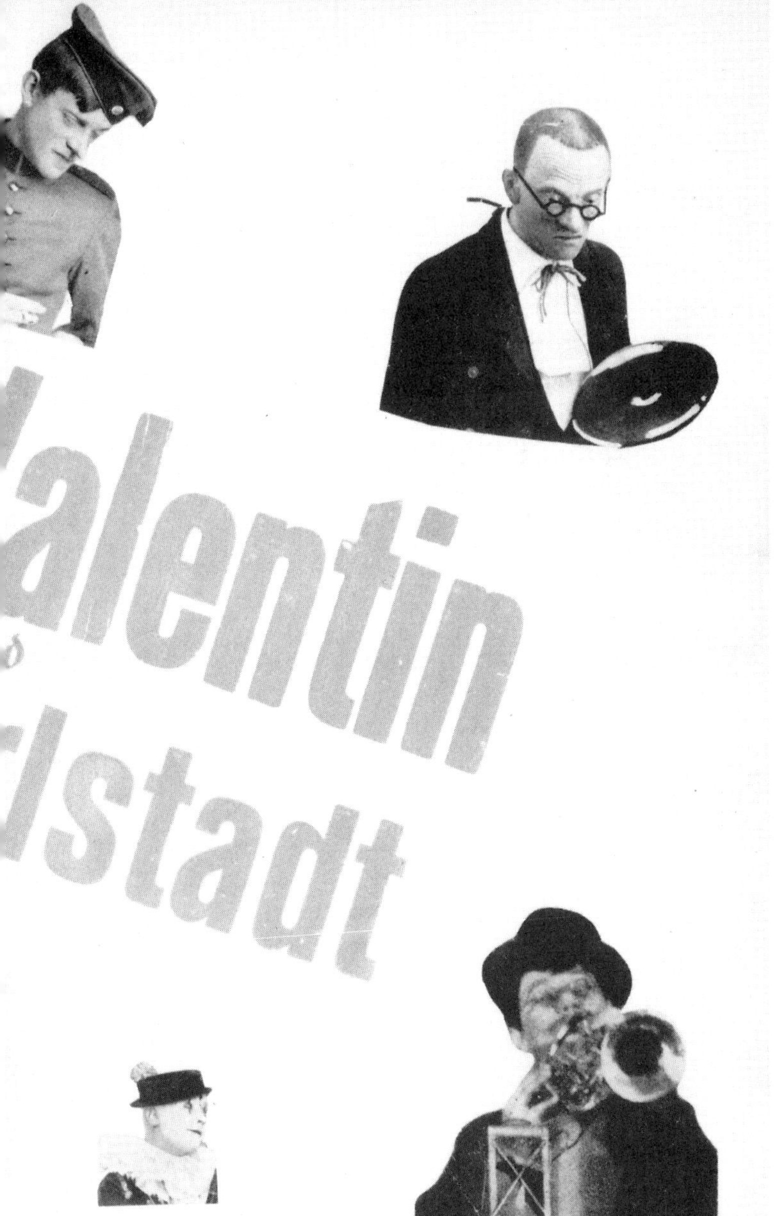
alentin
lstadt

kett an: ›Ach Du lieber süsser guter braver Mann – hast mir diese Liebesschmerzen angetan …‹ usw. und ich war stolz auf meine Leistung.

Eines Abends erklärte mir Karl Valentin in der gemeinsamen Künstlergarderobe, ich sei für eine Soubrette viel zu mager, hätte vor Allem einen zu kleinen Busen (damals musste eine Soubrette einen feschen Busen zeigen) und außerdem wäre ich viel zu brav und schüchtern, denn eine Soubrette hätte einfach kess zu sein! Aber meinte er, ich besitze komisches Talent und er würde mir raten, mich auf's Komische zu verlegen.

Meine Verehrung für Karl Valentin schlug daraufhin in Hass um. Später befolgte ich seinen wohlgemeinten Rat – er schenkte mir eine von ihm verfasste Parodie auf eine Soubrette – ich sang auf komisch und hatte den ersten grossen Erfolg.

Nun war unsere Freundschaft besiegelt und aus der erwuchs eine jahrzehntelange Partnerschaft.«

So schildert Liesl Karlstadt die erste Begegnung, den Beginn und die Weiterentwicklung der Zusammenarbeit mit Karl Valentin in einem Text aus ihrem Nachlass. In den Bühnenalben taucht der Name Karl Valentin gleich im ersten auf der fünften Seite auf, und zwar als Bildunterschrift unter zwei Fotos, die Liesl Karlstadt in Dienstmädchenkleidung mit weißer Schürze und Haube zeigen. Auf dem linken Bild in der Küche arbeitend, rechts vor einem Vogelkäfig sitzend. Darunter ist mit Bleistift geschrieben: »1913 Karl Valentins Hochzeit«. Die Fotos sind Schnappschüsse, schauen privat aus und vermitteln den Eindruck, Liesl Karlstadt habe auf Valentins Hochzeitsfeier als Dienstmädchen ausgeholfen.

Tatsächlich aber trug einer der ersten Filme Karl Valentins den Titel »Karl Valentins Hochzeit«. Es handelt sich also hier nicht um das Leben, sondern nur um die Kunst. Doch die Rollenverteilung entbehrte nicht einer gewissen Pikanterie: Den Bräutigam im Film spielte Karl Valentin, der im Leben bereits mit dem ehemaligen Dienstmädchen seiner Eltern verheiratet und Vater zweier kleiner Töchter war. Liesl Karlstadt, im Leben schon Valentins heimliche Geliebte, verkörperte im Film das Dienstmädchen, das mit dem Bräutigam flirtet.

Karl Valentin beschreibt seine erste Begegnung mit Liesl Karlstadt so:

»Im Jahr 1911 lernte ich im Frankfurter Hof meine Partnerin kennen. Ich entdeckte ihr komisches Talent, und wie sie die ersten Jahre meine Schülerin war, so wurde sie später meine Mitarbeiterin und Mitverfasserin meiner Stücke. Mit ihr war es möglich, das bekannte Tiroler Terzett ›Alpenveilchen‹ mit Valentin, Flemisch und Karlstadt herauszubringen. Alle, die es gesehen haben, werden sich gern an das komische Bauerndeandl erinnern, das in höchst g'schamiger Weise das Lied vom Edelweiß sang.«[18]

Als der 1882 geborene Karl Valentin Liesl Karlstadt kennenlernte, war er bereits verheiratet mit Gisela Royes. Sie war ein Jahr älter als er. Ihre Hochzeit fand 1911 statt, nachdem schon zwei Töchter geboren waren, Gisela 1905 und Berta 1910. Kurze Zeit später lernte Valentin die zehn Jahre jüngere Liesl Karlstadt kennen.

Bald waren Liesl Karlstadt und Karl Valentin nicht nur auf der Bühne, sondern auch im Alltagsleben unzertrennlich. Valentin scheint von Anfang an eine klare Trennung der

Zuständigkeiten vollzogen zu haben: Für die Bequemlichkeit eines gemütlichen Heimes war die Ehefrau zuständig. Sie und ihre beiden Töchter verwöhnten das geniale Familienoberhaupt, wenn es sich von seiner anstrengenden und nervenaufreibenden künstlerischen Arbeit erholen musste. Er hatte es früh verstanden, den Künstlerbonus für sich einzufordern und zu realisieren.

Alfons Schweiggert weist in seinem Buch »Karl Valentin und die Frauen« darauf hin, dass Gisela Royes eine ausgezeichnete Köchin war und hervorragend mit Nadel und Faden umgehen konnte, was Valentins Bühnengarderobe zugutekam. Seine Vorstellungen durfte sie allerdings nicht besuchen und an den anschließenden Stammtischgeselligkeiten natürlich schon gar nicht teilnehmen. Nach Aussage der beiden Töchter war die Ehe ihrer Eltern keine glückliche. Berta, die jüngere Tochter schildert einen Dialog, der sich fast täglich zu Hause ereignete:

»›Frau!‹ fragte Papa, ›is d' Zeitung scho da?‹ – ›Ich kanns auch net herzaubern!‹ – ›Ich hab ja nicht gsagt, du sollst sie herzaubern! I hab ja nur gfragt, obs scho da is!‹ – ›Mußt halt warten, bis s' kommt!‹ – ›Ja, Frau, das weiß ich selber!‹ – ›Froh bin i, wennst heut fort bist!‹ – Er war beleidigt: ›I geh ja schon! Adieu!‹ Er nahm Mantel, Hut und Stock und ging, kam aber prompt wieder zurück: ›Moanst, i brauch an Schirm, Frau?‹ Es ging natürlich nicht um den Schirm, er wollte damit nur sagen: ›San ma wieder guat?‹ Mamas Gesichtsausdruck verriet in diesem Augenblick, daß sie ihm nie, aber auch gar nie, ernstlich böse sein konnte. ›Nimmst halt ein' mit – an Schirm, Papa. Und gib Obacht! Mach an Mantel oben zua, daß dich net erkältst!‹ Als der Vater gegangen war, sagte Mama zu mir: ›Ach ja! Ich möcht mein' Weg nimmer zurückgehn –‹ Und in einem plötzlichen Stimmungswechsel: ›Aber jung, wenn ich nochmals wär', i tat nur wieder an Papa heiraten.‹«[19]

Die Ehefrau war daheim zuständig für Unterstützung und Bequemlichkeit, Liesl Karlstadt war es auf der Bühne. So hatte sich der Künstler einen doppelten Rückhalt geschaffen, der ihm genügend Sicherheit bot, künstlerische Wagnisse und Abenteuer einzugehen. Das Risiko seiner Höhenflüge war damit kalkulierbar geworden. Es war immer jemand da, den möglichen Absturz aufzufangen, denn die Rolle der Fängerin war doppelt besetzt.

In Liesl Karlstadts Bühnenalbum folgt auf die beiden Fotos aus dem Film »Karl Valentins Hochzeit« ein Zeitungsausschnitt, der mit einem großen blauen Kreuz versehen ist und besagt: »Karl Valentin wird von den Kunstkritikern Deutschlands, Oesterreichs und der Schweiz als derjenige Komiker bezeichnet, der den besten lebenden und toten Klassikern unter den Humoristen mindestens gleichzustellen ist.«

Ja, sie war stolz auf ihn, auf die Anerkennung, die ihm zuteilwurde, und auf das Interesse, das er ihr entgegenbrachte. So fiel von Anfang an ein Schimmer vom Glanz seines Erfolges auch auf Liesl Karlstadt, die Anfängerin. Und das tat ihr gut.

Die nächste Seite in ihrem Bühnenalbum dokumentiert eindrucksvoll ihre Umbenennung in Liesl Karlstadt. Am 3. April 1913 trat sie als Programmpunkt 8 am Ehrenabend des Direktors A. Herrmann im Modernen Possen- und Humoristenensemble auf als »Lisl Wellano, der beliebte weibliche Humorist«. Ihr erstes Auftreten im Kabarett Serenissimus 1913 wird dokumentiert durch ein winziges Foto »Der Pikkolo« und Ausschnitte aus einer Zeitungskritik, in der die Zeile unterstrichen wurde: »Lisl Mackstadt mimt in einer lustig erdachten Szene recht charakteristisch einen frechen Kellnerjungen«. Karl Valentin wird in diesem Artikel übrigens nur beiläufig erwähnt: »Karl Valentin erzählt auf seine eigene drollige Art. Es wäre interessant, diesen Komiker in einer größeren Aufgabe zu sehen.« Im nächsten Zeitungsartikel heißt es dann: »Mit Karl Valentin ist im gemütlichen Untergeschoßsaal des Konzerthauses Wagner echter vielseitiger und gesund-bodenständiger Humor eingezogen.« Geschildert wird ein erfolgreicher Eröffnungsabend mit seinen Getreuen, darunter Liesl Karlstadt.

So hatte man sich innerhalb kurzer Zeit geeinigt, den Namen Wellano in Karlstadt zu verwandeln. Der Umweg über Mackstadt ist als Hommage an den Komiker Karl Mackstadt zu verstehen, den Valentin sehr geschätzt hat. Fünfzehn Jahre später wird der Karl-Mackstadt-Abend zu dessen 75. Geburtstag unter »gütiger Mitwirkung« von Karl Valentin und Liesl Karlstadt stattfinden und der Reinertrag dem Jubilar zufließen.

Die Umbenennung war zu diesem Zeitpunkt sicherlich für beide zufriedenstellend: Karl Valentin musste nicht länger befürchten, dass der exotische Name Wellano von ihm ablenken und ihr von Anfang an eine zu große Aufmerksamkeit garantieren würde. Und sie selbst war sicher froh, ihn endlich los zu sein, den Namen, den sie nicht sehr geliebt hat, da er für sie untrennbar verbunden war mit ihrem Vorbühnenleben als Verkäuferin und ihr als Kind Diskriminierung und eine ungewollte Sonderstellung als »Wellano – Italiano« eingebracht hatte.

Die Sonderstellung, die ihr die Bühne verlieh, genoss sie. Scheinwerferlicht, Applaus, Spaß, Musik, Tanz, Abwechslung und relativ viel Geld für eine junge Frau ihres Alters. Und nun auch noch die Aufmerksamkeit eines Stars.

Die Fluchtlinie Bildung hatte nicht funktioniert, war aber schnell durch die Bühne ersetzt worden, und die schien ein Volltreffer zu sein, schien ins Freie und in ein ganz anderes, unbekanntes, aufregendes Leben zu führen.

So bildete sie nun ein Bühnenpaar mit dem »langen, zaundürren, rothaarigen Salonkomiker«, wie Liesl Karlstadt einmal den Mann nannte, der sie darauf hingewiesen hatte, dass sie nicht die Figur zu einer guten Soubrette habe, sondern in ihrem Flitterkleid eher wie ein Kommunionmäderl ausschauen würde.

Die Komikerin Karlstadt war entdeckt.

Über ihre erste gemeinsame Nummer heißt es in ihrem Bühnenalbum:

»Liesl als naiv-fesches Dirndl mit dem Edelweiß in der Hand, Valentin als zitherspielender Tiroler vor einem wildromantischen Gebirgspanorama – natürlich aus Pappe, zusammenklappbar –, der Dritte im Bund Karl Flemisch als sein Vater mit Rauschebart und Gitarre. Am Ende geriet Valentin jedesmal in einen geschickt inszenierten Streit mit dem Theaterdirektor und hatte seinen Abgang mit den klassisch gewordenen Worten: ›Vater, nimm's Gebirg mit, wir gehen!‹«

Bei diesem ersten gemeinsamen Auftritt war Liesl Karlstadt zwar noch in einer weiblichen Rolle, als fesches Dirndl, zu sehen, aber doch schon ganz anders, als sie es aus ihrer Soubrettenzeit gewöhnt war. Zweifellos war sie in dieser Zeit begierig, von ihrem erfahrenen Partner zu lernen. Ehrgeizig war sie bekanntlich sowieso. Und wachsam für das, was um sie herum vor sich ging. Ihre eigene genaue Beobachtungsgabe, kombiniert mit den Hinweisen und Ratschlägen des Partners, haben sie große Fortschritte in der Menschendarstellung machen lassen. Aus der Beobachtungssensibilität und der Neugier entwickelte sich die Lust, in andere Rollen zu schlüpfen, sich zunächst in verschiedenen Frauenfiguren auszuprobieren und ziemlich bald auch Männerfiguren zu verkörpern. Wenn sie Valentin ihre Alltagsbeobachtungen schilderte, parodierte sie dabei die unterschiedlichen Typen. Dabei wuchs ihre Lust an der Nachahmung. Und vielleicht war der Unterschied zu dem, was sie als Soubrette auf der Bühne zu tun hatte, gar nicht so groß. Auch das war eine Rolle. Vielleicht fasste Liesl Karlstadt überhaupt alles, was sie tat, als Rolle auf.

Jetzt bestand ihre Hauptrolle darin, die Partnerin eines berühmten Komikers zu sein. Die kleine Elisabeth Wellano, der man die Lehrerinnenrolle verweigert hatte, weil ein Mädchen aus ihrer Schicht dafür nicht vorgesehen war, hatte sich nicht entmutigen lassen. Aus der ihr zugewiesenen Rolle der Textilverkäuferin hatte sie sich gelöst. Damit war sie ausgestiegen aus einer vermeintlichen Zwangsläufigkeit in der Bestimmung weiblicher Lebensläufe. Sie hatte es ihnen allen gezeigt, dass man es doch anders machen konnte. Wenn schon nicht Lehrerin, dann auch nicht Verkäuferin oder Dienstmädchen. Sie hatte für sich einen Fluchtweg gefunden, der auf die Bühne führte. Dieser Ort war so neu und aufregend für sie, dass es sie anfangs wahrscheinlich kaum gestört hat, als Valentins Geschöpf und Stichwortgeberin angesehen zu werden. Sie war so mit sich und ihrem Tun beschäftigt, dass sie auf die Außenwirkung und Außensicht nicht besonders achtete, jedenfalls nicht, solange diese ohne Folgen für sie war.

Früher, in der Zeit vor ihren Bühnenauftritten, war sie ständig damit konfrontiert worden: Das, was die anderen sagten, nahm zwangsläufig eine große Bedeutung für sie und ihr Leben ein. Es waren äußere Gründe, die dagegensprachen, dass sie Lehrerin werden konnte. Es war die Äußerlichkeit ihres Namens, wegen der sie als Kind gehänselt wurde. Äußerlichkeiten, die unabhängig von ihrem Verhalten existierten, sodass sie darauf keinen Einfluss nehmen konnte, egal was sie auch tat. Ein tiefer Riss klaffte zwischen innen und außen, denn sie fühlte diese Dinge nicht, für die sie letztlich bestraft wurde. Das Außen machte Vorgaben, und sie hatte sich danach zu richten.

Vor ihrem Leben als Komikerin und Schauspielerin waren innen und außen nicht identisch in ihrem Alltag. Selbstbild und Fremdbild lagen weit auseinander, waren vielleicht auf intellektueller, nie aber auf emotionaler Ebene zusammenzubringen. Eine Sackgasse, ein Gefühl der Enge, das irgendwann nur noch eine Frage erzeugte: Wie kann ich dem entkommen?

Notwendig war ein mutiger Befreiungsakt in eine andere Welt. Ein aktives Einwirken auf das Außen: Ich ändere meinen Namen (gleichgültig, ob der Antrieb dazu von Valentin ausging oder von ihr), stelle mich auf die Bühne und bin jemand anderes, weil ich es will. Ich bestimme, wann man mich anschaut und was man von mir sieht, denn es gibt den schützenden Vorhang. Und wenn er aufgezogen wird, kann ich einen fröhlichen Trommlerbub, eine höfliche Schallplattenverkäuferin, einen naiv-frechen Firmling, einen griesgrämigen Dirigenten spielen.

Diese Erfahrung, verbunden mit einer zweiten – dass nämlich diese Rollen, so ungewöhnlich, vielfältig und absurd sie auch sein mochten, vom Publikum akzeptiert wurden, ohne dass jemand sagte »Das geht nicht, das kannst du nicht sein, du musst etwas anderes werden« –, muss für Liesl Karlstadt ein großes Glück gewesen sein. Die Außenbestimmung schien ein für alle Male die Macht über ihr Leben verloren zu haben. Von nun an bestimmte sie selbst, was sie sein wollte. Auf der Bühne. Und sie spielte die Rollen so realistisch, dass Theo Riegler schrieb: »Sie war real, Valentin surreal«, was angesichts der Tatsache, dass Liesl Karlstadts Spektrum vom Firmling bis zum alten Kapellmeister reichte und Valentin eigentlich immer sich selbst spielte, ziemlich fragwürdig erscheint. Trotzdem wird diese Zuordnung immer wieder übernommen. Man liest sie sehr häufig, wenn es um die Rollencharakterisierung von Liesl Karlstadt und Karl Valentin geht. Zu erklären ist sie nur dadurch, dass sich die meisten Darstellungen Valentins Sichtweise auf die Welt zu eigen gemacht haben. Damit wird er zum selbstverständlichen Mittelpunkt des Geschehens und kann, wie von Theo Riegler, als widerspenstiger schwebender Ballon beschrieben werden, der von seiner handfesten Partnerin immer wieder auf den Boden der nüchternen Tatsachen zurückgezogen wird. Warum niemandem auffiel, dass die beherzte Person, die den genialen Schwebenden immer wieder ins Leben zurückzog, dazu die fantastischsten oder surrealsten Verkleidungen wählte, ist unerklärlich.

Beim Betrachten ihrer gemeinsamen Filme fasziniert gerade Liesl Karlstadts Spielweise. Ihr natürliches Talent, eine Art Clown darzustellen, zum Beispiel in »Der Firmling«, lässt sie in den Mittelpunkt des Geschehens rücken und Valentin eher als Stichwortgeber in den Hintergrund treten. In ihrer Verkörperung des naiv-frechen, androgynen Firmlings, der seinen großen Ehrentag genießt und den griesgrämigen Vater bei Laune halten möchte, erinnert sie an die Figur der Gelsomina in dem Klassiker »La Strada«. Fellini hat über deren Darstellerin Giulietta Masina gesagt:

»Sie ist ein Typ von Schauspielerin, der mir sehr gefällt; sie ist einzigartig und sehr begabt dafür, beredt und unmittelbar die Vorstellung von einer kindlichen und phantastischen Welt, die Verwunderungen, Bestürzungen, verzweifelten Fröhlichkeiten und komischen Verdüsterungen einer Clownsfigur zu verkörpern. Giulietta ist eine Clown-Schauspielerin. Diese für mich rühmliche Bezeichnung wird oft nicht sehr geschätzt von Schauspielern, die darin vielleicht etwas Herabsetzendes, Vereinfachendes, Unkünstlerisches vermuten. Aber sie irren sich. Das Clownstalent eines Schauspielers ist meines Erachtens seine kostbarste Gabe, das Wappenzeichen seiner wahrhaften Berufung.«[20]

Der Clown fasziniert durch seine Unabhängigkeit von Alter und Geschlecht. Er provoziert, irritiert und sprengt vorgegebene Verhaltensmuster. Wenn wir seiner Sichtweise folgen, haben wir die Chance, eine Situation als etwas anderes wahrzunehmen als als das, was sie zu sein scheint. Machtstrukturen werden genauso aufgebrochen wie die eingefahrenen Kommunikationsrituale zwischen Mann und Frau. Der Clown ist weder weiblich noch männlich. Mit seinem Selbstgespräch fordert er sein Gegenüber zum Dialog auf.

Liesl Karlstadt und Karl Valentin begannen ihren Dialog sofort. Sie bezogen sich aufeinander, zwei Magneten, die sich anzogen, abstießen und daraus ihre Stücke entwickelten. Gemeinsam schufen sie diese Stücke in der Improvisation. Man kann sie als niemals endendes Fortsetzungsgespräch über die Welt auffassen. Variationen des immer gleichen Themas: Was tut der Mensch auf der Welt? Einer der wichtigsten Sätze zwischen Liesl Karlstadt und Karl Valentin lautet deshalb auch: »Dann ham Sie eben eine andere Weltanschauung«, wobei bemerkenswert ist, dass dieser Satz nicht das Ende des Dialogs bedeutet, sondern den Beginn einer neuen Variation.

Wenn man sich nicht auf diese Weise näherkommt, wenn man auf diese Weise nicht weiterkommt, dann muss man eben einen anderen Weg erfinden, notfalls auch eine andere Situation und andere Rollen. Die Reihe ihrer Sketche erscheint als unendliches Gespräch. Ein Dialog hat zwei Akteure. Selbst wenn ein Gesprächspartner dominiert, ist er nicht der Schöpfer des Dialogs. Warum Publikum und Kritiker Valentin ganz selbstverständlich die Rolle des originellen Ideenschöpfers, des kreativen Motors und letztlich des Autors zugewiesen haben, kann nur daraus resultieren, dass Frauen in der ersten Hälfte des 20. Jahrhunderts einfach nicht für diese Rolle vorgesehen waren. Man hatte kein Wahrnehmungsmuster dafür, also sah man es nicht. Valentin selbst hat Liesl Karlstadt zunächst als seine Schülerin, dann als seine Mitarbeiterin und Mitverfasserin seiner Stücke bezeichnet. Aber das scheint auf Kritiker und Herausgeber dieser Stücke bis heute keine große Wirkung zu haben. Valentin selbst wusste, dass er in Liesl Karlstadt eine Komplizin gefunden hatte gegen das Publikum, das ihm fremd und lächerlich vorkam. Jemanden, der zu ihm hielt, wenn das Publikum lachte, weil es seine Worte missverstand.

Der Literaturwissenschaftler Peter Hanusch schreibt in einem unveröffentlichten Text über »LK+KV«:

»Im Firmling versuchen die beiden schon zu Beginn das Chaos entstehen zu lassen (indem sie im Restaurant gleich beim Betreten den Tisch und die Stühle umwerfen). Aber das dauert nicht lange, halten sie auch nicht durch. Es ist so, wie es immer war, und endet wiederum dort, wo es immer endet: im Chaosort (und das mußte noch gesteigert werden wegen des Anfangs: Nudeln auf dem Kopf und in den Taschen, auf dem Boden herumliegen usw.). Mir scheinen diese Schlüsse fast zwanghaft gewollt; nicht um des Humors willen, sondern einem eigenen Bedürfnis entsprechend. Sie wollten die Welt so, weil sie sonst nicht auszuhalten war.«[21]

Die Preisgabe der eigenen Weltsicht macht angreifbar und verletzlich. Und sie isoliert, trennt ab von den anderen, treibt in beängstigender Geschwindigkeit auf eine unwiderrufliche Einsamkeit zu – wenn da nicht der Humor als Rettungsanker wäre. Er gebietet der unaufhaltsam ins Abseits führenden Bewegung Einhalt und macht die lebensnotwendigen Verbindungen mit anderen Menschen möglich. Herstellen kann der Humor sie jedoch erst, wenn er sich in Komik verwandelt hat und damit aktiv und offensiv geworden ist. In dieser entlarvenden Offensive ist es gut, Komplizen zu haben.

Karl Valentin war ein von Ängsten geplagter Mensch, und

er machte kein Geheimnis daraus. Platzangst, Angst vor Gewitter, Angst vor Reisen, Angst vor Krankheit, Angst vor dem Auftreten, jedes Mal Angst, den Text zu vergessen, auch wenn das Stück schon hundertmal gespielt worden war. Eine kaum auszuhaltende Selbstquälerei, für die er den rettenden Ausweg fand, sie mit anderen zu teilen.

In einem Zeitungsartikel mit dem Titel »Lache Bajazzo. Geständnisse von Karl Valentin« sagt er:

»Wenn ich nicht meine brave Liesl hätt', die auf alles eingeht, was sie noch nicht weiß, könnte jeden Tag das größte Malheur auf der Bühne passieren. Außerdem habe ich noch einen lieblichen Angstkomplex. Wenn nämlich was auf der Bühne passiert, was nicht hingehört, wenn einem zum Beispiel eine Perücke herunterrutscht oder irgend was Menschliches passiert (schließlich, die Angst wirkt auf jeden Menschen verschieden), da muß ich so lachen, daß ich mich nicht zurückhalten kann, dann ist es aus mit mir, der sonst über nichts lachen kann. (…) Davor fürchte ich mich. Ein Schauspieler, der seine Rolle herunterspricht, zehn Mal oder hundert Mal, hat es viel leichter als ich, denn wenn er stecken bleibt, wird ihm einfach das vergessene Wort souffliert. Da ich aber meine Rolle jedesmal anders spiele und auch mit andern Worten, so daß ich, wenn ich einmal schlecht aufgelegt bin, bestimmte Witze, die ich tags zuvor auf der Bühne gemacht habe, nicht mache, so ist es für die andern ebenso schwer wie für mich, den Kontakt weiterzufinden.«[22]

Bei Liesl Karlstadt wird es noch ein wenig deutlicher, wie die Rollenverteilung war:

»Er hat die 27 Jahre, wo wir zusammen gearbeitet haben, jeden Tag, bevor der Vorhang aufgegangen ist, bei jedem

Stück, was wir schon hundert- und zweihundertmal gespielt haben, gesagt: ›Gelt, wissen tu ich gar nix. Du sagst mir jedes Wort ein.‹ Sag ich: ›Ja, das mach ich.‹ Und das hab ich auch 27 Jahre lang gemacht. Ohne, daß man es im Publikum gemerkt hat.«[23]

Und die Münchner Journalistin Effi Horn schreibt in der Heimatbeilage der Bayerischen Staatszeitung:

»Jeden Abend legte ihr Valentin, hypochondrisch bis zum Exzeß, die Last auf, das Lampenfieber für zwei Menschen zu überwinden, die Arbeitsenergie für sie beide aufzubringen, alles auszuräumen, was sich an Übellaune, Pessimismus, Angst und Widerspruch immer aufs neue als kaum übersteigbare Mauer zwischen Valentin und die Bühne, zwischen den Komiker und die Komik, zwischen den Schauspieler und sein Publikum schob. Asthmaleidend, aber dies Leiden mit allen Mitteln einer ungebärdigen Einbildungskraft ausweitend, begann er vor jeder Vorstellung das gleiche Spiel mit endlosem Husten, Räuspern und der Erklärung, er werde das Auftreten nicht überleben, er stürbe an Atemnot. ›Eine halbe Stunde‹, pflegte die Liesl zu sagen, ›brauch ich mindestens, bis ich ihn soweit hab', daß er überhaupt auftritt. Und dann geht's oft erst los.‹ Es ging los, daß sie ihm jedes Wort soufflieren mußte, weil er beweisen wollte, daß er zu krank zum Spielen sei, oder es ging los, daß er plötzlich improvisierte, um sie zu verstören.«[24]

Karl Valentin wurde von seiner Umgebung als misstrauischer Hypochonder und als kleinlicher, geiziger, mit allen Ängsten der Welt behafteter Misanthrop akzeptiert. Vielleicht war er sich ausgeliefert, aber immerhin nur sich selbst. Liesl Karlstadt hatte sich mit ihrem eigenen Ich und den Ängsten des Partners auseinanderzusetzen. Die übliche Charakteristik ihrer Person lautet: freundlich, gutmütig, gütig, fleißig, geduldig, bescheiden. Scheinbar ein glückliches Naturell, das das Leben meisterte. Dazu war sie im Verlauf der Zusammenarbeit mit Karl Valentin gezwungen worden. Was so glanzvoll begonnen hatte und von früh erlittener Enge in die Weite zu führen schien, stieß plötzlich auf Widerstände und Mauern. Ist der Fluchtweg eine Sackgasse?

SECHS

Daheim in München

»DER große Minervasaal, ein volkstümliches Varieté in der Nähe des Hauptbahnhofs, war dicht gefüllt; denn der Komiker Balthasar Hierl, der heute nach längerer Pause zum ersten Mal wieder auftrat, war populär. Die Zuhörer waren zumeist Kleinbürger, Leute aus dem Mittelstand, Dreiviertel-Liter-Rentner, Drei-Quartl-Privatiers wurden sie genannt, weil ihr Vermögen zu einem ganzen Liter Bier nicht reichte. Sie saßen in dem harten Licht des nüchternen, mit patriotischen und mythologischen Fresken geschmückten Saales, rauchten Zigarren oder Pfeife, hörten in den Pausen einem großen Blechorchester zu. Während der Vorträge aßen sie. Der eine Abend mußte sie entschädigen für die Entbehrungen der ganzen Woche. Also aßen sie. Würste von vielerlei Art: weiße, hautlose; saftige, prall in der Haut steckende; braunrote, dünne, dicke. Wohl auch Kalbsbraten, kunstlos zubereitet. Nierenbraten, Gratbraten mit Kartoffelsalat. Gewaltige Knödel, bereitet aus Mehl und Leberfleisch. Mächtige, gesottene Kalbsfüße. Salzbrezeln. Rettiche. Von den Frauen tranken viele Kaffee, tunkten Nudeln hinein: Rohrnudeln, hoch, gebuchtet, den Rand gebläht, Dampfnudeln, Kirchweihnudeln, dick, schmalztriefend, Krapfen, fett- und zuckerschwitzend. Serviert das alles auf Geschirr aus den Süddeutschen Keramiken Ludwig Hessreiter & Sohn, zumeist mit dem beliebten, sehr blauen Enzian- und Edelweißmuster. Der Saal war voll von Rauch, gleichmäßigem, langsamem Geräusch, Dunst von Bier, Schweiß, Menschen. Alte Bürger saßen behaglich, Liebespaare hockten breit, selig. Höhere Beamte, andere Großkopfige waren zahlreich in die Masse der Kleinbürger hineingesprengt. Denn der Komiker Balthasar Hierl beschränkte sich eigensinnig auf volkstümliche Vergnügungsstätten.«[25]

Die Beschreibung des Minervasaals, die Lion Feuchtwanger in seinem großen München-Roman »Erfolg« liefert, vermittelt einen starken atmosphärischen Eindruck von den Auftrittsorten Karl Valentins und Liesl Karlstadts. Bei Feuchtwanger heißt Valentin »der Komiker Balthasar Hierl«. Liesl Karlstadt wird bei ihm namentlich nicht genannt, weder verschlüsselt noch unverschlüsselt. Sie kommt bei Feuchtwanger nur als »seine Partnerin« vor. Umso erstaunlicher, als ihr Name auf den Münchner Theaterplakaten, Ankündigungstafeln und in der Zeitungsartikeln in großen Lettern neben dem ihres Partners zu finden ist. Davon erzählen ihre Bühnenalben.

Tauchen wir also wieder in das erste Album ein, und schauen wir uns an, was es über die Karriere von Liesl Karlstadt und Karl Valentin berichtet.

Nachdem Karl Valentin zum ersten Mal im Off erschienen ist, als Bildunterschrift unter den beiden Szenenfotos aus dem Film »Karl Valentins Hochzeit« und auf der gegenüberliegenden Seite als Komiker bezeichnet wird, der den besten lebenden und toten Klassikern unter den Humoristen mindestens gleichzustellen ist, erleben wir auf der »Umbenennungsseite« des Albums die Metamorphose von Wellano über Mackstadt zu Karlstadt. Gleich danach wird auf großen farbigen Programmzetteln Karl Valentin mit Gesellschaft im »Wien-München«, Hotel Wagner angekündigt. »Frl. Lisl Karlstadt« trat darin u. a. auf als Tschthinzscht, chinesischer Salonkomiker. Und in dieser Verkleidung und vielen anderen sehen wir sie auf der gegenüberliegenden Seite: Der Schusterbua, Frau Funktionär, Der böhmische Ladislaus, Trompetenvirtuose, Der Pikkolo, Der große Trommler, Musiker-Lehrling, Die Chansonette, Jockey, Bürgerwehrbua, Der chinesische Komiker und – die Bildunterschrift unter dem Foto vom Theatersaal im Hotel Wagner deutet auf eine ganz neue Rolle hin: »Direktion: Karl Valentin – Liesl Karlstadt«. Das handschriftlich vermerkte Datum lautet: »1. Juni 1915–15. Dez. 1916«. Ein steiler Aufstieg von der Schülerin über die Mitarbeiterin bis zur gleichberechtigten Mitdirektorin. Das hätte sich sicher die junge Elisabeth Wellano selbst in ihren kühnsten Träumen nicht ausgemalt, als sie tagsüber bei Tietz am Verkaufstresen stand und abends als Chorsängerin in einer Reihe von jungen Frauen, die alle darauf hofften, einmal ganz groß herauszukommen. Und jetzt also, wenige Jahre später, Direktorin!

Die Zeitungen berichten allerdings weiterhin von der talentvollen oder gelehrigen Schülerin Valentins, wenn es um Liesl Karlstadt geht, und der Direktorinnentitel taucht nicht auf. Nichtsdestotrotz hat sie diese Zeilen immer wieder mit farbigen Unterstreichungen hervorgehoben. Sie wurde er-

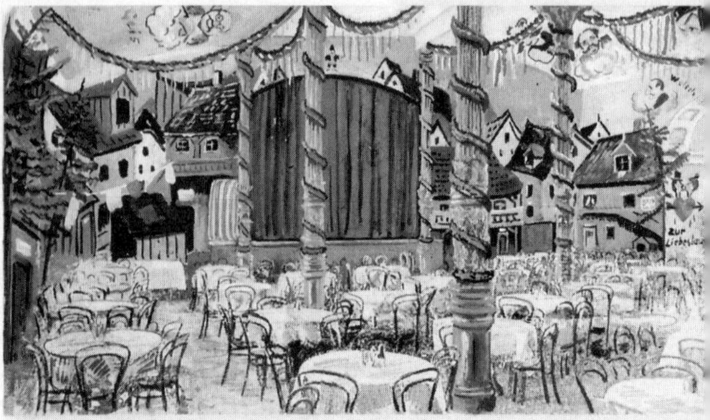

Um böswilligen Aeußerungen entgegen zu treten

erkläre ich, daß

Lisl Karlstadt und **Karl Valentin**

wirklich krank waren laut ärztlichem Attest.
Beide sind bei mir auf 5 Jahre verpflichtet.

VALENTIN und KARLSTADT

treten seit 2 Tagen **wieder auf**

Jos. Vallé – Monachia am Karlstor

Februar 1921

In der „Monachia" am Karlstor
Direktion „Josef Vallé"
v. 1. Februar 1921 bis 1. Februar 22.

* Monachia. Die Stimmung ist hier so sehr als mög-lich. Altmünchener Treiben — eigentlich ist es schon mehr ein Oktoberfest — sagt dem Publikum eben in diesen [illegible] erfahrenen Zeiten besonders zu, wenn es nur gemütlich ist; und gemütlich ist es hier sehr. Da schrammt und fiedelt die Musik, da singen die Kellner sogar Quartette und das Publikum tut mit, es gibt Gesellschaftsspiele und humoristische Vorträge. J. Gebhardt als Artillerist, Alois [illegible] als [illegible], und Tonzl als Weiberfeind, [illegible] die zündende Stimmung verbreiten. Dann hört man zwischenhinein wohl eine Jodlerin oder von einem [illegible] den [illegible] blasen. Plötzlich heißt es die Karlstadt kommt. Auf der Bühne steht eine Frau Funktionär — Gott, hat die ein Schwertmaul! Es gibt viele, die es gar nicht glauben, daß das dieselbe Karlstadt ist, die so anständig echt als junger [illegible] sein kann. [illegible] den Atem hält das Publikum an, wenn Karl Valentin die komische Nase aus der Kulisse streckt. Er zeigt sich in Einzelvorträgen. Das Parkett schwimmt in Tränen, vor Lachen natürlich. Was sonst noch los ist? Eine Schönheitskonkurrenz [illegible] Münchnerinnen! Da ist es aus mit dem Spaß, der Ernst beginnt. Wenn da nur die schärfsten Konkurrentinnen nicht eifersüchtig aufeinander werden! Aber ein Trost bleibt denen, die durchfallen: Sie werden [illegible] und können dabei vielleicht im Spiel umso größere [illegible] [illegible].

Monachia
direkt am Karlstor
Dir.: J. Vallé.

Täglich
Münchner Humor
mit [illegible]
Karl Valentin
Lisl Karlstadt
Gebhardt u.s.w.
Tischbestell. unter [illegible]

Bier vom Fass
Gute Küche
Tägl. Weisswürste

Sonn- und Feiertags
2 Vorstellungen
Frühschoppen-Konzert
a. d. Papa Kern.
Eintritt frei!

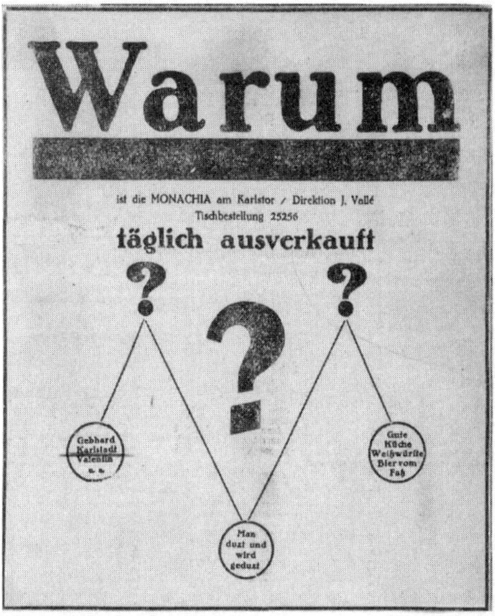
Warum
ist die MONACHIA am Karlstor / Direktion J. Vallé
Tischbestellung 25256
täglich ausverkauft
?
?
?
Gebhard Karlstadt Valentin u. a.
Man duzt und wird geduzt
Gute Küche Weißwürste Bier vom Faß

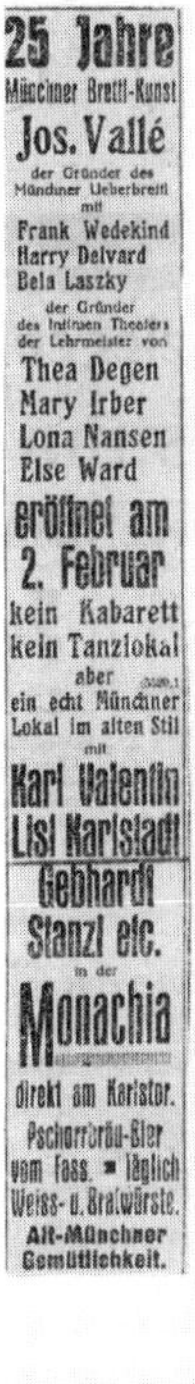
25 Jahre
Münchner Brettl-Kunst
Jos. Vallé
der Gründer des Münchner Ueberbrettl
mit
Frank Wedekind
Harry Delvard
Bela Laszky
der Gründer des Intimen Theaters
der Lehrmeister von
Thea Degen
Mary Irber
Lona Nansen
Else Ward
eröffnet am
2. Februar
kein Kabarett
kein Tanzlokal
aber
ein echt Münchner
Lokal im alten Stil
mit
Karl Valentin
Lisl Karlstadt
Gebhardt
Stanzl etc.
in der
Monachia
direkt am Karlstor.
Pschorrbräu-Bier
vom Fass. ▪ täglich
Weiss- u. Bratwürste.
Alt-Münchner
Gemütlichkeit.

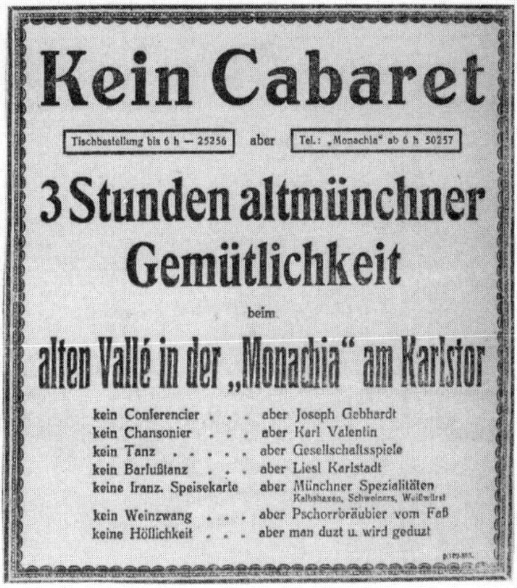
Kein Cabaret
Tischbestellung bis 6 h — 25256
aber
Tel.: „Monachia" ab 6 h 50257
3 Stunden altmünchner
Gemütlichkeit
beim
alten Vallé in der „Monachia" am Karlstor
kein Conferencier . . . aber Joseph Gebhardt
kein Chansonier . . . aber Karl Valentin
kein Tanz . . . . . aber Gesellschaftsspiele
kein Barfußtanz . . . . aber Liesl Karlstadt
keine franz. Speisekarte aber Münchner Spezialitäten
Kalbshaxen, Schweiners, Weißwürst
kein Weinzwang . . . aber Pschorrbräubier vom Faß
keine Höflichkeit . . . aber man duzt u. wird geduzt

wähnt. Das war wichtig, namentlich erwähnt, zwar meist bezogen auf ihren Partner, aber immerhin.

Von nun an lassen sich Valentins Auftrittsverzeichnis und Liesl Karlstadts Bühnenalbum parallel lesen:

»Im Zeitraum vom Eröffnungsabend im Saal Wien-München (1. Juni 1915) bis zum ersten auswärtigen Gastspiel im Züricher Kabarett Bonbonniere (16. bis 31. August 1922) und den legendären Nachtvorstellungen in den Kammerspielen (Oktober, November 1922), die Valentins ›hochkulturelle‹ Rezeption einleiteten, spielten beide in allen bekannten Münchner Kabaretts: im Annenhof (ab 16. Dezember 1916), im Kabarett Serenissimus (1. März 1917 bis 1. Oktober 1919), im Hofbräuhaus-Festsaal (September 1919), im Kammerbrettl München (ab Oktober 1919), im Charivari, Hotel Germania (Januar 1920), bei Altmünchener Abenden im Mathäser Festsaal (September 1920), im Cabaret Benz (Dezember 1920 bis Januar 1921), im Monachia am Karlstor (Februar 1921 bis Februar 1922) und im Germania Brettl (ab 1. Februar 1922).«[26]

Das Monachia am Karlstor unter der Direktion von Josef Vallé annonciert 1921 groß:

»Um böswilligen Aeußerungen entgegen zu treten erkläre ich, daß Lisl Karlstadt und Karl Valentin wirklich krank waren laut ärztlichem Attest. Beide sind bei mir auf 5 Jahre verpflichtet. Valentin und Karlstadt treten seit 2 Tagen wieder auf.«

Gleichzeitig wird das Programm angekündigt:

»Kein Cabaret
3 Stunden altmünchner Gemütlichkeit
beim alten Vallé in der Monachia am Karlstor

kein Conferencier … aber Joseph Gebhardt
kein Chansonier … aber Karl Valentin
kein Tanz … aber Gesellschaftsspiele
kein Barfußtanz … aber Liesl Karlstadt
keine franz. Speisekarte … aber Münchner Spezialitäten
(Kalbshaxen, Schweiners, Weißwürst)
kein Weinzwang … aber Pschorrbräubier vom Faß
keine Höflichkeit … aber man duzt und wird geduzt.«

In der Zeit um den Ersten Weltkrieg nehmen die bunten Abende zu, bei denen beispielsweise zugunsten der Kriegsfürsorge eine aus dem Feld beurlaubte Kapelle spielt. Daneben gibt es Lazarett- und Verwundetenvorstellungen im Dienste des Roten Kreuzes. Die bunten Abende finden im Fürsorge-Reserve-Lazarett, im Vereinslazarett der Münchner Rückversicherung, im Konzerthaus Wagner, im Löwenbräukeller und an vielen anderen Orten statt. Für Liesl Karlstadt war es Ehrensache, an solchen Veranstaltungen teilzunehmen. Diejenigen zu unterstützen, denen es schlecht ging, gehörte zu den Lebensmaximen, die ihr nicht nur innerhalb ihrer katholischen Erziehung beigebracht worden waren, sondern die sie mit eigener Erfahrung füllen konnte. Selbst in ärmlichen Verhältnissen aufgewachsen hatte sie Solidarität und Hilfsbereitschaft schätzen gelernt. Ihre Beobachtungsgabe war daher niemals eine rein analytische oder voyeuristische, sondern immer mit Verstehen-, Nachfühlen- und Mitleidenkönnen verbunden. Das trug seinen Teil zu Liesl Karlstadts Intensität und Authentizität auf der Bühne bei. Für ihre Umgebung machte es sie liebenswert und ausnutzbar.

In einem Zeitungsartikel wird »Ein fröhlicher Nachmittag« geschildert:

»In den edlen Wettbewerb, unseren Verwundeten Vergnügen und Zerstreuung zu bieten, war am Donnerstagnachmittag auch Brauereibesitzer Hans Wagner eingetreten. Das Konzerthaus an der Sonnenstraße öffnete seine Pforten, um gastlich Verwundete aus allen Münchner Lazaretten aufzunehmen. Schon ihre Anfahrt in Sonderwagen der Elektrischen erregte Aufsehen. In Scharen strömten die Feldgrauen herbei; nicht weniger als etwa 1200 waren gekommen und füllten den großen Saal, der in Verbindung mit dem nach rückwärts gelegenen offenen Garten einen luftigen und angenehmen Aufenthalt bot. Manche der Gäste kamen an Stöcken und Krücken, der eine und andere hatte einen Fuß, einen Arm dem Vaterlande geopfert. Dieser und jener trug noch einen dicken Verband um den Kopf als Andenken an eine glücklich überstandene gefahrvolle Verwundung. In treuer Kameradschaft fand dieses feldgraue Parkett von Kämpfern aller Waffen sich zusammen, und bald brachten die Klänge des Münchner Tonkünstlerorchesters unter Emil Kaisers Leitung eine frohe Stimmung in Fluß. Direktor Fränznick entbot die Grüße des Hauseigentümers und gedachte in patriotischer Weise unserer siegreichen Armee und ihrer Führer, des Kaisers und des Königs. Auf sie brachten die Krieger ein schallendes Hurra aus, die Musik spielte die Königshymne und ›Deutschland, Deutschland über alles‹. Mit dankbarer Freude nahmen die Gäste die Weisen auf, die das Tonkünstlerorchester spielte. Dann trat der Humor in seine Rechte. Einer unserer besten Komiker, Karl Valentin, der allabendlich mit seiner Gesellschaft in ›Wien in

München‹ spielt, stellte sich in den Dienst der guten Sache. Schon sein Erscheinen entfesselte stürmische Heiterkeit. Als er dann aber seine Klapphornverse vortrug und darauf sein Violinsolo mit Hindernissen folgen ließ, da dröhnten wahre Lachsalven durch das Haus, eine ansteckende Heiterkeit ergriff ausnahmslos alle. Zwei kleine Einakter, zugeschnitten auf dieses Publikum und von der Gesellschaft Valentin dargestellt, deren Hauptstützen die Herren Flemisch und Wenninger, Frau Wach und Frl. Karlstadt sind, wurden nicht minder bejubelt.«

Die bunten Abende und Wohltätigkeitsveranstaltungen setzen sich nach dem Krieg fort im Löwenbräukeller, im Bürgerbräukeller, im Arzbergerkeller, im Münchner Kindlkeller und in anderen traditionsreichen Bierhallen. Am 18. Januar 1919 findet die Begrüßungsfeier für die vom Felde heimgekehrten Kameraden der Münchener Berufsfeuerwehr statt, am 22. März der Begrüßungsabend der Münchner Schlossergenossenschaft anlässlich der Heimkehrfeier der Kriegsteilnehmer, daneben diverse Regimentsjubiläen aus der Region und Unterhaltungsabende für Münchner Hausfrauen, Festabende des Alpenvereines und Benefizprogramme zugunsten des Bayerischen Taubstummen-Fürsorgeverbandes und des Alpenvereins.

Liesl Karlstadt und Karl Valentin sind immer dabei. Die Art und Weise, in der Liesl Karlstadt diese Veranstaltungen in ihrem Album dokumentiert hat, zeigt, wie wichtig sie ihr waren. Sie sind genauso ausführlich – teilweise mit mehreren Besprechungen aus verschiedenen Zeitungen zu einer einzigen Veranstaltung – und genauso liebevoll auf den großen Albumseiten arrangiert wie ihre Rollenfotos und die Glamourplakate der internationalen Gastspiele.

Nach den ersten großen Gastspielen in Zürich und Wien fand am 21. Mai 1924 in den Münchner Kammerspielen die Uraufführung der »Raubritter von München« statt, dem Stück, das von einigen Kritikern als Antwort auf den Militarismus gesehen wurde, aber vielleicht auch hervorgegangen ist aus Beobachtungen an den bunten Abenden.

Schauplatz des Stückes ist die Stadtmauer am Münchner Isartor im Jahre 1820. Unter der Rubrik »Münchner Theaterabende« nennt Theaterkritiker Hermann Sinsheimer diese Aufführung den schönsten Abend, den man in München seit langer Zeit zu sehen bekam.

»Er spielte in den Kammerspielen zwei biedermeierliche Akte ›Raubritter von München‹, in denen er einen Bürgersoldaten und seine kongeniale Partnerin Lisl Karlstadt einen Tambour spielt. Wenn da Valentin als Posten ein Dutzendmal die Wache herausklingelt und diese immer wieder ihre Präsentierpflicht erfüllt, ohne nach dem Anlaß zu fragen, oder wenn er einen Verwundeten so verbindet, daß zugleich auch das Gewehr und ein Baumstamm mit in die Bandage gerät, oder wenn zum Schluß mit Kanonenkugeln nicht mehr geschossen, sondern geworfen wird, dann erfüllt sich im Text und Spiel Valentins die blutigste Satire auf den Militarismus. Wie bei diesem dünnen, leisen Komiker das Gemütliche und das Gemütvolle zusammenspielt und wie in dieses Gemütsensemble als Drittes das primitiv Boshafte hineinstößt, das ist zugleich volkstümlich und höchste Form des Artistentums. Die Gefühle werden mühelos geweckt und wieder bezwungen – jedes tritt in die Erscheinung und jedes wird ad absurdum geführt. Die Anarchie ist vollkommen, der Globus wackelt, weil Valentin ihn ohne Anstrengung, nur so nebenbei vom Gerüst herunterstößt. Die Ordnung in Valentins künstlerischem Bezirk ist die Unordnung – diese aber ist etabliert nach menschlichen Gesetzen.«[27]

In diesem Stück ist auch der berühmte Ententraum enthalten, in dem die objektive Vernunft außer Kraft gesetzt wird und die eigene Wahrnehmung absoluten Vorrang erhält. Sie entscheidet, was Traum, was Realität ist. Ein hinreißendes surrealistisches Lehrstück und eine Hommage an die Wahrheit des Traumes. Der Wachtposten Bene (Karl Valentin) wird vom Trommlerbub (Liesl Karlstadt) geweckt und ist darüber sehr böse, weil er aus einem besonders schönen Traum gerissen wurde. Das erweckt die Neugier des Trommlers, und Bene erzählt, er habe geträumt, er sei eine Ente, die auf einem Weiher herumschwimmt. Plötzlich habe er am Ufer einen dreißig Zentimeter langen gelben Wurm entdeckt, sei auf ihn zu geschwommen, habe den Schnabel aufgerissen, aber bevor er den Leckerbissen habe schnappen können, sei er geweckt worden. Der Trommlerbub lässt sich sofort von der Begeisterung Benes anstecken und begibt sich mit hinein in den Traum. Ja, wenn er von Benes Aussichten auf dieses Festmahl gewusst hätte, hätte er natürlich einen Moment gewartet und ihn erst nach dem Genuss geweckt. Wie aber kann man wissen, was jemand, den man wecken muss, gerade träumt, wenn der sich nicht verständlich macht? Egal, es ist vorbei, Bene ist wach, und nun beginnt ein Streitgespräch darüber, für wen es ein schöner Traum gewesen sei, ob nur für die Ente selbst oder auch für denjenigen, der geträumt hat, er sei eine Ente. Noch dazu, wo der Träumer doch in Wirklichkeit lieber Schweinsbraten isst als einen Wurm. Bene verwickelt sich immer mehr in Widersprüchlichkeiten, die der Trommlerbub unbarmherzig und scharfsinnig aufdeckt. Dabei werden Traum und Wachzustand in atemberaubenden Sprüngen gewechselt, miteinander kombiniert, wieder auseinandergesprengt, dass es einem schwindlig werden kann. Zum Schluss behalten beide recht, Bene und der Trommlerbub. Sie haben eben eine unterschiedliche Weltanschauung.

Kurz nach der Uraufführung wird dem Stück »Raubritter vor München« ein erster Akt vorangestellt, in dem Liesl Karlstadt einen Schusterjungen spielt, was von der Presse begeistert aufgenommen wird. Ihr Auftritt hat zur Folge, dass zwei Artikel erscheinen, die sich ihrer künstlerischen Arbeit widmen, ihre Bühnenkunst besonders würdigen und sie aus dem Schatten der übermächtigen Silhouette Valentin heraustreten lassen:

»Lisl Karlstadt, die treue Gefährtin Karl Valentins, hat am Freitag im Münchner Theater, wo dieses urwüchsige Komikerpaar zurzeit mit Gesellschaft gastiert, ihren Benefiz- und Ehrenabend. Lisl Karlstadt gehört eigentlich fast schon so lange, wie man einen Komiker Karl Valentin kennt, zu Valentin. Die beiden sind nicht nur unzertrennlich, sondern sie gehören so sehr zusammen, daß eines ohne das andere heute nicht mehr denkbar ist. Und doch ist die Lisl so gut eine Eigene, wie Valentin der Einzigartige ist. Sie hat das oft in ihren Solovorträgen bewiesen, in denen sie namentlich Typen aus dem Volk schlagkräftig wiedergab mit einem höchst gelenken, spitzen Zünglein – Gott Gnade dem, der ihm verfällt! – und scharfer humorvoller Charakterisierungskunst. Wie Valentin schrieb auch die Karlstadt – soweit nicht ihr Bühnengenosse Mitarbeiter war – nahezu alle Vorträge sich selbst auf den Leib. Dadurch entstand allein schon immer etwas Ganzes, Echtes und Eigenes.«

Der zweite Artikel im Bühnenalbum betont noch ausführlicher Liesl Karlstadts individuelles Talent:

»Heute vor zehn Jahren hat Liesl Karlstadt mit ihren Attacken auf unser Zwerchfell begonnen, hat sie allem Kopfhängertum, dem Griesgram und Mieskram ihrer Zeit den Krieg erklärt.

Im ehemaligen Frankfurter Hof, dem jetzigen Weinhaus Schütze in der Schillerstraße (eine Stätte, von der durch das Auftreten Valentins und der Karlstadt mindestens ebensoviel Anregungen ausgegangen sind, wie seinerzeit von der Stätte der ›Elf Scharfrichter‹), erschien sie zum ersten Mal mit ihren Solovorträgen, die später Valentin für sie verfaßte.

Ihr Pikkolo-Couplet, ihr auch heute noch immer begehrtes ›Edelweiß‹, das sie im Rahmen eines ›Alpengesangsterzetts‹ zum Vortrag brachte, und all die vielen anderen Ueberraschungen ihres Repertoires bedeuteten nicht allein eine Verfeinerung und Vergeistigung dessen, was im Programm eines Kabarettabends an Couplets und Chansons geboten ward (und wird); es unterschied sich auch von fast allem, was damals auf den Brettern des Kabaretts und des Theaters erschien (und heute noch erscheint) durch einen natürlichen Witz und eine gerade, gesunde, spontane Heiterkeit.

Liesl Karlstadt ist keine ›Stimmungskanone‹. Sie hat nicht nötig, uns mit schwerem Kaliber zu bombardieren. Sie steht auf der Bühne und gewinnt uns bereits durch die Frische ihres Wesens, durch ihre Lebendigkeit, die hell und lustig sprudelt wie ein klarer Quell. (...)

Identisch mit dieser Skala der Verkörperungen ist die Tonleiter, die sie beherrscht. Klarinette, Flöte, Piston, Posaune, Tuba, Zugharmonika, Gitarre sind ihre Instrumente. Und wer sie in den ›Raubrittern‹ gesehen, weiß, daß Liesl Karlstadt auch kunstgerecht zu trommeln versteht. Kein Wunder, daß so ganz von selbst jene Duoszenen entstanden, in denen sie mit Karl Valentin ihre musikalischen Clownerien ausführte, aus denen in den letzten Jahren die Komödien ›Vorstadttheater‹, ›O sel'ge Zeit‹, ›Raubritter‹ usw. herauswuchsen.«

Im Frühjahr 1929 erschütterte ein Ereignis die Münchner Brettlszene: Das Apollotheater, in dem Liesl Karlstadt und Karl Valentin noch zwei Jahre zuvor mit ihrer Szene »Im Photoatelier« große Erfolge gefeiert hatten, wurde geschlossen. In der Presse wurde die Schließung des traditionsreichen Hauses in der Dachauer Straße als Katastrophe angeprangert. Vielleicht spürte man damals schon, welche Entwicklung die Welt nehmen würde, denn die Weltwirtschaftskrise kündigte sich drohend an. Damals konnte man noch nicht wissen, dass der 29. Oktober desselben Jahres als »Schwarzer Freitag« in die Geschichte eingehen würde. Die Reaktionen auf die Schließung des Apollotheaters waren allerdings so heftig, als ahnte man den großen historischen Zusammenbruch, der sich nicht nur auf die Wirtschaft, sondern auch auf die Kultur auswirken sollte. Man malte das Feindbild Neuzeit, das in der Künstlerszene vor allem verbunden war mit Kommerz und Jazz und generell mit dem Untergang all dessen, was den Menschen lieb und teuer war.

In Liesl Karlstadts Bühnenalbum ist eine vielstimmige Klage zu lesen:

»Und das fröhliche Geschlecht der Lokalkomiker, der ›Singspieler‹ und ›Volkssänger‹, ist nach und nach sang- und klanglos ausgestorben – bis auf eine Handvoll, die die Fahne des alten Volkshumors hochgehalten haben auch in der Zeit von Jazz und Revue, von Merkantilismus und Geschäftemachergeist: der Valentin und die Liesl Karlstadt, der Weiß Ferdl und der Eringer Seppl, das Weichand Peperl, die Aulinger, der Willner Ottl und noch ein paar andere.«

»Aus dem Apollotheater wird ein Warenhaus, was aber wird aus den Darstellern? Viele von ihnen stehen vor einer unsicheren Zukunft; Direktor Weichand, der von den neuen Eigentümern gedrängt wurde, das Haus zu verlassen, hat keine Abfindung erhalten – bald werden die Bauarbeiten beginnen und an das Apollotheater bleibt, wie an so manch' anderes in München, nur die Erinnerung.«

»Zum letzten-, zum allerletztenmal fiel der Vorhang der Bühne dieses Volkstheaters, das nun zu einem Warenhaus umgewandelt werden soll. Das tat auch dem Publikum weh, denn es war nicht bloß ein Abschied von einem ausgezeichneten, volkstümlichen Ensemble, von einem Theater, das fünfunddreißig Jahre lang Tausenden Unterhaltung und Erholung geboten, es war auch der Abschied von einem Stück Alt-Münchener Tradition, von Münchener Art und Gemütlichkeit. Man wohnte dem Begräbnis volkstümlicher Kunst bei, die in der jazzenden, blendenden Neuzeit kaum mehr eine rechte Heimstätte findet.«

»Zum guten und allerbesten Beschluß kamen Karl Valentin und Liesl Karlstadt und spielten ihr ›Im Photographenatelier‹, man wälzte sich vor Lachen, und doch schlug einem bang das Herz, ob wie das einst von Andreas Welsch, von Alois Hönle und August Junker betreute Apollotheater, nicht plötzlich auch diese große, kraft- und gemütvolle, sonnige Münchner Volkskunst im merkantilen Zeitgeist zugrunde gehen wird?«

ZWISCHENSPIEL

Eine Reise über den Bodensee

Um Gastspielangebote anzunehmen, musste man reisen. Für Liesl Karlstadt ein Grund mehr, sich darauf zu freuen, für ihren Partner fast ein Hinderungsgrund. Unter dem Titel »Christi Himmelfahrt« hat Liesl Karlstadt ihre erste große Gastspielreise nach Zürich geschildert:

»Wenn ich so zurückdenk an den Frühling 1923, dann fallt mir dazu immer ein Reiseerlebnis ein. Jedes Jahr um die Zeit hat der Karl Valentin mit seinem feststehenden Messer in den Isaranlagen die ersten Büschl Löwenzahn oder Arnika samt Wurzeln aus der Erde herausg'schnitten und hat's dann daheim ins Blumenkistl eing'setzt. Und wenn er dann seh'n hat können, wie die Knospen aufgangen sind, und immer wieder ein neues gelbes Blümerl zum Vorschein kommen ist, dann hat er zufrieden vor sich hing'murmelt: ›Ich könnt' mir ja schönere Blumen kaufen, aber dö g'freunn mi' besser.‹

Überhaupt: Auf den Frühling hat er sich schon deswegen alle Jahr' g'freut, weil der nasskalte Stadtwinter endlich wieder vorüber war, der ihn monatelangn mit kalte Füss so plagt hat. Da hat ihm auch kein Doktor recht helfen können, und nur wenn's draussen wärmer worden ist, waren seine Spaziergänge im Isartal das beste Mittel gegen kalte Füss' und sein Asthmaleiden. Im Frühling 1923 hat ihn aber nicht einmal 's Spazierengeh'n an der Isar so richtig g'freut und das ist auch kein Wunder g'wesen. Wir war'n ja mitten in der Inflation drin! Für unser tägliches Auftreten im Germaniabrettl in der Schwanthalerstrasse haben wir nach 14 Spieltagen für unsere Gage grad noch 10 Zigaretten oder vier Semmeln kaufen können. Jeder Artist war damals froh, wenn ihn ein Vertragsabschluss auf vier Wochen in die Schweiz verpflichtet hat, denn dort hast für die soliden stabilen Fränkli wenigstens eine richtige Brotzeit kriegt und die g'hört schon zu einem Frühlingsspaziergang. Auf Karl Valentin haben aber die Schweizer Franken gar keinen Eindruck g'macht und zwar aus dem Grund, weil man halt in die Schweiz nicht mit der Strassenbahn hat hinfahren können.

Auf jeden Fall ist von der Züricher Bonbonniere ein äusserst verlockendes Angebot dagelegen und ich hab' wochenlang meine ganze Überredungskunst aufbieten müssen, bis der Valentin den schönen Schweizer Vertrag mit zitternder Hand endlich unterschrieben hat. Aufgeführt hat er sich, als ob er sein eigenes Todesurteil unterzeichnet hätt'. Sogar die gelben Blümerl im Kistl haben ihn nicht mehr g'freut! Für die Reise nach Zürich hab' ich dann meine gesamten Ersparnisse abheben müssen und die haben grad noch ausgereicht für die Fahrkarten. Wie dann der Zug mit uns aus dem Hauptbahnhof durch die Hackerbrücke hinausgefahren ist, war der Karl Valentin beinah' lebensmüd': ›Ich versteh' di' net‹, hat er immer wieder zu mir g'sagt, ›wie kannst du mir denn so was antun, wo ich doch 's Bahnfahr'n so fürcht, muss i' jetzt bis in die Schweiz!‹ Natürlich hab' ich versucht, ihn auf die sonnige Frühlingslandschaft aufmerksam zu machen und hab' ihn von seinen trüben Gedanken möglichst abgelenkt, damit ihm die verhasste Bahnfahrt erträglicher wird. Doch kurz vor Lindau hat auf einmal das Wetter umg'schlagen, die Sonn' ist verblasst und schwere schwarze Wolken sind am Horizont heraufgezogen – immer mehr – und auf einmal war's stockfinster – mitten am Tag! Wie wir dann in Lindau aussteigen und den Bahnhof verlassen, setzt ein gewaltiger Gewittersturm mit Regenschauern ein. Nur mit grösster Müh' haben wir uns am Landungssteg vorwärtsbewegen können und der Valentin hat sich fest bei mir eing'henkt und mit der anderen Hand das Stegg'länder nicht mehr auslassen. Mit letzter Kraft hab' ich ihn dann doch auf 's Schiff bugsiert und es hat auch ziemlich lang gedauert, das Fahrzeug bei dem schweren Sturm aus dem Hafen zu steuern; aber bis sich der Valentin einigermassen hat zurechtfinden können, sind wir schon auf dem Bodensee geschaukelt. Am Schiff haben wir dann den Schauspieler Scharwenka getroffen und der hat uns dann noch zu allem Überfluss erklärt, dass er schon siebenmal den grossen Ozean überquert hat, aber so wild und gefährlich wie heut' der Bodensee, wär ihm noch keine Überseefahrt vorgekommen.

Dieser Vergleich war auch gar nicht übertrieben, fast haushohe (meterhohe) Wellen sind über das schöne weisse Schiff weg und uns Passagiere hat's nur so hin und her geschleudert! Der Valentin ist am Gang gekniet und ein Matrose hat mir den freundlichen Rat gegeben, den armen Mann doch in den Rauchsalon zu bringen, dort wär's etwas ruhiger. Ich hab ihn in den Rauchsalon gezogen und ihn dort in einen Klubsessel verstaut und dann sag' ich zu ihm: ›So. Jetzt bleibst ruhig sitzen, ich bring dir a Bier und komm gleich wieder.‹ Aber das Bierholen war nicht ganz einfach. Vom Bufett und von den Tischen sind Teller und Gläser nur so g'flogen, kracht und klirrt hat's, dass man kaum noch vom Sturm was g'hört hat. Aber ich hab' meine Flaschen Bier schliesslich doch noch erobert und war damit hoffnungsfroh auf dem Rückweg. Handtaschen, Bierflaschl und Glasl in den Händen, so hab' ich mich bis zum Rauchsalon schwankend durchg'schleusst, dabei bin ich mehr g'stolpert als gangen und wenn ich mich am Schluss zu lauter Fünfmarkstückln dafall'n hätt', wär's kein Wunder g'wesen. Wie ich endlich am Ziel bin, sitzt der Karl Valentin am Boden neben dem Klubsessel, totenblass, in letzter Verzweiflung und meint: ›Das Wetter is' ja nur komma, weil ich fahr!‹ Zum Trost hab' ich ihm gleich das Bierflaschl in die Hand drücken woll'n, was aber gar nicht so einfach war, denn kaum war ich in seiner Näh', haut eine Well'n vorn den Schiffbug in die Höh' und mich hat's nach hinten an die Salonwand hindraht.

Und wie der Valentin aufsteh'n will um mir zu helfen, da kommt die Gegenbewegung, dass man richtig sagen hat können: ›Jetzt ist's hint' höher wie vorn‹' – und schon sind wir alle zwei an die gegenüberliegende Salonwand g'saust. Leider hat sich das ›Spiel‹ bis Rohrschach noch oft wiederholt und an ein gemütliches Prost war nicht zu denken. Es war ganz unmöglich, das Bier ins Glas einzuschenken, alles ist daneben und auf den Boden g'laufen, und wir zwei sind hin- und herg'flogen wie zwei B'soffene. Dem Valentin war sterbenselend und so oft sich's Schiff nach vorn geneigt hat, hat er g'jammert: ›Mei, oh mei, mir geh'n unter und ausgerechnet heut am Christi Himmelfahrtstag!‹

Aber in Rohrschach haben wir dann doch noch das ›rettende Ufer‹ erreicht und wenn nicht alles so traurig g'wesen wär, hätten wir hinterher direkt lachen können über unsere stürmische Bodenseefahrt! Später hab'n wir auch drüber g'lacht, aber erst, wie wir wieder daheim war'n.«[28]

Auch für Karl Valentin war das Ereignis so beeindruckend, dass er in seinen »Autobiographischen Texten« unter dem Titel »Sturmgebraus am Bodensee« darüber geschrieben hat:

»Inflation 1921. Es schneite in Deutschland Millionen, Billionen, Trillionen, es war nicht mehr zum Aushalten, das Geld, das man Vormittags verdient hatte, hatte Nachmittags seinen Wert verloren. – Auf in die Schweiz – nach Zürich, Engagement in einem Kabarett, täglich 100.– Franken. Aber die Reise, ich war des Reisens schon müde, vor der Abreise, denn ich scheute die Reisestrapazen. Aber die Franken waren verlockend. – Also fort – nach Lindau, Wetter schön. Ankunft in Lindau – Wetter Sodoma und Ghomorra, nur der Schwefelregen fehlte noch, sonst war alles da, Wolkenbruch, Sturm nach Taifun-Art, Blitze, Donner etc. Der Gang über den Dampfschiffsteg spottete jeder Beschreibung, deshalb schreibe ich auch nichts darüber, denn dafür ist das Bild da. – Glücklich auf dem Dampfer gelandet Blitze einer nach dem andern, der ganze Bodensee blitzte alle 2–3 Sekunden blau auf, andauerndes Krachen des Donners als wäre es Donnerstag, es war aber Freitag. Wir frugen in dem Schiff einen Herrn der im Rauchzimmer in einer Ecke sass: Gestatten Sie eine Frage, fährt das Schiff bei diesem Sturm ab?

Ich könnte nicht sagen, meint der, es ist fast unmöglich, ich fahre schon seit 4 Jahren alle Wochen zweimal über den See, aber so etwas wie heute habe ich noch nicht gesehen. – Die Matrosen warnten die Passagiere, sich nicht zu nahe an die Maschinen zu stellen, wegen der Blitzgefahr. – Die Sirene heulte – er fährt doch? Der Dampfer schwankte, und alles was auf dem Schiff Beine hatte – lag auf dem Bauch. Wozu denn Beine? Aus dem Dampfer ist eine Nusschale geworden, so ging es 1½ Stunden. Ein Münchner Schauspieler Namens Scharwenka war auch unter den Passagieren, er kannte mich und meinte zur Sache: Ich hab schon zwei grosse Ozeanfahrten hinter mir, aber so etwas habe ich noch nie erlebt. Haushohe Wellen, ein Matrose, der mich von München her kannte und der es nicht mitansehen konnte wie ich am Geländer hing, nahm mich und die Lisl Karlstadt und zog uns am Geländer entlang, zu des Schiffes Spitze, aber dort angekommen, war es noch schlimmer, denn da gings wie in einem Lift auf und ab – schnell wieder zurück, es gab nur ein Losungswort, Ausharren bis Romanshorn. – Blass wie eine Kernseife entstiegen wir heil der grossen Schiffschaukel, es war 1921 am Tage Maria Himmelfahrt, ich änderte es um in ›Valentins-Karlstadts‹ Bodenseefahrt.«[29]

Beide haben sich übrigens in ihren einander widersprechenden Datumsangaben zu ihrem Abenteuer getäuscht. Die Zürich-Gastspiele fanden vom 16. bis 31. August 1922 und vom 1. bis 15. Juni 1923 statt. Es ist anzunehmen, dass sich beide Schilderungen auf das erste Engagement beziehen.

SIEBEN

Zürich – Wien – Berlin

NACH der abenteuerlichen Bodenseeüberquerung traf das Komikerpaar Karlstadt/Valentin im August 1922 wohlbehalten in Zürich ein. Der Mut des widerwillig Reisenden wurde schon nach dem ersten Gastspiel mit hervorragenden Kritiken belohnt, die erstmalig internationale Vergleiche anstellten und zwar mit einem weltberühmten Künstler aus dem Medium, mit dem Valentin schon seit Langem geliebäugelt hatte:

»Valentins Redeweise ist bayrisch. Seine wahre Sprache ist international. Es ist die Sprache Chaplins; aber um viele Grade verhaltener, tragikomischer oder komitragischer; stiller. Eben darum ist sein Weg länger. Man sagt, er sei der Chaplin der Bühne und des Brettls. Eigentlich müßte es heißen: Chaplin ist der Valentin des Films. Womit nichts Endgültiges und kein Kriterium ausgesprochen, sondern lediglich festgestellt sei, daß Valentins Eigenart längst existierte, bevor Chaplin den Kontinent begeisterte.«

Trotz dieser Lobeshymne war nicht gewährleistet, dass es nun mit dem Reisen so weitergehen würde. Immer wieder waren Langmut und Überredungskünste nötig, um Valentin von der Bedeutung der Gastspiele in den europäischen Metropolen zu überzeugen, wie Zeitgenossen in Anekdoten zum Besten geben. Liesl Karlstadt wird dabei die meisten Energien aufgewendet haben. Sicher ist ihr das nicht schwergefallen, denn sie, die Neugierige und Reisefreudige, hatte dabei nicht nur den Triumph in Aussicht, sich gegen den eigensinnigen Partner durchzusetzen, sondern zugleich die eigene Belohnung durch eine Reise vor Augen. Ein weiterer Schritt auf ihrem Weg ins Freie.

Zürich war also das Ziel der ersten Gastspielreise des Komikerpaars, zu der der ewig Statische sich durchgerungen hatte. Die von beiden geschilderten Vorkommnisse dieser Fahrt waren ihm Bestätigung für das Gefährliche des Reisens überhaupt, dass es, wenn möglich, zu vermeiden galt. Der Unbill, der Gefahr, der Unbequemlichkeit und der Verunsicherung stand allerdings immer wieder der Erfolg gegenüber, die Begeisterung, mit der die zwei im Ausland aufgenommen wurden. Auf die Bonbonniere in Zürich im August 1922 folgte ein Jahr später Wien. Dort, wo sie vom 1. bis 31. März 1923 im Leopoldi Wiesenthal gastieren, empfängt sie die Kritik mit den Worten:

»Karl Valentin und Liesl Karlstadt! Ich muß euch zusammen nennen, weil ihr ein Ganzes seid, nicht mehr zu trennen, einer ohne dem anderen undenkbar. Also habt ihr doch den Weg nach Wien gefunden, aus eurer Heimatstadt München, der man nachsagt, daß ihre Seele mit der Wiens verwandt sei!«

Der Artikel enthält die Aufforderung, länger in Wien zu bleiben, damit die Münchner wissen, was sie an diesem Paar haben, und die Vermutung, dass sie sich bald in Wien mehr zu Hause fühlen, denn »die Mischung unseres Blutes hat uns mehr Begeisterungsfähigkeit geschenkt als euch, die ihr einmal derbe Knochen habt«.

Weiter versucht der Kritiker, seinen Lesern deutlich zu machen, welch ungeheurer Leistung man sich rühmen könne, dass man das Komikerpaar aus München weggeholt habe, und schildert die damit verbundenen großen Schwierigkeiten. Eine Frage der Gage sei es nicht gewesen, denn wie alle wahren Künstler sei auch Karl Valentin ein schlechter Rechenmeister, sondern vielmehr eine Frage des Reisens überhaupt, das der große Komiker so sehr fürchte. Im Nachsatz vermutet der Kritiker, noch mehr als die Fahrt fürchte Valentin wohl, den Boden unter den Füßen zu verlieren. Die erste Begegnung zwischen dem Kritiker und dem Komikerpaar hatte schon vor einiger Zeit in München stattgefunden:

»Es ist schon etliche Jahre her, als ich in München in eine sogenannte Singspielhalle geriet und nichts erwartend und nichts befürchtend die Bekanntschaft mit Karl Valentin und Liesl Karlstadt machte. Es ist was Eigentümliches um die Kunst. Wo immer sie echt ist und erscheine sie auch im Kleide der einfachsten Komik, springt sie einen an, man weiß nicht, was es ist, es konnte noch keiner definieren und herausbringen, worin und wodurch sich die wirkliche Kunst der Menschenseele offenbart, man weiß nur: Sie ist da! (…)

Es werden sich vielleicht manche Dummköpfe wundern, daß der Schreiber dieser Zeilen so begeistert schreibt von Valentin, wie man es sonst nur von Leuten aus der Sphäre eines Burgtheaters tut. Aber wahrlich, wäre im Burgtheater, natürlich im Bereiche seiner Aufgabe, immer so ehrlich und echt Kunst geboten worden, so einfach und so heilig: das Burgtheater wäre die berühmteste Kunststätte der Welt und die Menschen wären wahrscheinlich um etliche Grade besser.«

1923 gastierten Liesl Karlstadt und Karl Valentin noch einmal in Wien, natürlich auch diesmal nicht im Burgtheater, sondern vom 15. November bis 15. Dezember in der Kleinkunstbühne Chat Noir. Auf dem Programm steht ihr Stück »Theater in der Vorstadt«, das sich von Anfang an und in fast allen Auftrittsorten großer Beliebtheit erfreute. Der unendliche Disput des Orchestermusikers mit seinem Kapellmeister faszinierte das Publikum in München und Wien. Nur Berlin sollte da zunächst eine Ausnahme bilden.

Vom 1. Februar bis 31. März 1924 fand das nächste Wiener Gastspiel statt, am 21. Mai 1924 dann in den Münchner Kammerspielen die von der Kritik und vom Publikum bejubelte Uraufführung der »Raubritter von München«, und, schließlich, im September 1924, auf der Höhe seines großen Erfolges, machte sich das daheim geliebte Komikerpaar, das man in Zürich gepriesen hatte und in Wien nicht mehr abreisen lassen wollte, zum ersten Mal auf den Weg nach Berlin.

Bei der Ankunft wieder ein herzlicher Empfang. Im Programmheft des Neuen Operettenhauses am Schiffbauerdamm, wo Karlstadt/Valentin gastieren, war der Artikel abgedruckt, den der Wiener Theaterkritiker und Essayist Alfred Polgar im November 1923 in der Wiener Zeitschrift

»Der Tag« veröffentlicht hatte und in dem es über Valentin hieß:

»Den Zuschauer dahin zu bringen, daß er mehr sieht als vorhanden, seine Phantasie gewissermaßen spendierfroh zu machen, das ist auch schon Kunst. (…) Seine Verlegenheit ist ein Stück Ur-Verlegenheit der Kreatur darüber, daß sie da ist.«[30]

Die Berliner empfanden das zunächst anders. Das, was man Liesl Karlstadt und Karl Valentin daheim schon prophezeit hatte, dass nämlich ihre Kunst im Norden nicht auf viel Verständnis und Liebe stoßen würde, weil sie in die Münchner Szene und vor allem in den süddeutschen Sprachraum gehöre, schien eingetreten zu sein. Und tatsächlich bezeichnete ein Kritiker das, was sie allabendlich auf der Bühne des Operettentheaters vorführten, als unverständlichen Unsinn. In einem anderen Artikel tauchte eine Beschreibung Valentins auf, die unterstrich, dass er überhaupt nicht der landläufigen Vorstellung von einem robusten, handfesten, derben Bayern entspräche, sondern stattdessen zaghaft, sparsam an Gesten und eher geistig daherkomme.

Auf Münchner Vorurteile wurde mit Berliner Vorurteilen reagiert. Vor allem aber empfand man das Stück »Vorstadttheater«[31] als nicht abendfüllend, zu lang gezogen, mit endlosen Pausen durchsetzt, kurzum: Es wurde Valentin vorgeworfen, es reiche einfach nicht für einen ganzen Theaterabend.

Diese Auffassung sollte sich jedoch wandeln, und das Stück entwickelte sich bei den späteren Gastspielen zu einem Lieblingsstück der Berliner. Von Anfang an würdigten sie die exakte Beobachtung des Alltäglichen, die zu einer Darstel-

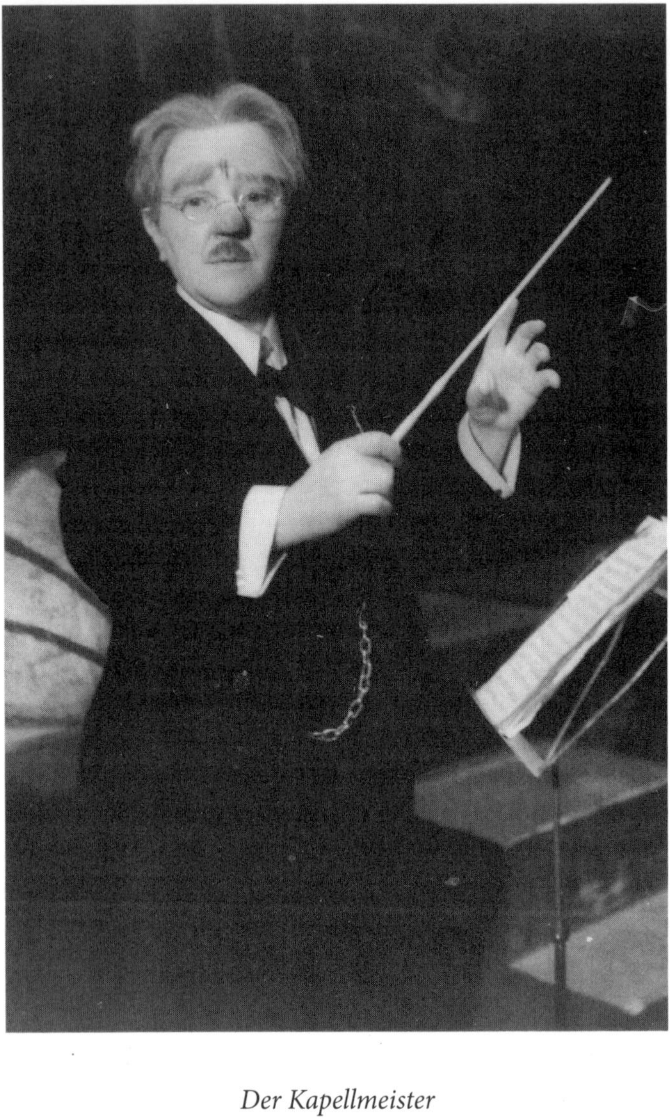

Der Kapellmeister

lung konzentriertesten Alltags führte. Man war offen für die Tragikomik, mit der die beiden Darsteller den unermüdlichen und doch aussichtslosen Kampf mit den scheinbar harmlosen Dingen des Alltags austrugen, egal ob es sich um widerspenstige Notenständer oder Kragenknöpfe handelte. Die Dinge, die dem Menschen eigentlich dienen sollten, ließen sich vom Menschen bedienen und stellten das Herrschaft-Knechtschaft-Verhältnis auf den Kopf. Die subtile Mischung aus Unbeholfenheit, Spitzfindigkeit, Unbestechlichkeit, Bosheit und Unheimlichkeit, die die Lächerlichkeit des Welttheaters entlarvte, kam bei den Berlinern an und bewegte einen Kritiker zu der Aussage:

»Das Ganze ist das einzige künstlerische Ereignis von Belang, das es zurzeit auf Berliner Bühnen zu sehen gibt.«

Mitte Januar 1928 gehen Liesl Karlstadt und Karl Valentin zum zweiten Mal auf Gastspielreise nach Berlin. Diesmal treten sie im Kabarett der Komiker auf. Lang erwartet, euphorisch empfangen beginnt für sie der Aufenthalt in der mittlerweile nicht mehr fremden Stadt, und diesmal findet auch Liesl Karlstadt große Beachtung:

»Lisl Karlstadt ist nicht bloß seine (Valentins) Partnerin. Sie könnte jederzeit, aber jederzeit, allein da sein. Sie ist auch Mittelpunkt: Resoluter, unbeschwerter Mittelstand, der von dem bösen Valentin erst zum Großkopfeten gemacht wird: Lisl als Kapellmeister im ›Vorstadtorchester‹, ein feines Kabinettstück.«

Oder:

»Dringend nötig ist auch, über Valentins Partnerin Lisl Karlstadt zu sprechen. Weil sie in den meisten Kritiken ungerechterweise zu kurz kommt. Auch sie ist nämlich ein Künstler und ein Mensch für sich. Sie ist nicht nur dem Valentin die beste Ergänzung, die man sich denken kann, instinktiv auf ihn eingestellt, prompte Stichwortbringerin, den Improvisationen gewachsen, überhaupt die verständnisvolle, gleichgesinnte, kongeniale Mitarbeiterin, sie ist auch ein großes, selbständiges Schauspielertalent, eine bedeutende Künstlerin, der das Schwierige gelingt, in Hosenrollen durchaus glaubhaft zu sein. Und die als Kapellmeister, als Firmling, als Klempnerstift eigenartige, wertvolle Leistungen vollbringt, einen Menschentyp klar und plastisch verkörpert, der ebenso sachlich wie bescheiden wie Valentin auf Drücker und Spiel ins Publikum verzichtet. Fragte man sonst in München die Kunstsachverständigen, was man sich im Theater ansehen solle, antworteten sie spontan: Karl Valentin und Lisl Karlstadt! Fragt man mich heut in Berlin, lautet mein Rat genauso entschieden: Karl Valentin und Lisl Karlstadt!«

Im November 1929 gastieren die beiden wieder im Kabarett der Komiker in Berlin, diesmal mit ihrem Stück »Im Photoatelier«[32]. Der Kommentar von Max Hermann-Neiße wird handschriftlich in der Zeitung abgedruckt:

»Köstlicher Winterbeginn: Karl Valentin und Lisl Karlstadt werden wieder bei uns sein. Nun braucht man die Münchner um nichts mehr zu beneiden.«

Im »Photoatelier« findet sich die typische Thematik des Komikerpaars: die Tücke des Alltags und die Grenzen des Sprachlichen. Weil der Meister auf Reisen gehen muss, aber sein Photoatelier nicht schließen will, vertraut er es seinem Gesellen Heinrich (Karl Valentin) und seinem Lehrling

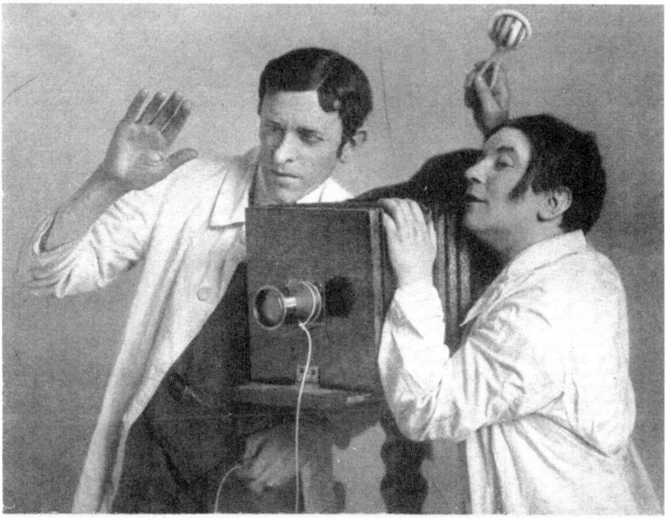

„Im Foto-Atelier"
Originalszene von Karl Valentin und Lisl Karlstadt

Alfons (Liesl Karlstadt) an. Sie haben keine Lust zum Arbeiten und sperren die Tür zu. Weil aber der Meister etwas vergessen hat, kommt er zurück, steht vor verschlossener Tür und wird, nachdem er endlich Einlass findet, mit den abstrusesten und einander widersprechenden Ausreden konfrontiert. Der misstrauisch gewordene Fotograf kommt noch ein zweites Mal zurück, und danach riegeln sein Geselle und sein Lehrling nicht mehr ab. Nun erscheinen nacheinander die Kunden: eine Frau mit Kind, ein Scharfrichter, ein Brautpaar.

Zunächst versuchen die beiden Burschen, sich vor der Arbeit zu drücken. Ihr Einfallsreichtum im Erfinden von Ausreden ist ebenso unerschöpflich wie ihr Talent, alles falsch zu verstehen. Wie in allen Stücken sind die Requisiten Statisten, die eigentlichen Protagonisten sind die Wörter und Sätze. Nachdem der Geselle eine belichtete Fotoplatte zerbrochen hat, verkündet er dem Meister: »Die Frau braucht nimmer kommen, die photographier ich auswendig!« Und als der Meister fragt, warum der Arbeitstisch mit einem Tischtuch zugedeckt ist, behaupten beide in ungewohnter Einigkeit, der Wind habe das getan. Auch auf die Frage des Meisters, woher der Wind denn kommen solle, es sei ja gar kein Fenster im Atelier, wissen sie sofort eine Antwort: »Im früheren Atelier war ein Fenster.«

Und wie fühlt sich Liesl Karlstadt bei ihrem zweiten umjubelten Besuch in Berlin? Egon Lehrburger hat sie für eine Berliner Zeitung befragt:

»›Ganz reizend sind die Leut hier zu uns‹, sagt die Karlstadt, ›nur das Berliner Essen schmeckt ma halt net recht. Mir san ebn a ganz andre Küchn gwöhnt! Denkens Eahno, da san ma hier amal eingladn gwesn zum Mittagessen, und bevor d'Suppen kommt, bringt uns der Hausheer einen Mordsradi auf am silbernen Tablett, groß wiar a Dotschen und drei Pfund schwer, als Vorspeis! Die ham gmeint, daß die Bayern nia was ohne Radi essen! Gibts denn sowas aa.‹ (…) Die hübsche und liebenswürdige Liesl Karlstadt beantwortet die Frage, was sie am meisten in Berlin gefreut hat, ohne Zögern: daß ihr Bürgermeister Scharnagl zu Weihnachten ein Glückwunschtelegramm geschickt und ihr während seiner Anwesenheit in Berlin, als er dem Reichspräsidenten Hindenburg die Ehrenbürger-Urkunde überreichte, eine Schachtel Pralinées übermittelt hat.«

Ein Zeitungsfoto, das den Münchner Oberbürgermeister beim Überreichen der Ehrenbürgerurkunde der Stadt München zeigt, hat sie in ihr Album eingeklebt und mit dem handschriftlichen Kommentar versehen: »An diesem Tage ging unser ›Scharnagl‹ auch ins Kabarett der Komiker!«

ACHT

»Frau Vogl« – ein Alleingang

ENDE 1930 wagte Liesl Karlstadt einen künstlerischen Alleingang. Vielleicht hatten sie ja Sätze wie der eines Berliner Kritikers – »Lisl Karlstadt ist nicht bloß seine Partnerin. Sie könnte jederzeit, aber jederzeit, allein da sein« – dazu ermutigt. Vorbereitet hatte sich Liesl Karlstadt mit Sprech- und Schauspielunterricht bei der renommierten Lehrerin Mara Feldern-Förster. Otto Falckenberg holte sie an die Kammerspiele des Münchner Schauspielhauses für die Rolle der Frau Vogl in Bruno Franks Theaterstück »Sturm im Wasserglas«.

Die Zeitungen kündigten einige Tage vorher an:

»An Stelle von Therese Giehse, die eben in Berlin spielt, wird, wie uns die Kammerspiele im Schauspielhaus mitteilen, vom Sonntag an Karl Valentins (von ihm eigentlich nicht wegzudenkende) Partnerin Liesl Karlstadt in Bruno Franks ›Sturm im Wasserglas‹ die gekränkte Hundemutter darstellen.«

Liesl Karlstadts Bühnenalbum feiert dieses Ereignis mit einem großen Plakat, das eine ganze Seite einnimmt. Am 14. Dezember 1930 wird sie diese Rolle zum ersten Mal spielen, und noch bevor sie auf der Bühne zu sehen ist, sorgt sich die Münchner Kulturszene schon über die Folgen ihres Soloauftritts für die Zukunft des Komikerpaars Karlstadt/Valentin.

»Die Kunde, daß Liesl Karlstadt vom Samstag an im Schauspielhaus gastieren wird, hat Karl Valentin eine Fülle von Anfragen eingetragen, ob seine Partnerin denn von ihm weggehe, ob sie sich verstritten hätten und ähnliches mehr. Dies ist natürlich nicht der Fall und ist ja auch von keiner Seite behauptet worden. Nicht nur gastiert Liesl Karlstadt am Schauspielhaus in vollem Einverständnis mit ihrem Partner, sondern sie spielt auch weiterhin im Kolosseum mit ihm, so daß alle Freunde ihres künstlerischen Einverständnisses sich noch am nämlichen Abend davon überzeugen können: sie bleiben beisammen! Mißverständnisse aber gehören zu jeder Valentiniade; das ist eben das berühmte ›Fatum‹, da kann man nix machen.«

Ergänzend zu ihrem Bühnenalbum hat Liesl Karlstadt noch ein etwas kleineres Album angelegt, das allein der Aufführung von »Sturm im Wasserglas« und ihrer Rolle der Frau Vogl gewidmet ist. Es enthält fast ausschließlich großformatige Fotos, die sie in dieser Rolle zeigen.

Die Resonanz beim Publikum und bei der Kritik war einhellig positiv. Der Vergleich mit ihrer Vorgängerin Therese Giehse wurde vermieden, weil er – so ein Kritiker – zu nichts führen würde. Zu verschieden waren die beiden Darstellerinnen, um auf der Bühne in ein Konkurrenzverhältnis zueinander zu treten. Galt Therese Giehse allgemein und unbestritten als unübertrefflich, so war es Liesl Karlstadt auf ihre Weise genauso. Ein Kritiker betont, der Grund ihrer unge-

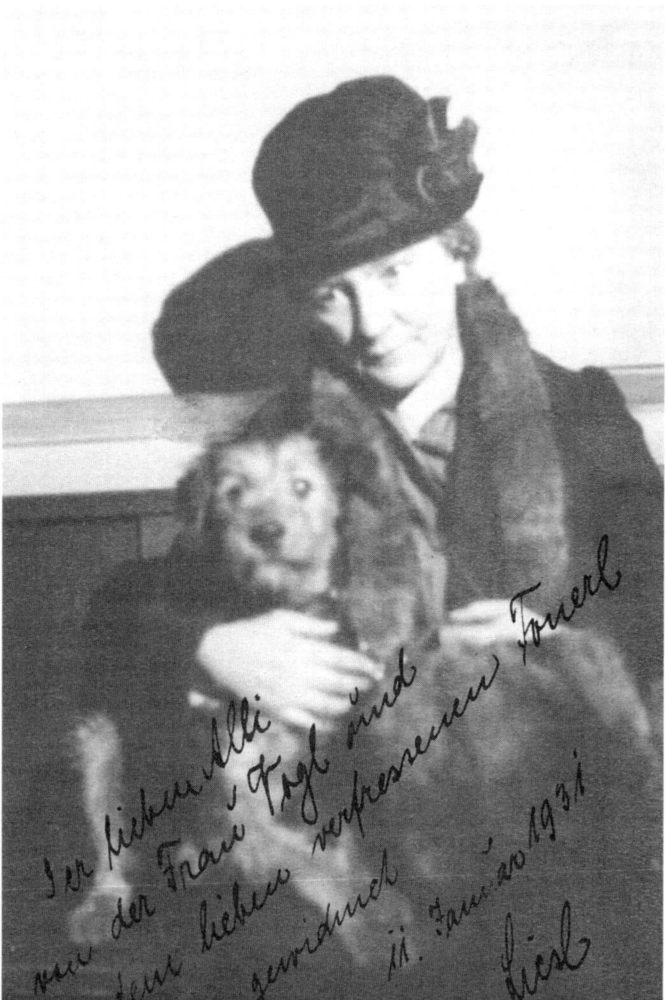

Frau Vogl und ihr Hund
aus »Sturm im Wasserglas«

brochenen Wirkung liege »in der Seele dieser Frau, in der die Seele unseres bayerischen Stammes schwingt«.

In anderen Kritiken der Zeit heißt es:

»Seien wir froh, daß wir beide haben, und formulieren wir den Unterschied so: Therese Giehses Schauspielkunst hat die volkstümliche Gestalt mit Kunstmitteln geschaffen, die zu bemerken ein Vergnügen war. Lisl Karlstadt hat sie uns vorgelebt aus einer volkstümlichen Urwüchsigkeit heraus, die uns die sorgfältig studierten und gebrauchten schauspielerischen Mittel wieder völlig vergessen ließ. Den Dialekt zum Beispiel hat die Giehse restlos beherrscht, aber die Karlstadt war identisch mit ihm. Sie hat ein paar weichere, empfindsamere Gefühlsnoten gesetzt, aber so diskret, so künstlerisch überlegt, daß es keinen Absturz ins Sentimentale gab.«

Eine andere betont die Vorzüge der Karlstadt:

»Eine tapfere Heiterkeit besitzt diese Frau Vogl der Liesl Karlstadt; ihr Ton ist von einer Echtheit und Frische, und zu tiefst den Lebensbedingungen unseres Stammes und Blutes verpflichtet, klagt nie an, aber behauptet sich; (…) Diese Frau Vogl wirkt wie ein einsames Gedicht im proletarisch-sozialen, entwurzelten Gekläff unserer Tage! Seien wir froh, daß wir die ›Liesl‹ haben, und den Kammerspielen wollen wir danken, daß sie sie auf die Bühne gerufen haben.«

Der furiose Auftritt Liesl Karlstadts beeindruckt Publikum und Kritik:

»Es tritt eine kleine behende Frau ins Zimmer des Dr. Thoß, sprudelt in unverfälschter Münchner Mundart ihren unerschütterlichen Protest gegen die Wegnahme ihres Hundes heraus. Ohne jede Sentimentalität, aber mit überzeugender Kraft und echtem Mutterwitz. Sie ›macht‹ nichts, alles ist aus erster Hand der Natur, einer einfachen, geraden, starken Natur. Und doch wie fein ist dieses Kind des Volkes! Als das rohe Wort fällt: ›Dann kaufen Sie sich eben einen anderen Hund‹, da wiederholt sie das Wort ›einen andern‹ mit einem so tief aus der Seele kommenden Schmerz, wie er in dieser Reinheit nur aus unsern alten Volksliedern klingt – ›sie hat einen andern genommen …‹ Das war der Höhepunkt und eine erschütternde Offenbarung der Natur.«

Der Dramatiker Bruno Frank gratuliert per Telegramm zum großen Presseerfolg. Liesl Karlstadt hat es in ihr Bühnenalbum eingeklebt, zusammen mit zahlreichen Glückwunschkarten, darunter auch eine von Oberbürgermeister Dr. Karl Scharnagl sowie die Visitenkarte von Herrn und Frau Thomas Mann, der eine handschriftliche Botschaft beifügt: »Werden nach der Vorstellung den Versuch machen, Guten Tag zu sagen.«

Liesl Karlstadt hat ihren großen Soloerfolg als Schauspielerin an einem renommierten Haus sehr genossen. Karl Valentin scheint ihr nicht gefehlt zu haben, auch wenn ein Kritiker das anders empfunden hat:

»Es war rührend, die Karlstadt plötzlich unter Mimen zu sehen; manchmal stand sie ganz einsam und verlassen, sie, die ja keine Schauspielerin ist, nichts vortäuschen kann, bisher nur Valentiniade oder Selbstgedichtetes gesprochen hat und nur Natur ist, die unverfälschteste und echteste, die man sich denken kann; rührend, wie sie inmitten einer komödiantischen Welt des Scheins ihr bloßes ›Sein‹ suchte, ihren Karl (Valentin)… ihn dann plötzlich fand in … Pepi Eichheim, dem überwältigenden Amtsdiener Pfaffenzeller.«

Die Hinwendung zu einer neuen eigenen Karriere ohne Valentin bedeutete allerdings von Anfang an für Liesl Karlstadt eine Doppelbelastung. Nach der Vorstellung im Schauspielhaus fuhr sie jeden Abend ins Kolosseum, wo sie mit Karl Valentin auftrat. Konkret hieß das rasches Umkleiden, schnelles Umdenken und setzte ein hohes Maß an Flexibilität voraus. Doch diese Eigenschaften hatte sie sich längst zur zweiten Natur werden lassen müssen, um überhaupt mit Valentin auf der Bühne stehen zu können. Und die Doppelbelastung kannte sie bereits aus ihrer ersten Brettlzeit, in der sie tagsüber im Warenhaus Tietz bediente. Eine vertraute Situation, von der sie überzeugt war, dass sie sie auch diesmal meistern würde.

Noch aber wollte sie sich nicht für einen künstlerischen Alleingang entscheiden, sondern ließ beide Auftrittsmöglichkeiten parallel nebeneinander herlaufen. Das Publikum sollte entscheiden. Und das veranlasste das Volkstheater, ihr zwei Jahre später die Hauptrolle in dem Stück »Die 3 Gschpusi der Zenta« anzubieten. Die Uraufführung der Münchner Komödie in drei Akten von Heinrich Hinck und Josef Mooshofer fand am 16. August 1932 statt. Liesl Karlstadt verkörperte darin die Inhaberin eines Zigarettengeschäfts, Zenta Huber. Die Geschäftsfrau hat drei Verehrer, wie sie unterschiedlicher nicht sein könnten: den leider allzu schüchternen Verkäufer Friedrich Wilhelm Schmitt, einen Rheinländer, den Münchner Roßhändler und »Mathäserstammgast« Xaver Brandl, einen Grobian, und den pensionierten Kanzleirat Fürchtegott Neumeyer, einen angejahrten schwunglosen Herrn mit ebensolchen schwunglosen Liebeserklärungen.

Auf den großen Münchner Erfolg bei Publikum und Kritik folgten im selben Jahr Gastspiele in Lindau, Füssen, Immenstadt, Kaufbeuren, Memmingen, Bad Wörishofen, Passau, Landsberg am Lech, Penzberg, Weilheim, Amberg, Kempten, Straubing, Neumarkt, Stuttgart und Würzburg. Auf den Plakaten ist Liesl Karlstadt immer ganz groß angekündigt. Das hat ihr offensichtlich sehr gefallen, denn neben der obligatorischen Dokumentation in Bühnenalbum 2 gibt es auch zu diesem Stück ein zusätzliches Album mit vielen Fotos, die die mittlerweile Vierzigjährige als junge begehrenswerte Frau im Kreise ihrer drei Verehrer zeigen.

Was Karl Valentin zu dieser neuen Rolle seiner Partnerin sagte, ist nicht bekannt. Wahrscheinlich ignorierte er ihre Alleingänge, solange sie nicht die gemeinsame Arbeit beeinträchtigten. Außerdem hatte er genügend Fürsprecher, auf deren Intervention er sich verlassen konnte. In den Feuilletons gab es eine Reihe von Männern, die sich in ihn hineinversetzten und mit seiner Situation identifizierten – schon bevor Liesl Karlstadt überhaupt den ersten Fuß auf die Bühne der Kammerspiele gesetzt hatte. Nach ihrem Debüt als Frau Vogl in »Sturm im Wasserglas« widmete ihr Wilhelm Hausenstein einen ausführlichen Artikel unter dem Titel »Applaus für Liesl Karlstadt. Der Schritt vom Brettl auf die Bretter«. Er beginnt mit einem kurzen Absatz über ihren großen Erfolg bei Publikum und Presse und hält es dann für notwendig, sich sofort ihrem Partner zuzuwenden:

»Ich wäre der Letzte, einem Karl Valentin etwas von seinem verdienten Ruhm wegnehmen zu wollen. Dies sei aufs unzweideutigste gesagt, damit ich mit ruhigem Gewissen wagen kann, auszusprechen: die Bedeutung dieser Künstlerin ist neben der unheimlichen Genialität des Komikers und Charakterspielers Karl Valentin nicht immer nach Gebühr wahrgenommen worden. (In Parenthese: niemand wird sich über diese Feststellung mehr freuen als Valentin selbst, der nicht bloß ein großer Tragikomiker, sondern auch ein loyaler Kamerad ist.) Und eben, weil man Liesl Karlstadt im großen ganzen wohl nicht immer so nachdrücklich gewürdigt hat, wie sie es verdient, war es gut, sie auch einmal allein zu sehen – als eine selbständige Künstlerin, die aus dem Schatten ihres erstaunlichen, erschütternden Partners Valentin auf einige Stunden heraustritt. (…)

Wie wird es nun weitergehen? Vielen Dank demjenigen, der den Einfall hatte, Liesl Karlstadt für diese Rolle zu holen! (Ich glaube, Walter Jerven hat schon lange den Vorschlag gemacht, Liesl Karlstadt auf eine solche Bühne zu stellen.) München hofft natürlich, die Künstlerin auf solchen Feldern wiederzusehen! Freilich wird niemand das Verbrechen begehen wollen, Liesl Karlstadt von Karl Valentin etwa wegzudenken; dieser Preis wäre zu hoch, denn die beiden sind von der Vorsehung selbst für die Szene zusammengefügt, und wenn die Gemeinsamkeit dieser Auftritte in Gefahr wäre, so würden wir das Opfer bringen müssen, Liesl Karlstadt auf der literarischen Bühne nicht mehr sehen zu wollen!«[33]

Ein Nachtrag: Sieben Jahre später schrieb Karl Valentin an Liesl Karlstadt: »Liebe Lisi! Dir muß eines klar sein, wenn Du auch schon hie u da allein Theater gespielt hast, oder Film. Die richtige Lisl Karlstadt bist Du nur an meiner Seite.«[34]

NEUN

Improvisation. Von der Idee zum Stück

> Sie spielen ein Spiel. Sie spielen damit, kein Spiel zu spielen. Zeige ich ihnen, dass ich sie spielen sehe, dann breche ich die Regeln, und sie werden mich bestrafen. Ich muss ihr Spiel, nicht zu sehen, dass ich das Spiel sehe, spielen.
>
> RONALD D. LAING, *Knoten*

IN Liesl Karlstadts Nachlass befinden sich kleine Zettel, auf die handschriftlich Dialogfragmente notiert sind. Auf einem ist zu lesen:

K. *Radfahrer wär so auch daher gekommen*
auch wenn Sie nicht davon gesprochen hätten
V. *Das weiß ich nicht*
K. *Da bin ich überzeugt davon*
V. *Dann ham Sie eben eine andere Weltanschauung*

In einer Vorfassung der Szene »Der Zufall«, die als Typoskript ebenfalls in Liesl Karlstadts Nachlass enthalten ist, liest sich das so:

K. *Der Radfahrer wär ja so auch daher komma, auch wenn Sie nicht davon gredt hätt'n.*

V. *Dös weiss ich nicht.*
K. *Dös könnens ma glauben.*
V. *No, dann ham Sie eine andere Weltanschauung.*

Es handelt sich um eine Sequenz aus dem Stück »Theater in der Vorstadt«, in der sich der Kapellmeister (Liesl Karlstadt) mit einem Orchestermusiker (Karl Valentin) darüber streitet, ob man es als Zufall bezeichnen kann, wenn mitten in der Stadt auf einer belebten Straße ein Radfahrer vorbeifährt, während zwei Leute gerade von einem Radfahrer sprechen.

Das Dialogfragment auf dem kleinen Zettel scheint hastig heruntergeschrieben zu sein. Ganz ähnliche Zettel finden sich in Helmut Qualtingers Nachlass in Wien. Genauso klein, handlich, die Schriftzüge sehr eilig, schnell dahingestürzt. Auch bei Qualtinger handelt es sich um Sequenzen, die in mehr oder weniger abgewandelter Form aus seinen Szenen und Stücken bekannt sind. Da hat also jemand eine Szene ausprobiert, durchgesprochen, durchdacht, improvisiert und sich in aller Eile Notizen gemacht, die wichtigsten Wörter und Sätze festgehalten, bevor sie wieder aus dem Gedächtnis verschwinden würden. Und allmählich, wenn sich genügend Zettel mit Dialogfragmenten angesammelt hatten, konnte man sich an die Komposition machen und das Stück entstehen lassen. Eine ungewöhnliche Form der »Literaturproduktion«, vor allem aber eine, die lange Zeit nicht als solche anerkannt war, nicht ernst genommen wurde. Dazu mag sowohl bei Helmut Qualtinger als auch bei Liesl Karlstadt und Karl Valentin beigetragen haben, dass alle drei zugleich auch die Darsteller ihrer Stücke waren. Und was für Darsteller! Die Kunst der Schauspielerin, des Schauspielers hatte in der Öffentlichkeit Vorrang vor der Kunst der Autorin und des Autors. Auch über Qualtinger hört man immer wieder das Vorurteil, er sei zweifelsohne ein großer Menschendarsteller gewesen, der zwar auch geschrieben habe – aber müsse man ihn deshalb gleich als Autor bezeichnen? Ein Blick in seinen Nachlass und seit einiger Zeit auch in die Buchausgabe seiner »Gesammelten Werke« gibt eine eindeutige Antwort. Im Gegensatz zum Bühnenauftritt ist das Schreiben eine verborgene Tätigkeit, die übersehen werden kann. Auf der Bühne waren alle drei Darsteller nicht zu übersehen, und vielleicht hat gerade diese außerordentliche Präsenz den Blick auf die selbst geschaffenen Voraussetzungen verstellt. Der Schauspieler hat den Autor nicht nur in den Hintergrund treten lassen, sondern beinahe gänzlich verdeckt. Die Stücke waren eben einfach da. Woher sie kamen, war nicht so wichtig.

Die Notizen auf den Zetteln, die ich bei Liesl Karlstadt und bei Helmut Qualtinger fand, ähneln sich nicht nur darin, dass die Sätze hastig hingestürzt zu sein scheinen. Sie sind nicht ausformuliert, halten vor allem die Schlüsselbegriffe, das Tempo und den Rhythmus des Dialogs fest. Vielleicht sind sie bei den Proben auf der Bühne entstanden, vielleicht unterwegs, irgendwo, aus dem Gedächtnis heraus. In jedem Fall sind sie an einem Ort und unter Umständen zu Papier gebracht worden, unter denen man nicht unbedingt Muße und Ruhe zum Schreiben hatte.

Der Theaterwissenschaftler Rudolf Bach, ein Zeitgenosse Liesl Karlstadts, schreibt dazu in seinem Buch »Die Frau als Schauspielerin«:

»Kommt Valentin auf die Probe, dann weiß er nur, was

gemacht werden soll, aber keineswegs wie. Das Thema, die Situation, eine ungefähre Grundlinie des Geschehens liegen fest, nicht mehr. Valentin sagt dann etwa zu Liesl Karlstadt: ›Also, du machst jetzt einen Kapellmeister und ich mach einen von den Musikern. Ich schimpf' über dich zu den andern, da kommst du daher, ohne daß ich's merk. Auf einmal sagst du: Wen haben Sie denn da gemeint, mit dem alten Nußknacker und seinem saudummen Gesicht? Dann, wart, dann sag ich recht blöd: Meinen Bruder!, dann sagst du …‹ und so geht es weiter; zugleich dichtend, inszenierend, spielend erschaffen sich die Zwei ihr Stück. Es wird allmählich voller, farbiger, runder, bleibt aber stets Improvisation, kann immer wieder verändert werden. Am Schluß jeder Probe hat Liesl Karlstadt alles auf Zetteln notiert, jede Frage, jede Antwort, jeden Übergang. Auf den nächsten Proben wird ausgewählt, Abschnitzel fallen weg (um die mancher Komiker froh wäre), Neues kommt hinzu. So wächst das Stück langsam der Premiere entgegen, aber auch nach ihr entwickelt es sich weiter. Erst wenn nach einigen Wochen Spieldauer ein gewisser Abschluß erreicht ist, geht es an die (private) Niederschrift für etwaige spätere Neueinstudierungen, die aber niemals ein bloßer Abklatsch der Uraufführungen sind. Wiederum wird da verändert, verwandelt, neugeformt (selten auch einmal abgeschwächt). Geist des Stegreifspiels, der längst entschwundene, schwebt über diesen Stücken und ihren Autoren in blitzend bunter Frische des Ursprungs.«[35]

Karl Valentins jüngere Tochter bestätigt diese Arbeitsweise und sagt über ihren Vater:

»Er war ein echter Stegreifspieler. Aus der Improvisation sind alle seine Szenen und Stücke entstanden. Da gab ein Wort das andere. Auf jeder Probe, ja sogar noch in den meisten Aufführungen wurde ständig hinzuextemporiert und erst nach Wochen, wenn das Stück wirklich ›stand‹ – oft, wenn schon ein neues in den vormittäglichen Proben im Werden war, – begann die Fixierung des Textes.

Liesl Karlstadt, in über dreißig Jahren, zuerst als Schülerin, später als Partnerin meines Vaters berühmt geworden und mit ihm zu einem klassischen Doppelbegriff des Humors verschmolzen, wie Max und Moritz, Pat und Patachon, Tünnes und Schääl oder Antek und Franzek, hat Einfälle, Anregungen und Ideen zu zahlreichen seiner Stegreifkomödien beigesteuert und während der Proben auf ungezählte kleine Zettel aufgekritzelt, bis alles zur Niederschrift reif war und durch meinen Vater den Stempel seiner unwiederholbaren Eigenart erhielt.«[36]

Auch der Kritiker Walter Jerven hat Bühnenproben von Liesl Karlstadt und Karl Valentin in München miterlebt:

»In allen Fällen, wenn Bühnenproben stattfinden, liegt ein Stück vor, das man zu spielen beabsichtigt. Wenn aber Karl Valentin sich zu einer Bühnenprobe begibt, so geschieht das, weil ein Stück anstehen soll. Was Karl Valentin dazu mitbringt, sind selbstgebaute Kulissen, Bilder, technische Konstruktionen, kurz: Abbilder geschauter Erlebnisse, fixierte Bildvisionen, altmodischer Hausrat und neueste, moderne technische Spielerei. Diese Dinge sind für die Entstehung seiner Dialoge so unentbehrlich, wie für alle anderen Verfasser von Bühnenstücken Feder und Papier, mit denen jedoch Karl Valentin nichts anfangen kann.

Von seinem Dutzend Stegreifkomödien liegt kaum eine im Text vor. Kaum, daß er weiß, was geschehen soll, wenn er mit den Proben beginnt. Etwa: ›Ich mach den Gast und du machst den Pikkolo‹, sagt er zu seiner kongenialen Partnerin Liesl Karlstadt. Und schon verkörpert er diesen Gast und schon spielt ihm seine Don-Quichotte-Figur einen Streich und das erste Glied einer Kette von Verwicklungen ist gegeben, zu dessen Klärung er sich mit der Liesl immer tiefer mißverständigt. Und schon haftet dieser einmal gesprochene, aus Zufälligkeiten geborene Dialog auf der Walze seines nach rückwärts denkenden Gehirns, das jedem Wort auf den Grund gehen will, aber nie auf den Grund kommt, da doch über jedem Wort das trübe Wasser der Vieldeutigkeit steht. Sein (nur von ihm gespeistes) Gedächtnis ist sein Repertoire! Sein (nur von ihm versorgter) Witz ist seine Rolle.«[37]

Das direkt neben Valentin stehende personifizierte Gedächtnis, das in nicht unerheblichem Maß den Witz Valentins speiste und unterstützte, hat Walter Jerven übersehen.

Nun ist es endlich an der Zeit, dieses Gedächtnis selbst zu Wort kommen zu lassen. Über die Entstehung des Stückes »Der Firmling« berichtet Liesl Karlstadt:

»In den Frühlingstagen des Inflationsjahres 1922 mußte ich einmal in einem Zigarrenladen in der Reichenbachstraße ziemlich lange warten. Ich kam gerade dazu, wie der alte Inhaber des Lädchens einem Kunden eine endlose Geschichte erzählte. Erst fand ich sie schrecklich langweilig, aber bald wurde ich immer aufmerksamer, dann mußte ich schmunzeln und zuguterletzt hell heraus lachen, so urkomisch war, was ich da zu hören bekam. Der Zigarrenhändler hatte einen Firmling und wußte nicht, woher er einen Firmungsanzug für ihn bekommen sollte. Zu einem neuen langte es nicht, denn dazu war auch schon bei der Kommunion das Geld zu knapp gewesen. Zufällig bekam der Erzähler von einem Jugendfreund, der ihn noch daliegen hatte, einen Firmungsanzug von dessen Sohn angeboten. Und nun kam das Außerordentliche: ›Paßt hat er!‹ schrie der Firmpate ein über das anderemal und er fing seine Geschichte immer wieder von vorne an, um dieses triumphierende ›Paßt hat er!‹ zum zweiten und zum dritten Male hinausschmettern zu können. Zum Schluß liefen uns allen die Tränen über die Backen: dem Erzähler vor Rührung über seine Geschichte, uns Zuhörern aber vor Lachen. Das war etwas für Karl Valentin! Ich rannte spornstreichs zu ihm. Er war sofort Feuer und Flamme. Und tatsächlich gelang es uns am nächsten Tage allen beiden, das kleine Zigarrengeschäft wieder zu finden und den Inhaber, der weder eine Ahnung von unserem Vorhaben hatte, noch mich wiedererkannte, zu einer ebenso schönen Wiederholung seiner Geschichte vom Firmungsanzug zu bringen, wie er sie schon einmal für mich zelebriert hatte. Karl Valentin ließ es keine Ruhe, bis ein Stück daraus geworden war: unser ›Firmling‹. Die Geschichte von dem Firmungsanzug darin ist ganz echt, ein Stück Münchner Wirklichkeit; alles andere aber wurde hinzugedichtet.«[38]

1929 hat sich Liesl Karlstadt in einem Zeitungsartikel über ihre Zusammenarbeit mit Valentin geäußert:

»Mit Valentin arbeite ich nun 15 Jahre zusammen, wir verfassen unsere Stücke selbst, indem wir in die Probe gehen, bewaffnet mit Bleistift und einem Stück Papier. Da sprechen wir von verschiedenen vorhandenen Ideen, das heißt: Ich stelle Fragen, und er beantwortet sie mir! Alles, was er mir da sagt, schreibe ich sofort auf. Prof. Wiesenthal in Wien riet

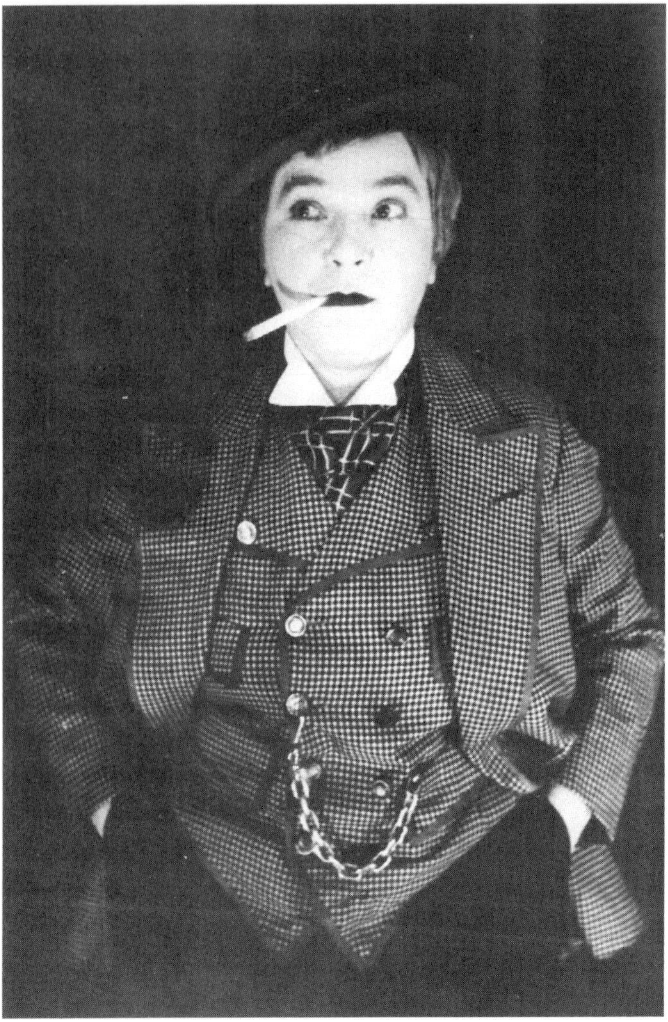

Die zwei Gesichter der Liesl Karlstadt

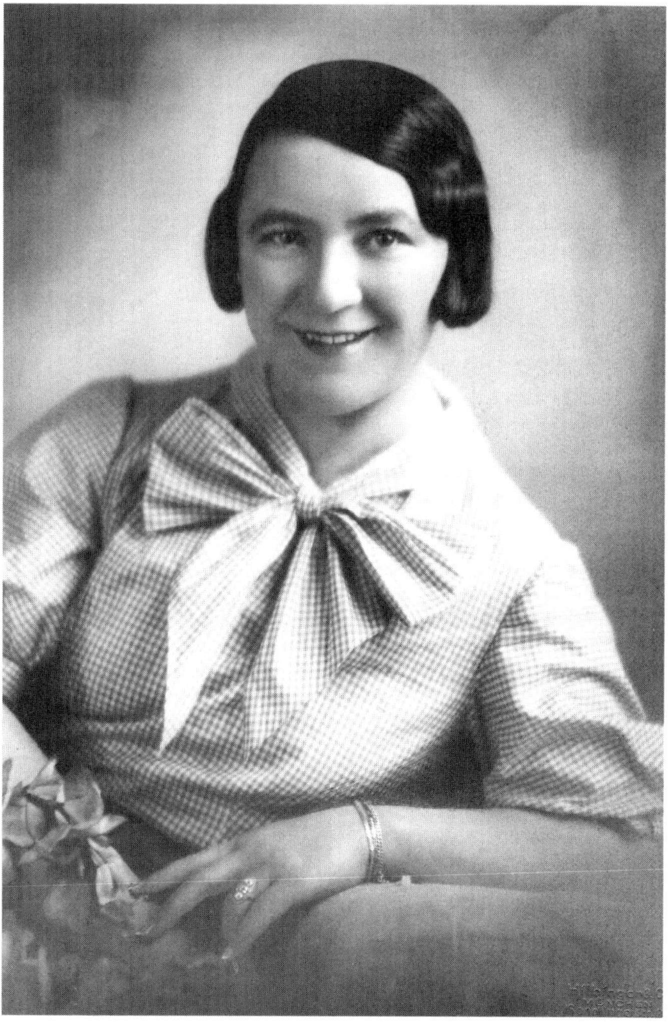

mir, den Bleistift immer bei mir zu haben, um improvisierte Witze Valentins sofort notieren zu können. Kurz darauf traf er uns im Kaffeehaus. Ich hatte gerade Bleistift und Papier vor mir liegen. ›Nun, was ist los mit euch, ihr sitzt ja so still da?‹ fragte er mich. ›Heute habe ich Bleistift und Papier bei mir, da macht er keinen Witz!‹ antwortete ich, und so war es auch wirklich.«[39]

Eine solche Kaffeehausszene hat 1928 schon der Satiriker Anton Kuh beschrieben:

»Im vorigen Winter besuchte ich in München ein Lokal vom Konzertcafétyp.

In einer Ecke brütet ein Paar. Der Mann, blaß, mit kleinem spärlich rotbehaartem Schädel und verschreckter Clownsnase sitzt vorgebeugt – die Frau, kugelig, hübsch, ein bisschen küchenrot, hat ein Heft vor sich und schreibt. Das heißt: sie kaut gerade nachdenklich am Federhalter.

›Nein, du, erst frag' ich dich: Wo geht's denn zur Ludwigstraße? Und dann sagst du …‹

›Na – du irrst dich. Du sagst zu mir: Ich weiß den Weg nicht, und dann sag' ich …‹

›Ich weiß schon, wart'…‹, sie nimmt die Feder und schreibt: ›… Du sagst: Erst müssen S' rechts gehen und dann links, immer gradeaus, dort, wo der Schmetterling fliegt …‹

Karl Valentin und Liesl Karlstadt, seine mitvergiftete, rührende Gesponsin in Melancholie und Heiterkeit, schrieben aus dem Gedächtnis eines ihrer improvisierten Stücke auf. Das tun sie immer, so nach der zweihundertsten Aufführung, wenn eine Sache ganz fest sitzt. Dann hocken sie sich wie Schulkinder in eine Ecke und legen den Text fest, den sie sich sozusagen ›ersprochen‹ haben. Es ist das seltsamste, genialste Dichtungsverfahren; statt daß sie sich ›Rollen auf den Leib schreiben‹, lesen sie sie von ihrem Leib ab.

Die zwei großen Mundart-Kinder in der Münchener Kaffeehaus-Ecke – eine Oase im schreibenden, wortmächtigen, verlegenden Deutschland. Hänsel und Gretel in die Literatur verirrt.«[40]

Mittlerweile lässt sich eine Frage kaum mehr beiseitedrängen, die eigenartigerweise nie ernsthaft gestellt wurde: Wer kann bei diesem Verfahren als Autor gelten? Zwar tauchen immer wieder Fußnoten, Bemerkungen oder Nebensätze auf, die auf Liesl Karlstadts Anteil an Karl Valentins Texten hinweisen, aber weiter wagt sich kein Kritiker oder Wissenschaftler vor. Und das schlechte Gewissen lässt sich schnell beruhigen. Besonders deutlich kommt das bei Klaus Pemsel zum Ausdruck, der in seinem Buch »Karl Valentin im Umfeld der Münchner Volkssängerbühnen und Varietés« sein Liesl-Karlstadt-Kapitel unter der Überschrift »Kreszenz Hiaglgwimpft«[41] als Kapitel des schlechten Gewissens bezeichnet:

»Immer wenn von dem Werk und der Arbeit Karl Valentins geschrieben wird, bleibt eine Person, die als Pendant zu Valentin auf der Bühne essentiell wichtig war, unterrepräsentiert: Liesl Karlstadt. Ich bin mir dieser Unterschlagung bewußt, weil es an vielen Stellen eben schneller von der Hand geht, nachweislich gemeinsame Arbeit unter dem einen Nenner Valentin aufzuführen, wo immer die Leistung Karlstadts mitgedacht werden muß.«[42]

Allein gedacht wurde sie selten, mitgedacht wurde sie fast immer, aber das hatte keine Konsequenzen, jedenfalls nicht, was ihren Anteil am schöpferischen Entstehungsprozess der

Stücke betrifft. Genannt wurde sie kaum, »weil es an vielen Stellen eben schneller von der Hand geht«.

Schneller von der Hand ging es auch, die Szenen nur von der Figur aus zu betrachten, die von Valentin verkörpert wurde. Bis heute gibt es keine Beschreibung einer Szene, die aus der Sichtweise der von Liesl Karlstadt dargestellten Figur hervorgeht. Dabei ist sie in der Rolle der Fragenden so gut wie immer das vorantreibende, progressive Element, während Valentin der konservative, statische Teil ist.

Karl Valentin startete seine Karriere als Solokünstler, als Volkssänger, als Münchner »Blödsinnkönig«. Sein Repertoireverzeichnis weist 413 Werke auf. Der überwiegende Teil dieser Werke sind Monologe, Soloszenen, Dialoge und Couplets. Größere Stücke hat er nur 23 geschrieben, davon 17 gemeinsam mit Liesl Karlstadt. Doch gerade diese sind es, die Valentin zu einem national und international anerkannten Star werden ließen. Zweifellos war er mit den Werken am erfolgreichsten, die er zusammen mit Liesl Karlstadt verfasst und aufgeführt hat.

Liesl Karlstadts Nachlass im Münchner Literaturarchiv Monacensia bestätigt ihre Autorenschaft: Bei vielen Stücken, die in der Öffentlichkeit immer nur Valentin zugerechnet werden, scheinen in den Typoskripten beide gleichberechtigt als Autoren auf. Liesl Karlstadts Mitautorschaft ist auch rechtlich in einem Vertrag fixiert, den der Piper Verlag mit den Valentin-Erben abgeschlossen hat. Er bezieht sich auf so bekannte Werke wie »Der Firmling«, »Raubritter vor München«, »Vorstadtorchester« und viele andere. Doch Liesl Karlstadts Miturheberschaft wird editorisch weitgehend ignoriert. Bei der im Piper Verlag erschienenen Ausgabe der

»Sämtlichen Werke Karl Valentins« wird die Mitautorin Liesl Karlstadt zwar nicht im Text, jedoch auf dem Buchrücken, verschwiegen. Ihre Würdigung erfolgt nur im Nachwort. Die Ausgabe »Das Beste von Karl Valentin« enthält die bekanntesten Stücke und Szenen der beiden, also diejenigen, die von Liesl Karlstadt mitverfasst wurden. Daher müsste das Werk eigentlich »Das Beste von Karl Valentin und Liesl Karlstadt« heißen. Denn das »Beste« von Karl Valentin war zweifellos die gemeinsame Arbeit mit Liesl Karlstadt: die gemeinsamen Stücke, Schallplatten, Rundfunkaufnahmen und Filme.

Alle – die am Entstehungsprozess Beteiligten und die Beobachter – beteuern, dass die Stücke nicht am Schreibtisch entstanden sind, und leiten gerade daraus ihre besondere Qualität ab: ihre Menschlichkeit, ihre Tiefe, ihre weit über den Augenblick hinausreichende Gültigkeit. Zwei Menschen gelingt es, auf der Bühne mit wenigen Sätzen und Gesten zu vermitteln, dass sie zwei Fremde in der Welt sind, ausgesetzt in einen Alltag, in dem sich jeder zurechtzufinden scheint und emsig seiner Aufgabe nachgeht – jeder, bis auf die beiden.

Um diesen Zustand erkennbar und erfühlbar zu machen, benötigen sie keine aufwendigen Requisiten, keine großen Gesten, keine ausholenden verbalen Selbstdarstellungen. Sparsamste Ausdrucksmittel reichen ihnen. Alle Wörter, alle Sätze, die gesagt werden, sind körperlich empfunden worden, haben ihren Ursprung in einem körperlichen Impuls. In der Improvisation.

Man stelle sich die Ausgangssituation vor. Nichts ist vorgegeben, nur die Idee einer Szene. Ganz vage. Vielleicht die

Rollen der Personen, vielleicht das, was gezeigt werden soll, vielleicht aber auch nur ein Satz.

Dann horchen die Schauspieler in sich hinein. So lange und so tief, wie sie wollen und wie es ihnen möglich ist. So lange, bis der Impuls kommt. Und es ist immer einer, der vom Körper ausgeht. Erst später folgen die Wörter. Irgendwann beginnt einer der Schauspieler. Und dann reagiert der andere. Im Idealfall wird so ein Stück dramatischer Wahrheit geboren, das immer und überall verständlich ist, die Grenzen von Raum, Zeit und Sprache poetisch überschreitet.

Wenn der junge Prinz Heinrich in Ariane Mnouchkines Inszenierung von Shakespeares »Heinrich IV.« seinem Saufkumpan Falstaff folgt und den machtvollen Auftritt des ungeliebten strengen Königvaters imitiert, gibt es irgendwann den Moment, wo Parodie und Gelächter in Wahrheit und Ernst umschlagen. In der Imitation hat der junge Prinz die Faszination, die Erotik der Macht gekostet. Sein Gang wird danach ein anderer sein. Die Saufspiele haben ein Ende. Die Macht hat ihn in ihren Bann gezogen. Er kann nicht mehr von ihr lassen, nicht mehr genug bekommen, er wird König sein.

Voraussetzung für dieses Verfahren ist ein Raum – im konkreten wie im übertragenen Sinne –, in dem man sich zeigen und öffnen darf. Man muss alle Gefühle zulassen dürfen, die an die Oberfläche drängen. Man darf keine Angst haben (müssen), etwas Falsches zu tun. Alles, was einem einfällt, hat seine Berechtigung. Gesellschaftliche Normen, Reglementierungen und Festschreibungen sind außer Kraft gesetzt, genau wie die Gesetze der Logik.

Raum, Zeit, Traum, Wachsein, Alter, Geschlecht sind austauschbare Variable. Das Männliche in der Frau, das Weibliche im Mann, das Kindliche im Alter, das Alter in der Jugend. Alles ist möglich. Wenn Lars Gustafsson die Zeile schreibt: »auch ich war eine alte mexikanische Frau«, wenn Greil Marcus über Bob Dylan sagt, er singe mit »fünfzig Staaten und vierhundert Jahren in der Stimme«, dann befinden sie sich auf einem Empfindungsplateau, auf dem man Dinge weiß, fühlt und wiedergeben kann, die man im herkömmlichen Sinne nicht erfahren und erlebt hat. Der Körper hat seine eigene Wahrnehmung. Deshalb reicht es, zur Probe, »nur« sich selbst mitzubringen und dem Körperimpuls zu folgen. Musiker, vor allem Jazzmusiker kennen das. Im Jazz ist Improvisation ein konstitutives Element. Die Pianistin Irène Schweizer nennt Jazz eine energetische körperliche Musik.

»Eine Bekannte von mir, die Hirnforschung betreibt, will immer wissen, was genau in meinem Kopf vorgeht, wenn ich improvisiere. Am liebsten möchte sie ein Gerät an meinen Kopf ansetzen und messen, was drin vor sich geht. Ich glaube nicht, daß man das verbal erklären kann. Ich versuche mich selbst durch die Musik anzutörnen, ich spiele zum Beispiel ein Thema an, das mir dann hilft, darauf aufbauend, etwas Abstraktes zu kreieren. Improvisieren setzt Offenheit voraus, damit du aus dem Moment heraus schöpferisch sein kannst. Abgesehen davon muß man sich in einem breiten musikalischen Repertoire sehr gut auskennen. Man darf sich keiner Musikart vollkommen verschließen.«[43]

Unverzichtbar bei der Improvisation, in der Musik oder im Theater, ist die Neugier. Die Neugier auf andere und die Neugier auf sich selbst.

ZWISCHENSPIEL

»Wo hans'n?« – Ein Biergartenerlebnis

Liesl Karlstadt hat ihre Umgebung mit neugierigen Augen betrachtet, und sie hatte Freude daran, Beobachtungen schriftlich wiederzugeben. Das hatte schon in der Schulzeit begonnen, wie das Aufsatzheft mit den Erlebnissen aus Riedering und so mancher Text im Nachlass mit dem Vermerk »Selbsterlebtes« zeigen.

»›Wo hans'n?[44]

Selbsterlebtes, erzählt von Liesl Karlstadt‹

Neben der Andechser Kirche steht ein Wirtshaus, also seelische und körperliche Erfrischung nebeneinander. Dort in dem Wirtschaftsgarten auf hölzernen Bänken und Tischen sassen mindestens 4 Klassen Bauernschulkinder, aus den nahen Dörfern zusammengekuppelt, mit einem Herrn Schullehrer. Von einem Platz aus, wo wir nicht gesehen werden konnten, aber wir alles übersahen was sich dort abspielte, hatten wir Gelegenheit die einzelnen Bauernkinder genau zu studieren. Es war köstlich. Sonst war in der Klosterbrauerei die Bedienung durch Mönche gestellt, heute war Selbstbedienung die Parole. An der Schenke hantierte ein dicker

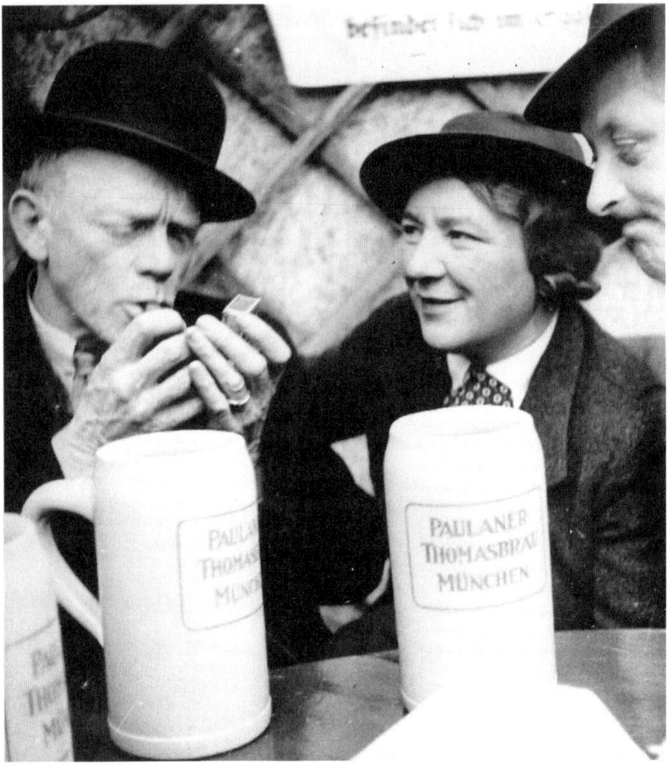

Mit Karl Valentin in einem Münchner Biergarten

Mönch. Wie nun die Kinder alle zur und von der Schenke kamen, jeder zeigte ein anderes Gesicht, teils mit, teils ohne Rotzglockengehänge. Die Bauernmädchen (Mollen) mit haarölgeglätteten Monalisafrisuren, die Bauernbuben mir Ohrringen wegen der Rinnaugen und alle hatten Stiefel an, genagelt und beschlagen wie ein Bräuross und so trabten sie durch die Veranda. Und wie sie ihre Masskrüge alle hielten – krampfhaft umfasst – ein Kleiner konnte es nicht erwarten und steckte seinen Finger in den weissen Schaum, um ihn abzulecken. Dann polterte einer mit einer geöffneten Limonadenflasche so, dass der kühle Trunk bei jedem Schritt herausspritzte. Ein winzig Kleiner schlürfte ständig an seiner Rotzglocke, die eine bedrohliche Länge angenommen hatte und jeden Augenblick in den Masskrug hineinzutauchen schien. Ein nach Schmalz duftendes schüchternes Mädchen mit niedergeschlagenen Augen trug ihre Limonade, als ob sie zur heiligen Kommunionbank schreiten würde. Dann hüpfte wiederum eine zweite vor Uebermut auf einem Bein – in hocherhobener Hand ihren Masskrug schwingend. Es schien kein Ende zu nehmen, denn da schlich eine ängstliche, die beinahe hingestolpert wäre, während ein grosser frecher Bub, statt sie zu bedauern, ihr noch einen Tritt auf das Hinterquartier gab. Zwei ganz kleine trugen ihre ›erlaubte‹ Halbe im Masskrug zu zweit und rochen ganz verklärt an dem schäumenden Inhalt, indem sie ihre Köpfe zusammensteckten, tief hineinschauten und dann strahlend weiter gingen. Draußen im Garten durften sie sich alle an die Tische setzen und dann ging's auspacken los. Fast alle hatten ein rotes Schnupftüchl dabei und lösten emsig die Knoten: Also, was da alles zum Vorschein kam – grosse Butterbrote, die nur mit 2 Händen zum halten sind, Kirchweihkrapfen, Auszogne, Bauernbrot und Bauerngselchtes. Und wie sie alle in die guten fetten Dinge hineinbissen, das war ein Erlebnis – Finger und Gesicht glänzten vor Speck, Schmalz und Butter. Und in dieser gefrässigen Mitte sass einer – ohne Bier und Limonade, ohne Speck und Butterbrot, blass und abgehärmt, es war der ›Herr Lehrer‹. Er sah von einer höheren Warte auf die kleinen ›Fressäcke‹ herunter, gewiss mit Gönnerblick – aber er hat mir furchtbar leid getan. Nach dem ›Festessen‹ durften die Kinder die Aussicht bewundern, indem ihnen ihr Lehrer jeden Hügel und Flecken mit Namen sagte.

Ich verliess Andechs und war im Bergabgehen immer noch in Gedanken bei dem vielgeplagten Lehrer mit seinen Kindern. Schnelle Schritte und ein mordsmässiges Schnaufen rüttelte mich aus meinen Träumereien. Ein Bauernbub, dem der Schweiss übers erhitzte Gesicht lief, mit einem zusammen geknoteten roten Taschentuch in der Hand, keuchte an mir vorüber: ›Wo hans'n?‹ schrie er mich atemlos an. Drobn sans no am Berg, erklärte ich dem Dahineilenden, denn ich wußte doch zufällig sehr genau – wen – er mit dem ›Wo hans'n‹ meinte.«[45]

ZEHN

Starr – beweglich. Die Dynamik einer Beziehung

> Ach, so gut spielen konnte niemand, ihr Ungeheuer! Alle Spiele habt ihr erfunden, Zahlenspiele und Wortspiele, Traumspiele und Liebesspiele.
>
> INGEBORG BACHMANN, *Undine geht*

EIN älterer Kapellmeister hat es nicht leicht mit seinen Musikern. Besonders einer macht ihm das Leben zur Hölle mit seinen Spitzfindigkeiten und Überspanntheiten. Er zieht ihn hinein in Gespräche, die der Dirigent gar nicht führen möchte. Weil das, was der Musiker vorbringt, jedoch allzu absurd ist, sieht er sich gezwungen, ihm Paroli zu bieten. Das Ergebnis: Sie stellen fest, dass sie eben eine unterschiedliche Weltanschauung haben.

Die beiden Angestellten im Fotoatelier unterscheiden sich nicht so sehr in ihrer Weltanschauung. Ihr Meister geht auf Reisen und überlässt ihnen für einige Tage das Geschäft in der Hoffnung, dass sie ihn würdig vertreten und das von ihm Gelernte zur Anwendung bringen werden. Diese Hoffnung schwindet, als er noch einmal zurückkommt, weil er etwas vergessen hat und die beiden in fröhlicher Faulenzerstimmung vorfindet. Er ahnt wahrscheinlich Schlimmes, muss aber die Reise antreten.

Pepperl, der Firmling, betritt mit seinem Vater ein Lokal,

in dem sie seinen Ehrentag feiern wollen. Zünftig soll es werden, aber der Vater trinkt viel zu viel, sodass das feierliche Festtagsessen bald in ein wüstes Tohuwabohu ausartet. Tische, Stühle und Teller purzeln in der Gegend herum. Und zu allem Übel bekommt dem Kleinen die Zigarre, die ihm der Vater spendiert hat, überhaupt nicht. Furchtbar schlecht wird es ihm.

Den Kapellmeister, den Lehrjungen im Fotoatelier, den Firmling – Liesl Karlstadt, der reale Teil des real-surrealen Bühnenpaars, hat sie gespielt und dabei die unterschiedlichsten Masken und Verkleidungen getragen. Legt man die drei Rollenfotos nebeneinander, ist es nicht selbstverständlich, dass man darin ein und dieselbe Frau erkennt. Karl Valentin erkennt man immer, auch wenn er sich für seine Figuren verkleidet. Er ist der Fixpunkt, der starre Teil, die Säule, um die sich seine Partnerin bewegt. Und so charakterisiert denn das Gegensatzpaar starr – beweglich treffender das, was die Beziehung der beiden auf der Bühne ausmacht, als der von Theo Riegler geprägte, häufig zitierte Begriff »real – surreal«.

Schaut man sich hintereinander die Filme der beiden an, sieht man Liesl Karlstadt aufregende, überraschende, spielerische Möglichkeiten entfalten. Ihr Rollenspektrum ist kaum einer Einschränkung unterworfen, nicht einmal der von Alter und Geschlecht. Sie lässt sich nicht festlegen. Sie ist charmant, verschmitzt, frech, naiv, clownesk, während ihr Partner immer denselben Typus verkörpert. Damit er das tun konnte, musste sie manchmal die Beweglichkeit übertreiben. Sie macht es ungern, das sieht man ihr an, dann funktioniert sie nur noch als leblose Rollenmaschine. Karl

Valentin verfeinert seine Selbstdarstellung. Während Liesl Karlstadt in ihren Figuren immer stärker nach außen drängt, zieht er sich in sein Inneres zurück. Während sie sich in ständigem Wandel befindet, bewegt er sich immer weniger.

Starr – beweglich. Ein Gegensatzpaar, das die Dynamik vieler Paarbeziehungen ausmacht und Grundlage vieler Spiele ist, die darin gespielt werden. In »La Strada« lässt Zampano (Anthony Quinn) Gelsomina (Giulietta Masina) Kunststücke vorführen, die er sich ausgedacht hat. In »9½ Wochen« erfindet der Mann (Mickey Rourke) Rollen und Spiele für die Frau (Kim Basinger), Sexspiele und andere, in denen die Frau sich manchmal als Mann verkleidet. Die Gemeinsamkeit dieser Szenen liegt in der starren Position des Mannes, der »die Puppen tanzen lässt«. Um seinem Selbstbild des starken, dominierenden Beherrschers der Situation zu entsprechen, benötigt er den permanenten Gegensatz: eine Partnerin, die unaufhörlich in Bewegung ist. Nicht selten nimmt der Mann dabei die Rolle des erfahrenen Lehrers ein, der seiner Schülerin etwas beibringen möchte. Ein Machtgefälle wird ausgenutzt. Die Schülerin versucht, alles gut und richtig zu machen, um Anerkennung zu bekommen. Sie will es ihm recht machen. Sie probiert aus, bewegt sich, verändert sich. Für ihn. Er verkörpert die Instanz, die beurteilt und entscheidet und immer am selben Platz verharrt.

Auch die Dialoge in Liesl Karlstadts und Karl Valentins Stücken funktionieren auf der Grundlage der Polarität starr – beweglich. Sie ist die Basis für die Missverständnisse, die die Handlung vorantreiben.

Das starre Element wird unterstützt durch die Form, die den Inhalt zwangsläufig zu bestimmen scheint. Als der Kapellmeister, dem ein Kragenknopf fehlt, endlich das ihm aufgezwungene Gespräch darüber beenden will, indem er unwillig meint, man könne sich doch wegen dieses Umstandes nicht umbringen, antwortet der Orchestermusiker mit der Gegenfrage: »Warum nicht?«

Nach einem ähnlichen Prinzip funktioniert die Szene »Streit«, die der russische Dichter Daniil Charms am 20. November 1933 schrieb. Ausgangspunkt all seiner Szenen ist eine Situation, die aus jeglichem Kontext herausgelöst wurde. Ein allgemeiner Konsens wird von Anfang an als Heuchelei entlarvt[46]:

Kuklov und Bogadelnev sitzen am Tisch, über den eine Wachstuchdecke gelegt ist, und essen Suppe.

Kuklov: *Ich bin ein Prinz.*

Bogadelnev: *Du und ein Prinz!*

Kuklov: *Und was folgt daraus, daß ich ein Prinz bin?*

Bogadelnev: *Daß ich dich jetzt mit Suppe vollspritze.*

Kuklov: *Nein, das tust du nicht.*

Bogadelnev: *Warum sollte ich nicht?*

Kuklov: *Und warum willst du mich mit Suppe vollspritzen?*

Bogadelnev: *Du denkst wohl, weil du ein Prinz bist, kann man dich nicht mit Suppe vollspritzen?*

Kuklov: *Ja, das denke ich.*

Bogadelnev: *Und ich denke das Gegenteil.*

Kuklov: *Du denkst so, und ich so!*

Die Aussagen werden wörtlich genommen, die formale Logik wird auf die Spitze getrieben, wie im Zufallsdialog:

V. *Also, wir ham einen Zufall derlebt, des war wunderbar. Ich und der Anderl gehen gestern in der Kaufingerstr. und reden grad so von einem Radfahrer – im selben Moment, wo wir von dem Radfahrer sprechen, ist oaner daherkomma.*
K. *Ja – und?*
V. *Zufall.*
K. *Aber erlauben Sie mir, das ist doch kein Zufall.*
V. *Ich sag, wir haben von einem Radfahrer gesprochen – und im selben Moment, wo mir von dem Radfahrer gredt ham, is grad einer daherkomma.*
K. *Ja – und was war dann mit dem Radfahrer, was hat denn der getan?*
V. *Nichts – weiter gfahrn is er wieder.*
K. *Wo ist denn da der Zufall?*
V. *Das is ja der Zufall.*
K. *Also das ist doch kein Zufall mit dem Radfahrer da. Das ist überhaupt nichts – gar nichts.*
V. *Nicht einmal a Radfahrer.*
K. *Nein – ich mein, das ist doch kein Zufall, wenn in einer so verkehrsreichen Strasse wie in der Kaufingerstr. ein Radfahrer daher kommt, da fahr'n ja im Tag ein paar 1000 Radfahrer umanander.*
V. *A – 1000, einer is bloss komma!*
K. *Das weiss ich schon. Da kommen doch den ganzen Tag Radfahrer daher, alle Meter, jede Sekunde, jeden Moment kommt da wieder ein andrer Radfahrer daher.*

V. *Ja, aber net, wenn man davon redt.*

K. *Der Radfahrer wär ja auch daher komma, auch wenn Sie nicht davon gredt hätt'n.*

V. *Dös weiss ich nicht.*

K. *Dös könnens ma glauben.*

V. *No, dann ham Sie eine andere Weltanschauung.*

Starr – beweglich. Auf der einen Seite die vermeintlich festgeschriebenen Regeln des Zusammenlebens, die sich schon längst verselbstständigt haben und ein Eigenleben führen. Bürokratisierung, Automatisierung, Maschinisierung. Der Einzelne kämpft gegen Räderwerke und Systeme wie beispielsweise Charlie Chaplin in »Moderne Zeiten«.

Aber auch die Sprache fällt zunehmend einer Automatisierung und damit allmählichen Sinnentleerung zum Opfer. Diesen Prozess gilt es deutlich zu machen, um ihn aufhalten zu können. Oder wenigstens um Widerstand zu leisten. Das geschieht mithilfe formaler Vorgaben. »Die Logik fährt Freilauf, die Rücktrittbremse des Empirischen wird nicht betätigt« hieß es einmal in der Süddeutschen Zeitung über Carlo Manzonis Figur Signor Veneranda, dessen Attacken auf den Alltag an die von Liesl Karlstadt und Karl Valentin erinnern.

Zurück zum Zufallsdialog: Der Musiker (V) zwingt dem Kapellmeister (K) durch seine Sturheit und Starrheit das Gespräch auf. Der Kapellmeister lässt sich nicht etwa auf einen Disput ein, weil ihn das Thema besonders interessiert, sondern weil ihn die Art des Musikers, damit umzugehen, reizt, irritiert, herausfordert. Er widerspricht ihm und ist damit schon Teil des Spiels. Eines endlosen Spiels, denn um es beenden zu können, hätte man es gar nicht erst beginnen dürfen. Indem man jedoch den ersten Satz, ja das erste Wort ins Spiel gebracht hat, liefert man neue wichtige Elemente, die das Spiel weitertreiben. In der Zufallsszene versucht der Kapellmeister, sein starres Gegenüber von dem unseligen Radfahrergedanken abzubringen, indem er eine neue Figur erfindet: einen Ozeanflieger. Den ereilt jedoch dasselbe Schicksal wie zuvor den Radfahrer. Er wird vom Musiker als Variation willkommen geheißen und in das formale System eingebunden. Wieder versucht nun der Kapellmeister, das Gespräch zu beenden.

K. *Herrgott lassens mir jetzt mal mei Ruh! Erzähls mir nix mehr in Zukunft!*
V. *Ja, von mir aus! Aber morgen gehn wir wieder durch die Kaufingerstrass und da redn wir von einem Ozeanflieger.*
K. *Das ist mir ganz gleich. Redns von was Sie wolln! Von mir aus redns vom Deifel.*
V. *Nein, nicht vom Deifel, sondern von einem Ozeanflieger.*
K. *Ja, von mir aus! Der Gescheitere gibt doch nach.*
V. *I geb ja nicht nach.*
K. *In Gottes Namen von einem Ozeanflieger!*
V. *Aber wehe Ihnen, wenn dann a Radfahrer daherkommt!*

Der starre Teil des Dialogs nimmt die Rolle des Spielmachers ein, der alle Fäden in der Hand hat, seine Spielfigur lenkt, manipuliert, auf Irrwege schickt, den Irrtum entlarvt, um letztlich selbst als Sieger aus der Debatte hervorzugehen. Das heißt, nicht er selbst ist der Sieger, sondern seine Methode hat gesiegt. Der vermeintlich Beschränkte bestimmt das Spiel, dessen Inhalt das permanente Missverständnis ist, so wie es Ronald D. Laing in seinen kommunikationstheoretischen Improvisationen »Knoten« schildert:

Jill
kann sehen, daß er sie nicht versteht
und kann sehen, daß er nicht sehen kann, daß er sie nicht versteht:
und sie kann sehen
daß er nicht sehen kann, daß er nicht sehen kann, daß
sie sieht, daß er nicht sehen kann, daß er sie nicht versteht.
Warum ist sie dennoch verwirrt?
Sie kann nicht verstehen, warum er nicht sehen kann, daß
sie sieht, daß er nicht sehen kann, daß er nicht versteht.[47]

Das permanente Missverständnis macht auch vor den Grenzen zwischen Traum und Wachsein nicht halt, weder bei Liesl Karlstadt und Karl Valentin noch bei Ronald D. Laing[48]:

Im Traum war ich ein Schmetterling
der träumte er sei ich
er blickte in den Spiegel
sah weder sich noch mich
»Du lügst!« schrie ich in meiner Not
Er erwachte
ich war tot

Wie kann man wissen, was jemand, den man wecken muss, gerade träumt, wenn der sich nicht verständlich macht? Mit dieser Frage verteidigt sich der Trommlerbub in Liesl Karlstadts und Karl Valentins »Ententraum«, nachdem er erfahren hat, dass er den Wachtposten Bene gewaltsam aus einem wunderschönen Traum gerissen hat. Bene war darin als Ente auf einem Weiher herumgeschwommen und hatte einen Leckerbissen in Gestalt eines fetten Wurms in Aussicht gehabt, bevor er im letzten Moment geweckt wurde. Nun sinnt er auf Rache und kündigt an, sich genauso rücksichtslos zu verhalten und dasselbe zu tun: »Und wenns't ma's jetzat net glaagst, na traamst heut nacht desselbe – und grad, wennst in den Wurm neibeißn wuist, nacha weck i di auf!« Auf diese Weise werden die beiden allerdings nie erfahren, ob der Traum auch für die Ente ein schöner gewesen ist.

Starr – beweglich, träumend – wach, innen – außen. Die Dialektik der Gegensätze entfaltet den Dialog, das Spiel, die Szene. Ein Mitspieler stabilisiert sich durch den anderen, findet sein eigenes Gleichgewicht in der Konfrontation mit seinem andersartigen Gegenpart.

Liesl Karlstadt sind die Positionen beweglich, wach und außen zugeordnet. Sie repräsentiert in den Stücken die Außenwelt in ihrer vielfältigen Erscheinungsform und benutzt dafür verschiedene Masken und Verkleidungen.

In seinem Roman »Erfolg« beschreibt Lion Feuchtwanger einen Auftritt von Liesl Karlstadt und Karl Valentin:

»Der Komiker Hierl spielte zunächst Geige, aber da der Kollege an der Pauke fehlte, hat er es übernommen, auch dessen Part zu vertreten. Das war schwierig. Das ganze Leben war schwierig. Es kamen einem harmlosen, friedfertigen Menschen überall Tücken dazwischen, hundsgemeine Ablenkungen, mit denen man sich herumschlagen mußte.

Da rutschte zum Beispiel dem Kapellmeister die Krawatte, darauf mußte man ihn doch aufmerksam machen. Das war schwierig so mitten im Spielen. Man konnte zwar schnell und eifrig mit dem Geigenbogen auf die Krawatte deuten, doch das verstand der Kapellmeister nicht. Man mußte also aussetzen. Da kam das ganze Orchester in Unordnung; man mußte von vorn anfangen. Da rutschte wieder die Krawatte. Überhaupt war es hoffnungslos, sich zu verständigen. Alle einfachsten Dinge gerieten sogleich ins Problematische. Das Sprachliche reichte nicht. Dazu sollte man zwei Instrumente spielen. Die Hände reichten nicht, die Füße reichten nicht, die Zunge reichte nicht. Es war eine schwierige Welt. Man konnte nur traurig und beschäftigt darin sitzen und wohl auch etwas eigensinnig und verstockt. Denn man hatte seine eigenen, richtigen Gedanken. Aber die andern begriffen sie nicht oder wollten nicht darauf eingehen. Zum Beispiel hat man an einen Radfahrer gedacht, und richtig saust da ein Radfahrer daher. Das war doch merkwürdig. Aber die andern wollten es nicht als merkwürdig gelten lassen. Ja, behaupteten sie, ja, mein Lieber, wenn man beispielsweise an ein Flugzeug gedacht hätte und es wäre just ein Flugzeug dahergekommen, das wäre schon eher merkwürdig gewesen. Es war aber doch, Herrschaftszeiten!, kein Flugzeug gewesen, sondern ein Radfahrer. Dazu die Instrumente, die Pauke, die immer, wenn man gerade mit der Geige beschäftigt war, bedient sein wollte, der Mann auf der Bühne, der immer hämmern mußte und den man nicht ohne Ratschläge lassen konnte, die rutschende Krawatte des Kapellmeisters, die man nicht rutschen lassen konnte, die Gedanken, die man doch ans Außen bringen mußte, still, unentwegt, ohne Hoffnung auf Verständnis, verbissen. Das Problem mit dem Radfahrer, von dem man nicht loskam. Es war halt kein Flugzeug, es war ein Radfahrer.«[49]

Die Schilderung Feuchtwangers ist bestimmt durch die vollkommene Identifikation mit dem Komiker Balthasar Hierl. Der Komiker ist »man«, und »man« kämpft einen mühsamen Kampf gegen »die anderen«, die nicht begreifen können oder wollen, was »man« denkt. »Die anderen« repräsentieren die Welt. Dargestellt werden sie nur von einer anderen, deren Name nie genannt wird. Sie wird funktionalisiert und instrumentalisiert, und dabei würde ein eigener Name nur stören.

Auch die Journalistin Dorothea Hofer-Dernburg hat Liesl Karlstadt die Rolle der Außenwelt, des Publikums zugewiesen:

»Die Liesel ist im Stück fast immer das eigentliche Publikum, das weibliche Element, ohne das Komik gar nicht existieren kann. Er wirft den Ball, aber sie fängt ihn. Er hat die Komik, sie den Humor. Komik ist leidend und darum immer ein wenig böse. Aber Humor ist gütig, mildert und begreift.«[50]

Liesl Karlstadt wurde von Karl Valentin gezwungen, bei ihren gemeinsamen Auftritten die Außenwelt zu repräsentieren, damit er seine Innenwelt entfalten und nach außen kehren konnte. Ihre Innenwelt war auf der Bühne nicht gefragt. Sie konnte sich nicht in sie hineinvertiefen. Sie konnte sich ausbreiten, verkleiden, vervielfältigen, immer neue Vektoren setzen, die nach außen wiesen, aber vertiefen konnte sie sich nicht. Damit nahmen sich beide die Möglichkeit, ein Gefühl auf der Bühne zu zeigen, das all ihren Stücken fehlt: die Liebe.

ZWISCHENSPIEL

Die Silhouette

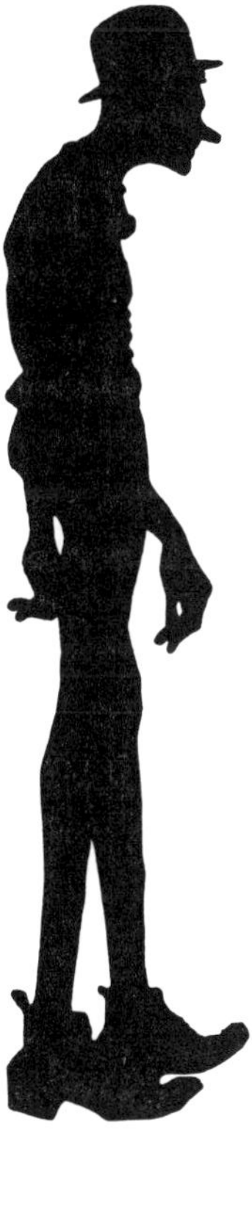

Ich bin ein Mensch, der allem Liebesklamauk, wie Eifersucht, bocken, Liebesschwüren u.s.w. … nicht verträgt, weder bei der Frau, noch bei einer Freundin. Ich bin als Vorstadtpflanze aufgewachsen und als Gentleman den Frauen gegenüber in hinterster Reihe gestanden. Ich habe auch nie Bildung mit dem Löffel gegessen, nur mit der Messerspitze. Ich bin kein direkter Rüpel, aber die Brennessel unter den Liebesblumen.

Motto: Was ein Häkchen werden will, krümmt sich bei Zeiten, natürlich habe ich mich auch sofort gekrümmt, bis heute und jetzt bin ich ein alter Haken, der sich unmöglich noch grad biegen läßt.

Und mutlos, wie eine Memme bin ich oft

dem Blick oder einem Wort einer schönen Frau feige von dannen geflüchtet.

Karl Valentin, »Notizzettel«

Unterdessen schminkte in seiner Garderobe der Komiker Balthasar Hierl sich ab. Mit Vaseline entfernte er das klägliche Weiß von seiner Nase, das giftige Rot von seinen Backen, mürrisch auf einem plumpen Holzschemel hockend. Leise dabei schimpfte er vor sich hin, das Bier sei nicht warm genug; denn er litt am Magen und durfte sein Bier nur gewärmt trinken. Seine Gefährtin, die den Feuerwehrhauptmann gespielt hatte, ein resolutes Frauenzimmer, noch in der Uniform des Feuerwehrmannes, redete beschwichtigend auf ihn ein; er war schwierig, immer erfüllt von Depressionen. Sie erklärte ihm, das Bier habe genau die vorgeschriebene Temperatur. Aber er murrte nur unzugänglich vor sich hin über die Weibsbilder, die damischen, die immer das letzte Wort haben müßten. Man hatte ihm natürlich gesagt, was für prominentes Publikum er heute gehabt hatte, und er, bei aller gespielten Verschlafenheit, hatte aufmerksam jede Wirkung beobachtet, wütend, wenn der winzigste Teil einer Pointe unter den Tisch fiel. Jetzt schimpfte er auf die Hammel, die sich an ihm ergötzt hatten. Er hatte nichts davon. Glaubte man etwa, daß ihm seine Späße Spaß machten? Einen Schmarren. Er war erfüllt von seiner Vaterstadt München; er sehnte sich nach einer Komödie, in der er sich, die Stadt München und die Welt hätte ausdrücken können. Aber das verstanden sie nicht, die Zwetschgenschädel, die blöden. Das ließen sie nicht zu.

Knurrig, mit gelangweiltem, hohlwangigem Kopf, ausgemergelt, in schlotterigen, langen Unterhosen stand er da, kläglich, trank, blinzelte seine Gefährtin an, schimpfte leise vor sich hin. Endlich, er war trotz guter Einnahmen geizig und scheute den Luxus einer Mietdroschke, ließ er sich von ihr zu einem Straßenbahnwagen ziehen. Auf der Plattform drängte er sich an sie, voll Angst vor der Berührung der fremden Leute.

Lion Feuchtwanger, »Erfolg«

Dieser Hunger, der sich nicht stillte, machte sie für ihn so brauchbar. Ihr konnte man was auftun, die hielt es schon aus, die hatte sich jetzt schon verbissen. Was wollte der Mann mehr? Sie störte ihn nicht in der Empfängnis seiner Gedanken, sie schnitt ihm den keimenden Einfall nicht ab. Das war die Voraussetzung, es war nicht mehr wie ein Anfang. In seinem Suchen und Werden suchte sie mit, war der gewünschte Fänger für seinen Ball. Er arbeitete nicht ohne Fänger. Die Bälle kamen von ihr nur zurück, sie brauchte sich nichts einzubilden darauf. An ihm war es zu geben. Sie machte sich besser nichts vor, ohne ihn war sie gar nichts.

Er merkte nie, was hart war für eine Frau. Er hielt sie streng am Zügel und hatte sich an sie gewöhnt, machte bloß nichts Legales daraus.

Marieluise Fleißer, »Avantgarde«

ELF

Travestie oder die Lust an der Verkleidung

1916 trat ein »Vortragender als Chinese verkleidet, gelb geschminkt mit Zopfperücke und chinesischem Schirm« auf der Bühne des »Wien-München« im Hotel Wagner auf und sang ein chinesisches Couplet.

Mantsche Mantsche Pantsche Hon kon Tsching Tschang
Kaifu schin sie Peking gigi wai hai wai
Tschitschi tatschi makka zippi zippi zappi
Guggi dutti suppi Mongolai.
Tingeles Tangeles Hundi Hundi guschdi
Schinschinati wuschi wuschi tam tam tam.
Wann i ko na kimm i, kumm i aber nimmi,
Kimm i, kumm i, aber i kimm kam.
Wo wie we wie bobi hopsi tsching tschang
Asi Stasi Wasi Wisi Tschin Tschin Tschin
Taubi Taubi Piepi sei si indi ändi
Wase bobi widdi midi Lanolin.
China drinna kenna Kinda mi alsamm
Tam – Tam – Tam.

(...)
Tsching Tschang Tsching Tschang gisidanan fussi
Andigiggiollipappi haxi haxi hax
Glaub mich lachen's aus, weil bin Chinese
Was is dös?[51]

Liesl Karlstadt verkörperte mit großem Erfolg den chinesischen Salonkomiker Tschthinzscht und sang das Couplet, das ihr neuer Partner Karl Valentin für sie geschrieben hatte. Zu Beginn ihrer gemeinsamen Arbeit war Liesl Karlstadt auf der Bühne in vielen verschiedenen Rollen zu sehen: als Schusterbua, als Frau Funktionär, als böhmischer Ladislaus, als Trompetenvirtuose, als Pikkolo, als großer Trommler, als Jockey, als Bürgerwehrbua und als Lucke von der Au.

Ein Kritiker schrieb damals über sie:

»Am liebsten erscheint sie in Hosenrollen. Aber sie benützt diese Verkleidung nicht, um ›Theater‹ zu machen; nicht, um all die Register der Burschikosität zu ziehen, mit denen die Hosenrollen-Insassinnen gemeinhin aufwarten. Sie benützt diese Verkleidung, weil sie der verschmitzten Art ihres Naturells am meisten entspricht.

Eine lange Reihe hervorstechender, männlicher Typen aus der Welt der Bretter und der Manege, des Gauner- und Vorstadtmilieus hat sie verkörpert. Man denke an ›Kari mit der Zigarre‹, an ihren ›chinesischen Salonkomiker‹, an ihren schlawinerhaften Böhmaken Ladislaus usw. – Und immer gelingt es ihr, mit einem Minimum an Charakterisierungsmitteln eine lebendige Gestalt (keine gemimte Figur) hinzustellen.«

Schon beim bloßen Betrachten der Rollenfotos wird eine

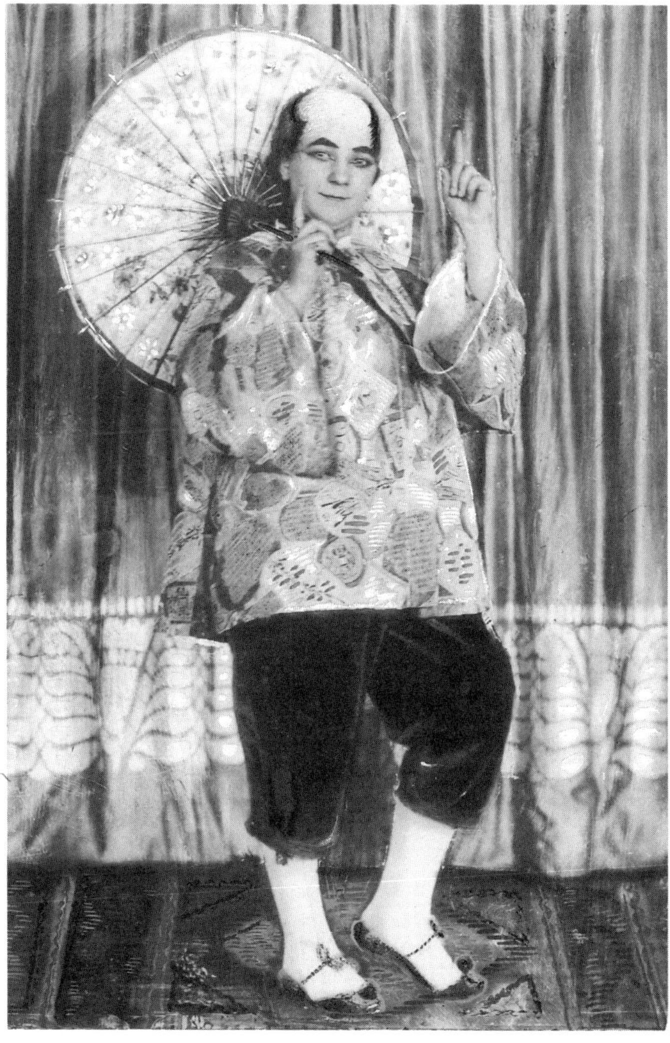

Tschthinzscht, chinesischer Salonkomiker

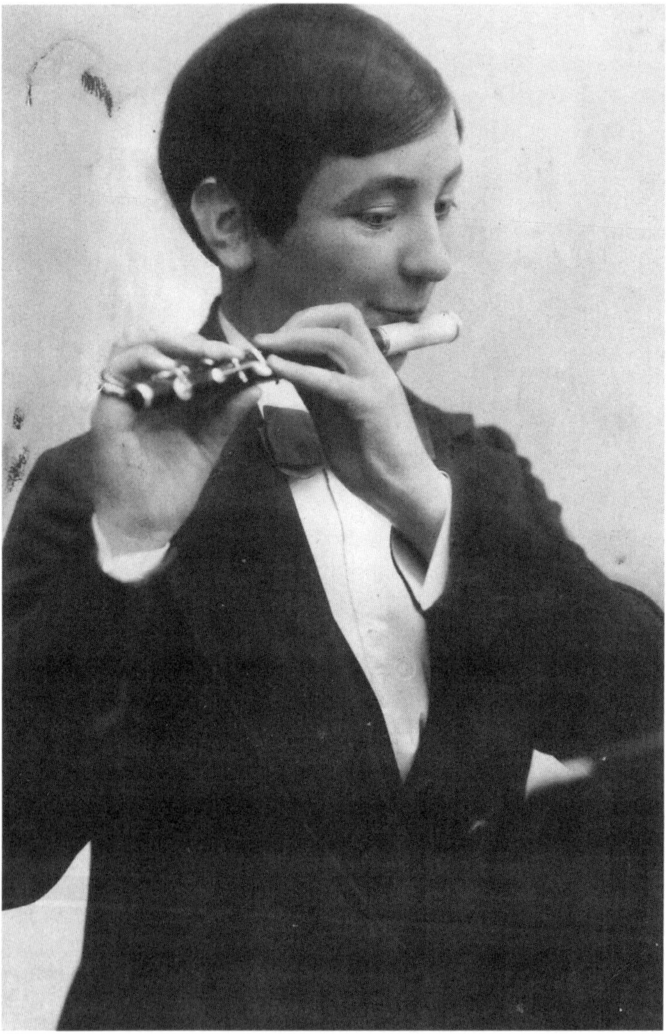

Musiker-Lehrling

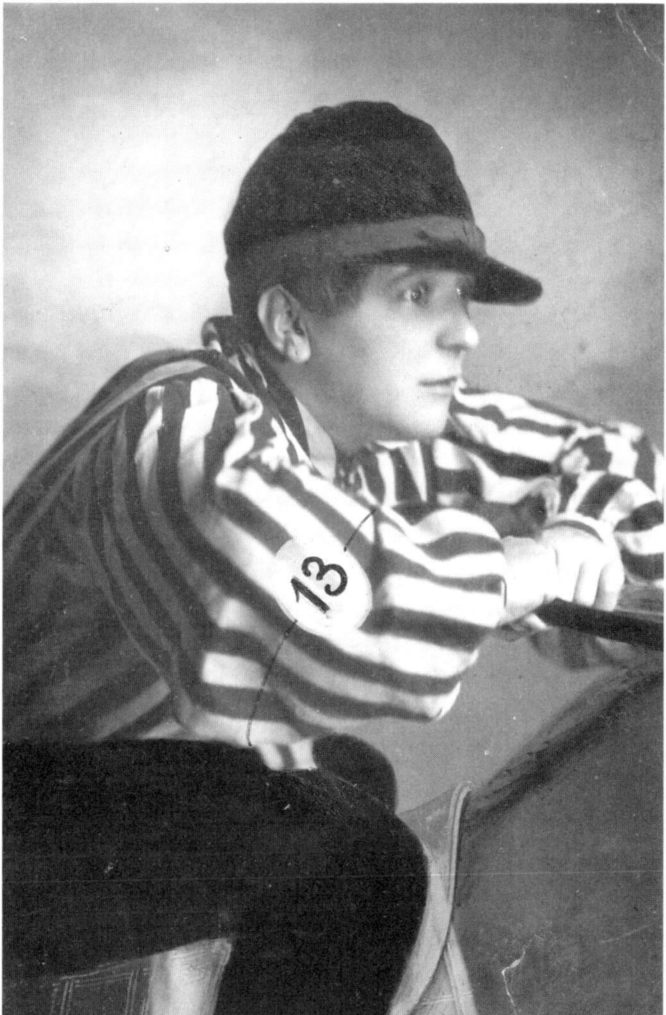

Der Jockey

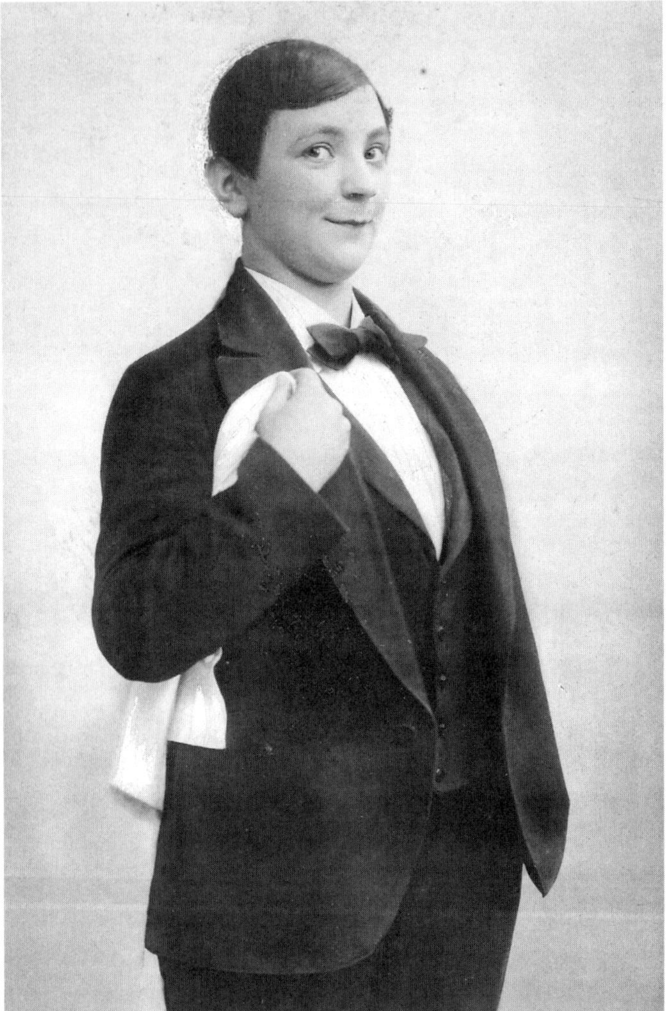

Der Pikkolo

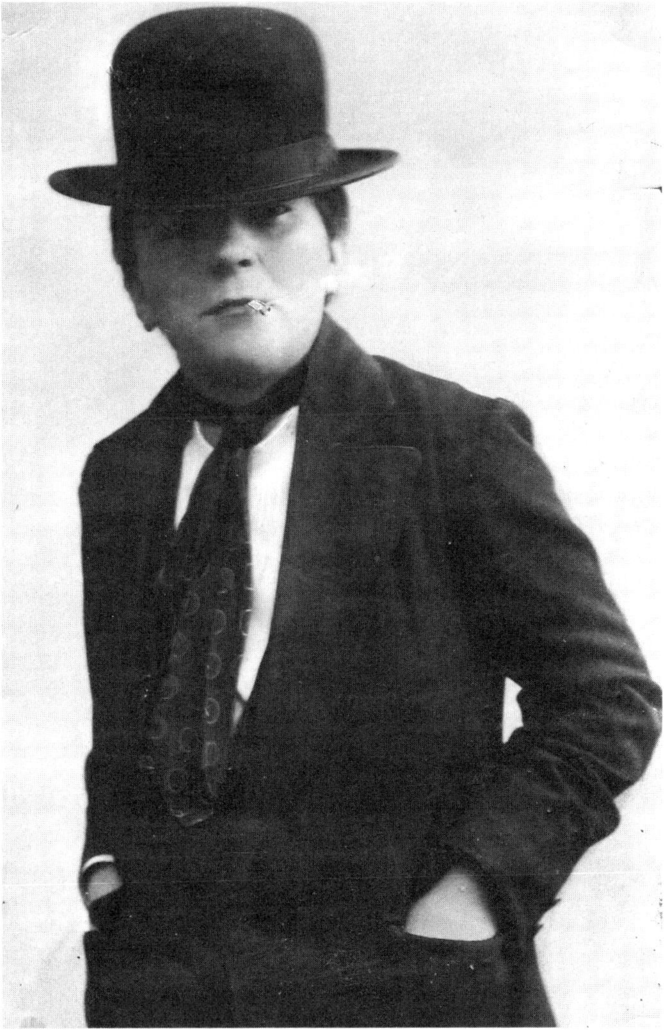

Der Lucke von der Au

unbändige Lust an der Verkleidung spürbar, die an Kindheit erinnert. Alle Kinder verkleiden sich gern, schlüpfen in Rollen, die sie eifrig und mit großem Ernst ausfüllen. Das macht ihnen Spaß, Mädchen besonders. Neue Erfahrungen werden möglich: Wie sehe ich aus, wenn ich dieses Paillettenkleid, diesen Frack oder dieses exotische Kostüm anziehe? Was fühle ich? Wie bewege ich mich? Wer bin ich? Dann erst kommen die anderen. Wie reagieren sie auf meine Verkleidung? Wie reagieren sie auf mich?

Die Verkleidung bedeutet zunächst Erweiterung, Befreiung. Sie gibt mir die Möglichkeit, zumindest äußerlich etwas anderes zu repräsentieren als das, was ich und die anderen von mir gewöhnt waren. Raus aus der vorgegebenen Rolle. Raus aus der Alltäglichkeit. Raus aus der Enge. Fantasie und Glanz hinein in den Alltag. Der hatte das bitter nötig, 1916 in München. Der Alltag war grau und trostlos. Das war man gewöhnt. Es war Krieg. Verwundete waren im Straßenbild nicht zu übersehen. Auch daran war man gewöhnt. Aber was konnte man als Einzelner gegen das Leiden tun? Man war doch ohnmächtig. Man wurde nie gefragt. Wenigstens sollte man sich nicht unterkriegen lassen, nicht im Leben und nicht auf der Bühne.

Für Liesl Karlstadt war in dieser Zeit Leben gleichbedeutend mit Bühne. Dort entfaltete sie ihr Talent. Dort war sie zu Hause. Welch traumhafte Karriere für eine junge Frau: von der entbehrungsreichen, glanzlosen Kindheit, in der zunächst alle Wege verschlossen schienen, den Fluchtweg auf die Brettlbühne gefunden! Tanzen, singen, scherzen, lachen – und die anderen freuen sich darüber. Dann wird das Interesse eines Stars geweckt. Der hat schon Erfolg. Der will die Zusammenarbeit. Was er nicht will: eine schöne Partnerin. Die passt nicht zu seiner Bühnenkunst. Lieber sind ihm Männerrollen, denn er braucht einen Komplizen, der mit ihm durch dick und dünn geht. Es kann auch eine Komplizin sein. Humor muss sie haben. Komisch muss sie sein. Nur nicht zu weiblich. Das kommt ihr entgegen. Endlich kein artiges kleines Mädchen mehr sein müssen, keine brave Verkäuferin, aber auch keine genormte Tänzerin. Endlich einmal all die Rollen ausprobieren dürfen, die einem einfallen. Schnell merkt man, dass es vor allem die schrägen, frechen, bösen sind, die einem großen Spaß machen. Für Frauen sind nicht viele davon vorgesehen. Geschlechterrollen überschreiten dürfen. Endlich.

Die Travestie hat auch für das Publikum großen Reiz. Kultfilme sind so entstanden. Männer als Frauen, Frauen als Männer. Von »Some like it hot« über »Viktor – Viktoria« bis hin zu »Tootsie«, die weiß: Manchmal ist der Mann als Frau ein besserer Mann, als er als Mann hätte sein können. Neben aller Komik aber immer auch ein Hauch von Grauen. Lachen und Grusel liegen eng beieinander. Als Tootsie sich selbst während einer Livesendung enttarnt, fallen einige Zuschauer in Ohnmacht. Als sich die gestylte One-Night-Stand-Partnerin des übellaunigen Supermachos in dem Film »Trainspotting« als Mann entpuppt, flieht der Getäuschte voller Wut. Und wenn in »The Crying Game« die schöne Dil sich zum ersten Mal vor dem Mann aus der Bar auszieht, ganz selbstverständlich, weil sie denkt, dass er »es« weiß, bleibt dem Zuschauer für einen Moment der Atem weg. Nachdem Dil als Mann enttarnt ist, ist ihre erotische Anziehungskraft fast noch stärker.

Was aber fasziniert am Androgynen? Das Uneindeutige, Geheimnisvolle, Nichtfestgelegte? In der Popszene hat es mittlerweile schon Tradition – David Bowie, Grace Jones, Marla Glen.

Aus dieser Leidenschaft der Verkleidung ist die Kunst der amerikanischen Fotografin Cindy Sherman erwachsen. Sie ist immer ihr eigenes Modell, die Hauptdarstellerin der Szenen, die sie sich ausdenkt und fotografisch festhält. Dabei schlüpft sie in die unterschiedlichsten Rollen – alte Frauen, junge Frauen. Männer sind auch darunter.

»Manchmal habe ich mich nur so geschminkt, wenn ich mal nichts zu tun hatte. Ich hab dann experimentiert und mein Gesicht geschminkt, damit ich wie jemand anderes aussah, und ab und zu hab ich das ganz ohne jede Absicht gemacht. Ich wollte nicht einmal Aufnahmen machen, aber ich dachte an ein Kostüm.«[52]

Ihre künstlerische Arbeit ist ein permanentes Experiment mit dem eigenen Gesicht, dem eigenen Körper und seinem Abbild. Ausgangspunkt ist eine scheinbar triviale Alltagsgeschichte.

»Es gibt das stereotype Bild von dem Mädchen, das ihr Leben lang davon träumt, Filmschauspielerin zu werden, und sie zieht los und versucht, das auf der Bühne, im Kurzfilm oder Spielfilm zu schaffen, und entweder hat sie Erfolg oder keinen. Mich interessiert dabei mehr der Charaktertyp des Versagers, der versucht, so was zu machen und es doch nicht macht. Vielleicht, weil ich das auch irgendwie in mir habe, und – warum sollte ich so was nicht mal versuchen – weil ich die Wirklichkeit solcher Phantasien untersuchen wollte, der Phantasien, daß man abhaut und wirklich ein Star wird.«

Bei der Umsetzung ihrer Fantasien hat es Cindy Sherman bald gelangweilt, die schöne Braut oder Prinzessin zu spielen oder wie eine Barbiepuppe auszusehen. Lieber hat sie sich als Hexe oder als Monster verkleidet, und das nicht nur im Atelier, sondern auch auf der Straße. Dabei hat sie eine existenzielle Erfahrung gemacht:

»Ich sah also wie jemand ganz anderes aus, fiel aber trotzdem nicht auf. Ich hab das vielleicht viermal gemacht und dann ging es nicht mehr und ich hab es nie wieder gemacht, weil mir klar wurde, daß ich meine Identität auf der Straße verlieren würde, wenn ich es zu oft hintereinander machte.«

Cindy Sherman hat die Warnzeichen frühzeitig erkannt und die Konsequenz daraus gezogen, Kunst und Alltagsleben nicht mehr miteinander zu vermischen. Die Verkleidung fand von nun an nur noch im Studio statt, wo ihre Wirkung durch den vorgegebenen Raum und Rahmen kalkulierbar ist. Auf der Straße, im Alltag ist sie das nicht. Damals hat Cindy Sherman schon geahnt, dass das Spiel mit den Rollen, das Kokettieren mit der multiplen Persönlichkeit Gefahren mit sich bringen kann. Man kann sich darin verlieren, nicht mehr zurückfinden und irgendwann schließlich ganz verloren gehen.

Liesl Karlstadt hat schon als junge Frau Masken, Verkleidungen, Rollen geliebt, besonders männliche, wie ihr Kommentar in ihrem Bühnenalbum zu einem Foto von 1911 zeigt: »Als Schusterbua fühlte ich mich bedeutend wohler, wie als ›Soubrette‹.« Sie hat die Verwirrung genossen, die ihre Verkleidungen ausgelöst haben, und immer wieder davon erzählt:

»Es hat mich erst Mühe gekostet, meine weibliche Eitelkeit dabei zu vergessen. Wenn ich z.B. den Kapellmeister im ›Vorstadtorchester‹ spiele, mit Spitzbart und ausgestopftem Bauch, da nehmen viele, die mich in Wirklichkeit nicht kennen, an, ich wöge zwei Zentner und sei 60 Jahre alt. Ich kann aber mit gutem Gewissen versichern, daß beides nur zur Hälfte wahr ist! (…)

Obgleich ich, als Mann verkleidet, bestimmt nicht verführerisch aussehe, ist es mir wahrscheinlich wegen der großen Entfernung der Bühne vom Zuschauerraum schon passiert, daß sich Frauen in mich verliebt und mir als Mann Briefe geschrieben haben. So passierte es mir einmal, daß eine Angestellte des Büffets des Theaters, in dem wir auftraten, mir jeden Tag Liebesbriefe schrieb. Einmal sprach sie mich an, da war ich schon in Hosen und geschminkt. Sie hielt mich wirklich für einen Mann und bat mich um ein Rendezvous. Als ich wieder als Frau aus dem Theater ging, kam sie mir zufällig abermals entgegen. ›Ich habe gerade Ihren Bruder gesprochen‹, sagte sie zu mir. ›Der sieht Ihnen kolossal ähnlich. Nicht wahr, Sie sind die Schwester? Bitte sagen Sie ihm, er solle morgen bestimmt zum Rendezvous kommen, ich hätte großes Interesse für ihn!‹

Ich habe es ihm nicht ausgerichtet …«[53]

Sogar eine berühmte Kollegin war auf die Verkleidung hereingefallen. Als Liesl Karlstadt und Karl Valentin in Wien gastierten, waren Max Pallenberg und seine Frau Fritzi Massary nach der Vorstellung in ihre Garderobe gekommen, um den beiden zu gratulieren. Sie unterhielten sich eine Weile mit Valentin, bis Fritzi Massary schließlich fragte, wo denn Liesl Karlstadt sei und warum sie an diesem Abend nicht mitgespielt habe. Als Valentin auf den alten Kapellmeister deutete, der sich gerade umzog, konnte es die Kollegin kaum glauben. »Jetzt sitz ich zwei geschlagene Stunden ganz vorn an der Bühne und wär nie auf die Idee gekommen, daß dieser Kapellmeister ein weibliches Wesen ist.«[54]

Diese Anekdote ist an vielen Stellen und zu vielen Anlässen wiedergegeben worden, zum Beispiel auch in Rudolf Bachs Buch »Die Frau als Schauspielerin«:

»So ist zum Beispiel ihr Kapellmeister (...) unbeschreiblich echt in jedem Zug, in jeder Einzelheit des Gehabens: dem Über-die-Brille-Wegschauen, der Art, die linke Hand auf dem Rücken unter den speckigen Rock zu schieben, dem phlegmatisch-selbstbewußten Dirigieren und der ganzen griesgrämlich groben Tonart seiner Orchestertyrannis. Dieser ›Herr Kapellmeister‹ ist der charakteristische Vertreter einer ganzen Gattung, in jedem Zoll ein Altmünchner Typ von damals und zugleich ein Geschöpf der Dichtung. Für die Stärke und Restlosigkeit der Verwandlung zeugt es übrigens, daß eine berühmte Darstellerin, erfahren in allen Techniken komödiantischer Metamorphosen, aufs höchste überrascht war, als sie nach der Aufführung hinter der ›Maske‹ eine Frau vorfand: eben Liesl Karlstadt. Sie hatte, im Zuschauerraum sitzend, den ganzen Abend lang geglaubt, dieser Kapellmeister werde von einem Manne gespielt.«[55]

Es gibt noch eine ganze Reihe weiterer Anekdoten zu diesem Thema. Immer sind Verwirrung und Erstaunen das Ergebnis, wenn der Kapellmeister seine Maske abnimmt. Manchmal kommen in den überlieferten Geschichten auch glühende Liebesbriefe, Tränen und gebrochene Frauenherzen vor:

»Liesl Karlstadt, die Partnerin Karl Valentins, ist wohl die beste Verkörperin von Hosenrollen. Sie spielt sie so überzeugend, daß sie oft wirklich für einen Mann gehalten wird. Im ›Serenissimus‹ in München spielt sie einen Musikanten. Adele, das Zimmermädchen, verknallt sich in sie, resp. in ihn.

Liesl Karlstadt geht darauf ein, nennt sich Fritz Maier, nimmt täglich die Liebeserklärungen entgegen und nach zwei Wochen weiß Adele noch nicht, daß ihr Fritz ein Madel ist. Adele hat keinen Sinn fürs Platonische und drängt jetzt zu Taten. Liesl Karlstadt, um Schluß zu machen, läßt einen Brief an Adele schreiben, in dem fürchterlich auf Adeles Angebeteten geschimpft wird – ein Raufbold und Schürzenjäger sei er und der Liebe Adeles nicht wert.

Am nächsten Abend öffnet Adele mit verweinten Augen leise die Tür zur Garderobe ihres Fritz und sieht ihn halb angezogen im Männerkostüm als Madel. Da platzt sie heraus: ›Was? A Raufbold bist, a Schürzenjäger? Und a Madel bist aa no? Jetzt hab i aba g'nug von dö Mannsbilder! Jetzt schmiert mi so leicht koaner mehr aus.‹«[56]

Damals wusste Liesl Karlstadt noch nicht, dass sie Anfang der Vierzigerjahre eine Männerrolle spielen würde, die alles bisher Erlebte in den Schatten stellen sollte.

ZWÖLF

Golden Twenties

Eine schöne nackte Frau mit langem blondem Haar am Meer, in der Ferne nahe der Horizontlinie ein Segelboot, daneben die Mondsichel, deren Lichtschein sich im Wasser spiegelt und tausendfach bricht. Die Frau hält in einer Hand den Schleier, mit dem sie bis vor Kurzem noch verhüllt war und grüßt mit der anderen den fernen Segler und den Mond. Eine hingebungsvolle Sehnsuchtsgeste, das Gesicht und den Körper vom Betrachter abgewandt, und damit sein Interesse noch steigernd. Der Geliebte ist fern am Horizont, ihm gilt ihr Verlangen. Die Frau als Loreley, Undine, Sirene, verlockend, erotisch, ihren Körper einsetzend und anbietend, die deutliche Aufforderung, unverhüllt, nackt und trotzdem geheimnisvoll.

Mit diesem Bild, in dem die Farbe der Sehnsucht, das Blau, dominiert, kündigt das Deutsche Theater München 1926 seine Revue »Nacht der Nächte« an, das auf die Vorjahresrevue »der die das« folgt. Das Programm preist sich als international an. Zwölf Tiller Palacegirls treten auf, Rose Petösy mit seinem Tanzorchester und – zum ersten Mal in Deutsch-

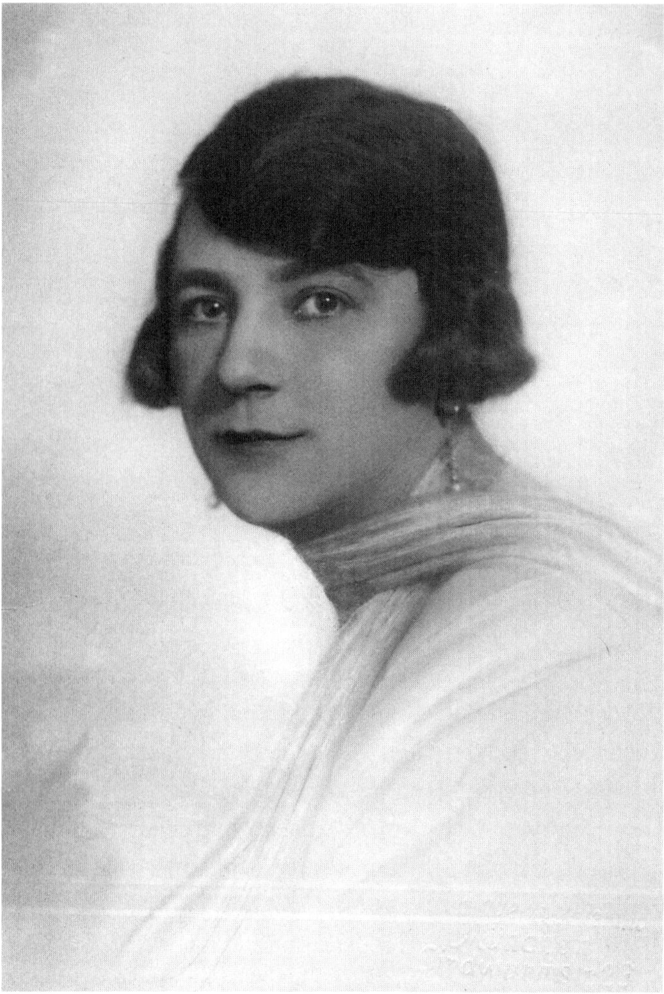

Aus dem Programmheft des Deutschen Theaters München, 1925

land – Johnson und Lewis, die preisgekrönten Charlestontänzer vom »Hippodrom New York«. Man wirbt mit der Sensation der Exklusivität, zum ersten Mal in Deutschland: Gipsy Rhoumaje. Je exotischer ein Name, desto vielversprechender.

Hier wäre eine Elisabeth Wellano willkommen gewesen, und der italienisch klingende Name hätte auch besser zu ihrem Foto gepasst, mit dem die Szene »Rundfunk«[57] angekündigt wird. Es zeigt das Porträt einer Frau im Halbprofil, mit modischem Pagenkopf, unter dem lange Ohrgehänge hervorschimmern. Um den Hals ein Chiffonschal geschlungen, der Blick ernst und fest – keine Faxen, kein clowneskes Mienenspiel und trotzdem verkleidet wirkend. Genau wie Karl Valentin mit seiner Melone und dem Schal. Feingemacht. Der Gesellschaft angepasst, in der man auftritt.

Liesl Karlstadt verkörpert in der Szene, die sie in der Revue spielen, eine Rundfunksprecherin: Ein Mann (Karl Valentin) betritt das Rundfunkstudio als Besucher, der eigentlich nur ein Stück Antennendraht kaufen will. Er begegnet der Ansagerin, die ungeduldig auf den Inspizienten wartet, der für die kommende Sendung unbedingt notwendig ist. Der Sendetermin rückt näher und da er nicht erscheint, fordert sie den Besucher auf, seinen Part zu übernehmen. Der besteht darin, zur Rezitation eines Schauspielers aus Schillers »Glocke« die »akustischen Kulissen« darzustellen, also die im Text angegebenen Geräusche zu erzeugen. Der Besucher lässt sich nicht lange bitten, und das Spektakel kann beginnen.

Eine absurd-humoristische Programmeinlage in einer Revue, die sonst aus Tanz, Gesang, Akrobatik besteht. Die Darsteller der Revue sind im Programmheft abgebildet als »Die

1. September – 31. Oktober 1926.

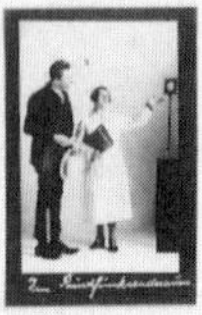

Karl Valentin im Rundfunk

Karl Valentin und Liesl Karlstadt, das beliebte Münchener Komiker-Duo, haben nunmehr auch die Bedeutung des Rundfunks erkannt und ihre heitere Muse in den Dienst der Wellenfängen gestellt. Allerdings in den Senderaum des Verkehrsministeriums sind die beiden, deren Wirkung auf die Lachmuskeln ja ohne ihre unübertreffliche Mimik kaum zu denken ist, noch nicht eingezogen: sie haben sich einen eigenen Senderaum eingerichtet, in dem man sie allabendlich tätig sehen kann. Im Rahmen der Revue „Nacht der Nächte", eine überaus reiche und in ihrer Art unterhaltsame Schau, die gegenwärtig das Deutsche Theater in München bietet, spielt sich eine kleine Rundfunkszene ab, in der Liesl Karlstadt als Ansager und Karl Valentin als ein Besucher fungiert, der aushilfsweise als „Inspizient" Verwendung findet. Zur Rezitation eines Schauspielers, der aus Schillers „Glocke" vorträgt, soll Valentin die „akustischen Kulissen" darstellen, das heißt die im Texte angegebenen Geräusche ertönen lassen. Hieraus ergeben sich für den ungeübten und ungeschickten Besucher des Senderaums, der eigentlich in den Rundfunk kam um Antennendraht zu kaufen, Situationen, die zu einer der besten Valentiniaden werden, die man je in München sehen konnte. —hl

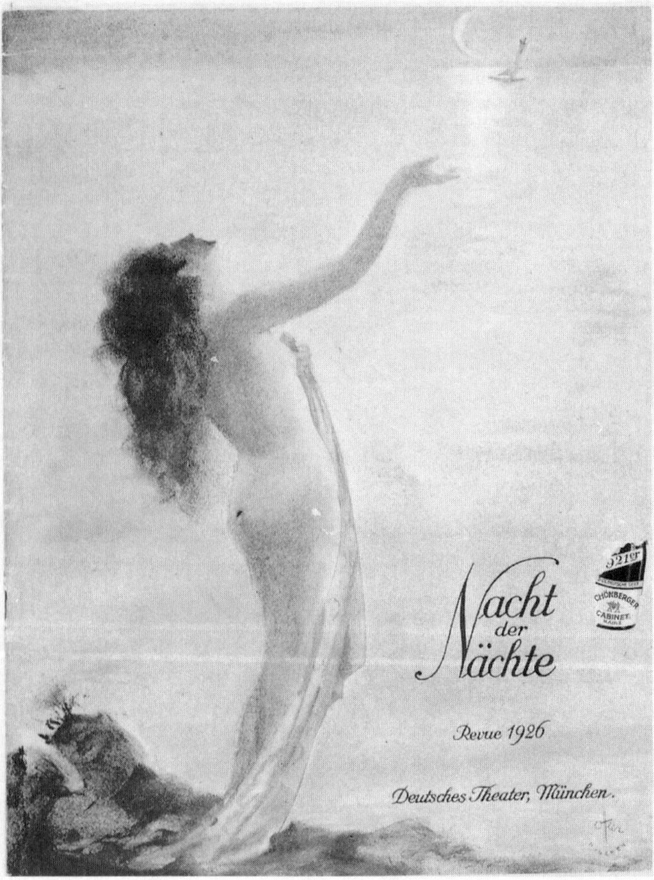

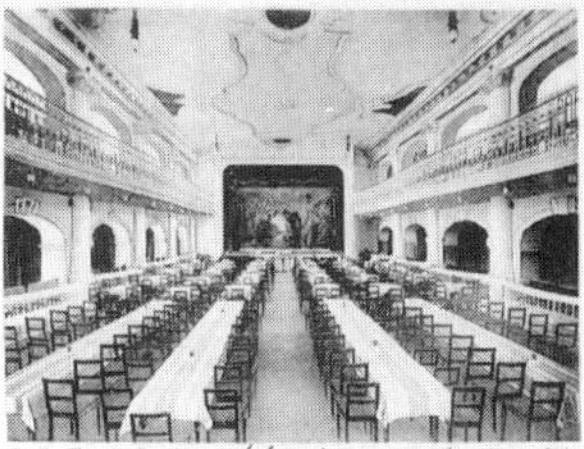

Apollo-Theater, Augsburg (Schwabenschrein)

Dr. Karl Valentin — Liesl Karlstadt. Seit Wochen erwartete man in Augsburg gespannt das Auftreten der beiden Münchner Komikerkoryphäen Karl Valentin und Liesl Karlstadt. Beide gehören zusammen. Was Valentin zum Klassehumoristen stempelt ist seine Clownfigur, seine liebenswürdige Schüchternheit, die bewußt und mit Geschick das Tragikomische im Leben findet und ausnützt, die Kunst, mit einfachsten Mitteln mit typischer Münchner Urwüchsigkeit seine Einfälle zu einem zwerchfellerschütternden Lacherfolg zu gestalten. Es wäre müßiges Beginnen, einem seiner Kabinettstückchen, seinem Solovortrag, seiner Rundfunkszene oder der lustigen Orchesterszene den Vorzug vor dem anderen einräumen zu wollen. Sie alle zusammen mit den selbst erfundenen Reklamelichtbildern verrieten bedeutendes Regiegeschick und seine ganze Umgebung, selbst der überfüllte Zuschauerraum, schienen nur dazu da, um seinem Witz, seiner mimischen Kunst, seinen sprühenden Einfällen zu dienen.

Da der Abend überfüllt [illegible] und viele keinen Platz erhalten konnten, wird am [illegible]ontag, 8. Nov., abends 8 Uhr, ein zweiter Karl-[illegible]ntin-Abend stattfinden. Für diesen Abend werden nur 650 Plätze ausgegeben, um einer Ueberfüllung vorzubeugen. Karten im Pianomagazin Reinhold Kitnann, Karolinenstr. C 47.

4. u. 8. Nov. 1926
Augsburg

Deutsches Theater
8 Uhr
Nur bis 15. Nov.
Carl
Valentin
Liesl Karlstadt
vom
Vorstadt-Theater
Gastspiel
Wolf-Ferrari
Dschang Lien Schong
2 Arveys
3 Hastings
Orchester Aly Lutz
4 Manis
Moon und Bloom
Vanloos & Co.

11. – 15. Nov 26

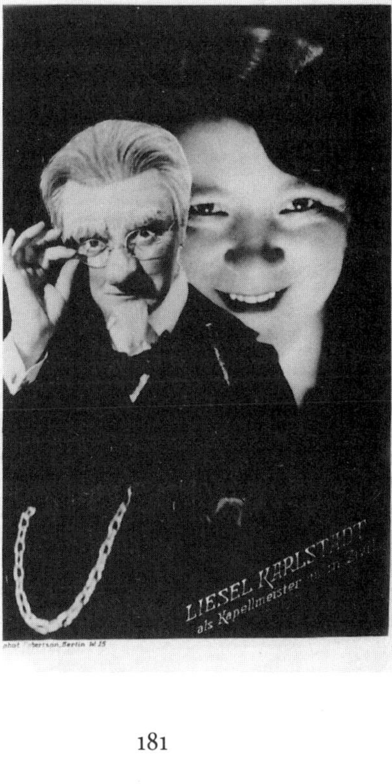

phot. [illegible]ertson, Berlin W 15

Schönen aus Nacht der Nächte«: erotische, laszive, geheimnisvolle Frauen, elegante Männer. Die Tiller Girls demonstrieren den Überfluss an Schönheit, Sex, die Vervielfachung der begehrenswerten Frau, der Tänzerin. Im Programmheft wird für Pelzmoden, Silberbestecke und Tafelgeschirr, einen Schuhsalon, eine Maßschneiderei für vornehme Herrenbekleidung, Staubsauger, ein Spezialhaus für Schönheitspflege, ein Perlenhaus geworben.

Liesl Karlstadt hat das Cover zur »Nacht der Nächte« in ihr Bühnenalbum eingeklebt und gleich daneben eine Fotomontage, die sie im Vordergrund als alten Kapellmeister mit Spitzbart und Uhrkette, über die Brillengläser hinwegschauend, zeigt. Dahinter ihr mädchenhaftes Porträt, das dem Alten lachend über die Schulter zu schauen scheint. Ins Foto eingeschrieben: »Liesel Karlstadt als Kapellmeister u. in Zivil«. Eine ihrer Antworten auf das Frauenbild dieser Zeit.

Luxus, Erotik, Eleganz charakterisierten auch schon das erste Gastspiel Liesl Karlstadts und Karl Valentins in Zürich 1922. Als sie vom 16. bis 31. August 1922 mit »Der nervöse Musikant« in der Bonbonniere auftraten, bestand das Programmheft der Bonbonniere zum größten Teil aus Werbeannoncen für Coiffeursalons, Optiker, Haute Couture, Pelzwaren, Accessoires, feudale Möbel, Rindslederklubsessel, Blumenarrangements, Cigarettes, Tailleurs, den Neue Amerikaner-Hut, alles für den Tennissport – und dazwischen immer wieder die Revue-Ankündigungen in braun umrandeten Anzeigetafeln:

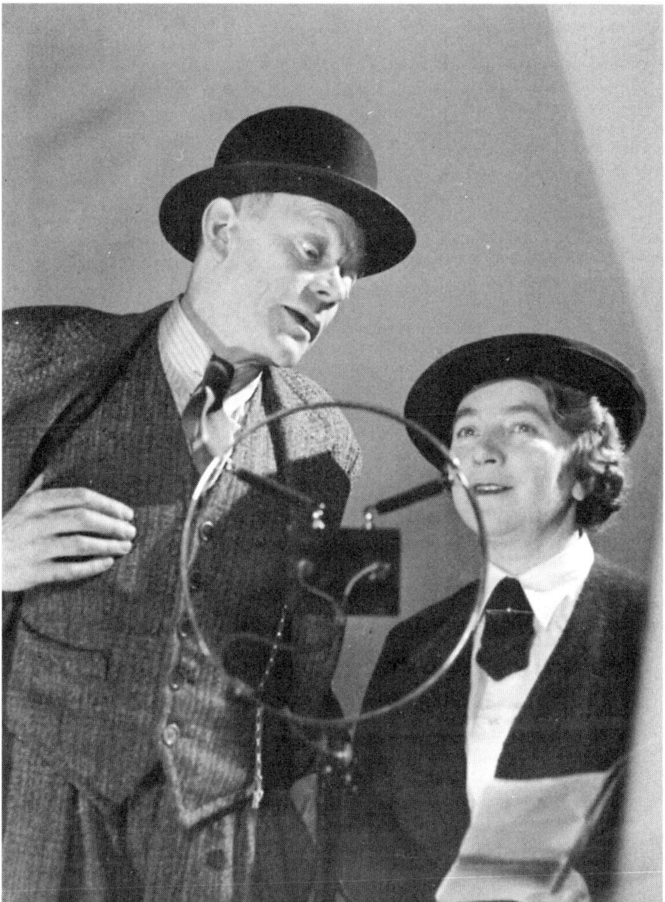

»Im Senderaum«

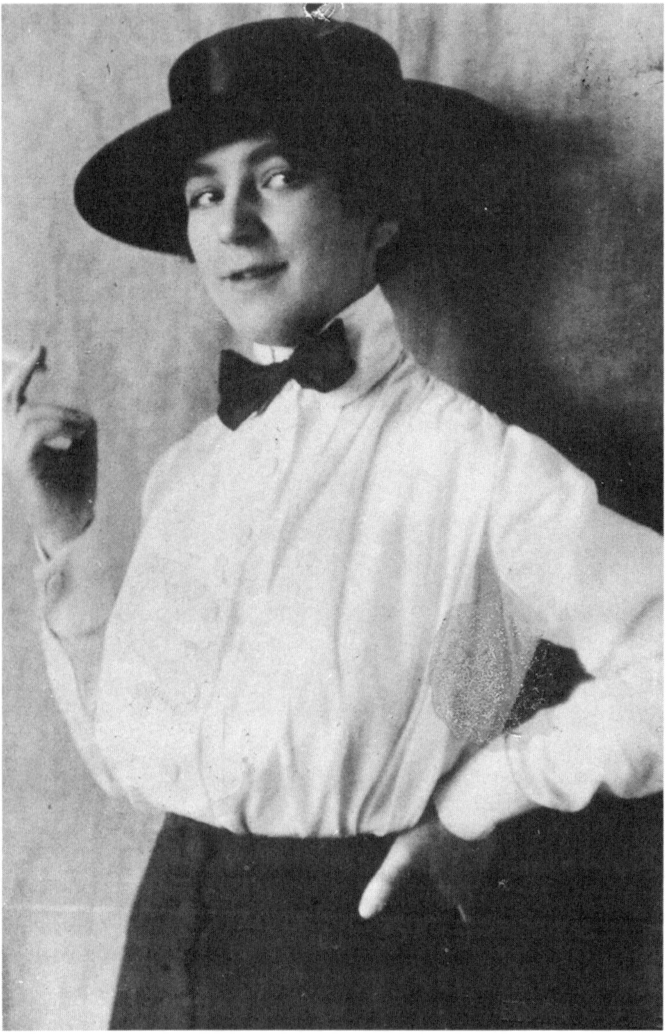

In den Zwanzigerjahren

Fritz Schloor am Flügel
Alfred Müller in seinen Vorträgen
Missy de Pierre, Kunstmalakt
Ida Duffek, jugendliche Tänzerin
Maria Einödshofer, bekannte Vortragskünstlerin
Bell und Bell, komische Tanznummer
Dina Dietrich und Will Helman, Steptänzer
Fritz Delius von den Reinhardt-Bühnen, Berlin
Olli Suolathi, Kantele-Spieler
Lisl und Ossy, jugendliches Tanzpaar
und dazwischen besonders groß:
Karl Valentin
der unerreichte Münchner Komiker in seiner Szene
»Der nervöse Musikant«
mit Liesl Karlstadt

Ihr Name ist viel kleiner geschrieben.

Auffällig an den Besprechungen ist die Orientierung an anderen Ländern und Medien. Der Name Chaplin taucht immer wieder auf. In der Kritik ihres Bonbonniere-Auftritts wird differenziert zwischen Redeweise und wahrer Sprache. Zwar sei die Redeweise des Münchner Komikers bayerisch, aber die wahre Sprache international – so wie die Sprache Chaplins. Ausdrücklich wird darauf hingewiesen, dass Valentins Sprache längst existierte, bevor Chaplin in Europa bekannt wurde. Darum sei auch die Bezeichnung, Valentin sei der Chaplin der Bühne und des Brettls nicht angemessen. Eigentlich müsse es heißen, Chaplin sei der Valentin des Films. Wie ein Jahr später anlässlich des ersten Berliner Gastspiels Alfred Polgar hat auch dieser Kritiker die Partnerin des Bühnenchaplins nicht bemerkt. Das erstaunt, besonders bei Polgar, der im November 1923 in der Wiener Zeitschrift *Der Tag* eine große Sensibilität für die Kunst Valentins erkennen lässt:

»Seine Verlegenheit ist ein Stück Ur-Verlegenheit der Kreatur darüber, daß sie da ist. (…) Er hat den Galgenhumor eines zum schlimmen Leben Verurteilten, die Bosheit seiner Ohnmacht und das Glücksgefühl, froh und rebellisch denken zu dürfen – unantastbarer Besitz, auch derer, die gar nichts haben –, liegt als obstinater lichter Schimmer auf seinem Hungerleider-Gesicht.«[58]

Sensibel beobachtet und erfühlt. Wie allerdings angesichts eines Stückes wie »Vorstadttheater«, in dem neben dem so treffend geschilderten Musiker ein gleichberechtigter Kapellmeister auftrat, folgender Satz Polgars entstand, ist nur schwer nachzuvollziehen:

»Er machte seine Späße gleichsam für sich, zur eigenen Ergötzung (sein Sprechen ist oft nur wie ein lautes Denken) und dieses an die Zuhörer gerichtete stumme Avis ›Du brauchst nicht lachen‹, erzielt tausendmal mehr heitere Wirkung als das ›Du sollst und mußt lachen‹ der schwitzenden Possenreißer.«

Die Formulierung »gleichsam für sich« erscheint absurd angesichts einer Szene, die komplett dialogisch angelegt ist und nur mit dem Gegenüber des von Liesl Karlstadt gespielten Kapellmeisters funktioniert. Erstaunlich, dass ein Theaterkritiker vom Format eines Alfred Polgar das nicht bemerkt hat. Aber da steht er nicht allein, sondern in einer Linie mit Brecht, Feuchtwanger, Tucholsky, die nicht müde wurden, Valentins große Kunst zu würdigen, und dabei atemberaubende Analogien, Assoziationen und Reflexionsprozesse in Gang setzten, ohne seine Partnerin auch nur in einem Nebensatz zu erwähnen. Nahmen sie Frauen vielleicht nur wahr, wenn sie direkt an ihre Männlichkeit appellierten wie die blonde Schönheit auf dem Programm »Nacht der Nächte« oder wenn sie für sie sangen und tanzten?

Lobte Polgar noch bei Valentin dessen Autismus und Unabhängigkeit vom Publikum – beides Eigenschaften, die ja auch für die Rolle seiner Partnerin galten –, so übersah er Liesl Karlstadt, weil sie sich nicht Beifall heischend und um Anerkennung buhlend auf das Publikum bezog. Dieses Unvermögen hatte ihr Karl Valentin gleich zu Beginn ihrer Bekanntschaft vorgeworfen und sie deshalb als ungeeignet für die Rolle einer Soubrette erklärt.

Man strafte Liesl Karlstadt mit Nichtbeachtung. Eine Frau auf der Bühne hatte sich auf den Mann im Publikum zu beziehen, so wie die Frau auf dem Cover des Programms zur Revue des Deutschen Theaters. Wenn sie den Schleier ablegte und ihren Körper präsentierte, dann konnte sie mit Aufmerksamkeit, Anerkennung und männlichem Beifall rechnen. Oder wenn sie sich vervielfachte. Nicht von ungefähr sind damals die Girlstruppen entstanden. Die Frau, so wie sie sich der Mann wünscht, in dutzendfacher Ausführung (12 Tiller Girls!). Die Frau musste sich multiplizieren, damit sie sicher sein konnte, dass sie vom Mann wahrgenommen wurde. Zwölf Frauen, alle im gleichen Kostüm, zur selben Zeit nebeneinander, konnte man einfach nicht übersehen. Die Vervielfältigung bewahrte sie auch vor dem Stigma der Individualität und ließ dem Mann ausreichend

Projektionsfläche für seine Fantasien und Wünsche. Und die lagen eher im Bereich von Blondheit und nackter Haut und mit Sicherheit nicht in der Maske eines alten grimmigen Kapellmeisters, der mit einem Musiker streitet. Warum musste Liesl Karlstadt auch in diese Verkleidung schlüpfen, wenn sie doch eigentlich beachtet werden wollte?

Eine andere Frau, die dem herkömmlichen Ideal nicht entsprach und für ihre Auftritte eine individuelle Sprache entwickelte, Valeska Gert, trat im Oktober und November 1922 zusammen mit Liesl Karlstadt, Karl Valentin und anderen in den Münchner Kammerspielen auf, zeigte ihren Kanaillentanz und wurde für ihre künstlerische Experimentierlust auch nicht mit Beifall belohnt.

Das erste Berliner Gastspiel von Liesl Karlstadt und Karl Valentin im September und Oktober 1924 wird nicht von allen so hymnisch aufgenommen wie von Polgar. Liesl Karlstadt hat auch die negativen Stimmen in ihr Album geklebt, die die leeren Stellen in der Burleske »Vorstadttheater« bemängeln:

»Es ist wirklich nur Unsinn, den die beiden dem Publikum darbieten, und mancher Norddeutsche, dem das Münchener Milieu fremd ist und der den Dialekt nicht versteht, wird auch die Komik nicht begreifen.«

»Ein Sketsch von einer halbstündigen Dauer, in dem alle Künste Valentins und der Karlstadt zusammengedrängt, noch viel intensiver wirken würden, das wäre der Weg zu einem Siegeszuge für die beiden Künstler, der zudem auch noch viel ertragreicher sein müßte, weil er die Riesengagen der Weltvarietés bringen würde.«

»Die Kritiker sind nämlich der Ansicht, daß Karl Valen-

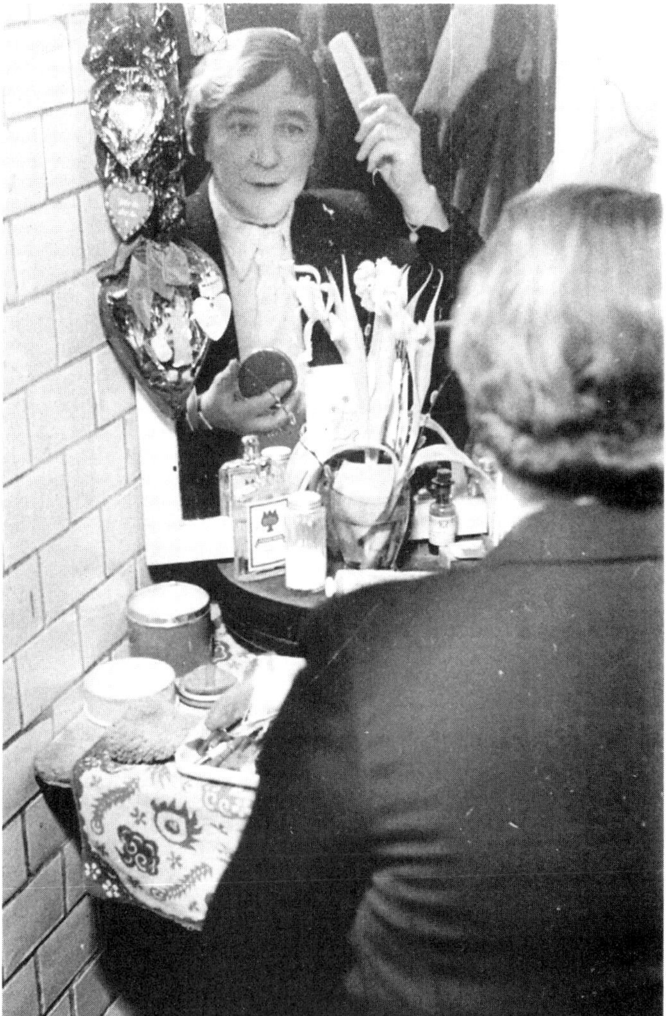

In der Garderobe (Berlin 1924)

tin zusammen mit seiner Gemahlin, Lisl Karlstadt, die im Gegensatz zum Herrn Gemahl kurz und rundlich wirkt, deswegen aber nicht weniger komisch, der Ansicht sind die Kritiker, daß Karl Valentin viel zu pompös bei uns einwanderte. Er wollte ein ganzes Vorstadttheaterstück bringen und er machte aus einer Varieté-Nummer, bei der man sich 20 Minuten lang tot gelacht hätte, einen Theaterabend, bei dem man sich zwei Stunden lang beinahe ärgerte. Das lag nicht am Komikertalent Valentins, sondern an seiner miserablen Regie. Solch Bierulk zwischen den Schmierenmusikanten und dem Schmierenkapellmeister paßt ins Tingeltangel, aber nicht ins großartige Theater. Der Mann gehört zwischen Seiltänzer und Elefanten – was gar keine schlechte Gesellschaft für einen anständigen Clown ist, der etwas auf sich hält.«

Neben Chaplin taucht auch ein anderer Name auffallend häufig in den Berliner Besprechungen auf, Adolf Hitler:

»In München wird der Komiker Karl Valentin auch von den bescheidenen Leuten bewundert, die nicht auf Adolf Hitler schwören und denen es sauer aufstößt, wenn Ludendorff als ein Nationalheld gefeiert wird. Also halten die besseren Leute zu Karl Valentin. Sie tun es, weil er so dämlich, so dummschlau, so mager, so kindisch ist.«

»Es ehrt Berlin, daß es so verständnisvoll mitzugehen weiß, und dieser Erfolg des bayerischsten aller Bayern beweist, wie sehr alle deutschen Stämme in Berlin heimatberechtigt sind. Nicht Hitler, Valentin hat seinen Marsch nach Berlin gewagt und er hat vollkommen gesiegt!«

Vier Jahre später ist weder von Chaplin noch von Hitler die Rede, sondern nur noch von »zwei Menschen aus München«, die endlich wieder in Berlin begrüßt werden können. Und diese Begrüßung wird zum triumphalen Empfang: »Das geistige Berlin bereitete dem Duo einen sensationellen Empfang in der Nachmittagsvorstellung am Sonnabend.«

Wieder ist es das Stück »Vorstadttheater«, wieder sieht man Fotos, die Liesl Karlstadt als Kapellmeister und Karl Valentin als Musiker zeigen, aber diesmal mit der Unterschrift: »Eine Sensation des Kurfürstendammes«. Dort treten sie im Kabarett der Komiker von Mitte Januar bis Ende Februar 1928 auf. »Das Kabarett der Komiker hat sie von München nach Berlin bugsiert. Hurra, es ist geschafft.«

Da kann München nicht hintanstehen. Am 1. Juni 1928 ist gleich in mehreren Zeitungen die Schlagzeile zu lesen:

»Valentin Karlstadt wieder in München«. Geworben wird mit eindrucksvollen Ankündigungen in der Zeitung und auf Handzetteln für die Szenen »Im Senderaum«, »Im Photoatelier«, »Theater in der Vorstadt«, die im Kolosseum gezeigt werden. Nachdem sie ihr Stück »Im Photoatelier« auch im Abschiedsprogramm des Apollotheaters gespielt haben, gastieren Karlstadt/Valentin Ende des Jahres 1929 mit dem selben Stück wieder in Berlin im Kabarett der Komiker.

Ein »Dr. Richard Hirsch« wendet sich in einem offenen Brief direkt an den Komiker:

»Entdeckt aber haben wir Di in Preißisch-Berlin. Hier bist a Kanone worden, hier wirst unterm Strich besprochen hier ziagst Gagen, mei Liaber! Da warst auf oamal ›hoffähig‹ für den Gruß Hans'l und sein fürnehmes Deutsches Theater, gellns? (…) Komm für immer z'uns nach Berlin! Schau, was hast scho in Minka? Hitler spricht hier aa, und Bier tuast sowieso net saufa! Uns fehlst aber hier, und dei Lis'l dazua, zwoa solch kerng'sunde Menscher, die braucheten mir scho dringend, auch wenn der Hitler hier is.

Dein Dr. Hirsch.«

ZWISCHENSPIEL

»Der Firmling« als Politikum

Im August 1931 sorgte »Der Firmling« für große Aufregung.

Nachdem monatelang in einem Schaukasten in der Sendlinger Straße ein großes Foto ausgestellt war, das Liesl Karlstadt und Karl Valentin in ihrem Stück »Der Firmling« zeigt, musste dieses Bild plötzlich »auf höheren Wunsch« aus dem Fenster entfernt werden.

Karl Valentin äußerte sich gegenüber einem Journalisten:

»Der Photograph Hilbinger hat mich und die Liesl Karlstadt vor Jahren als Firmling und Firmpate aufgenommen und das Bild in der Stadt ausgestellt. Vor vier Jahren schon hat irgendwer an dem Bild Aergernis genommen und wollte, daß es entfernt wird. Aber nix is gschehn. Plötzlich, vor ein paar Tagen, kommt einer daher und verlangt, wir sollten das Bild raustun, weil an der Darstellung des Firmlings Anstoß genommen wurde. Ich hab gefragt: Wieso? Und da sagt man, der Firmling machte so blöde Augen, und das wäre eine Verhöhnung, und das Bild müßte weg. Der Photograph Hilbinger hat das Bild dann aus seinem Schaukasten rausgenommen, weil die Polizei bei ihm angerufen hat und ihm nahegelegt hat, das Bild zu entfernen, da Beschwerden eingelaufen sind. Jetzt ist es heraußen, aber ich laß mir das nicht gefallen. Weil es nix wie Schikane ist, genau so wie die Feuerpolizei keine Ruhe gibt und immer wieder Schwierigkeiten macht. Auf unsere Stall-Laterne auf der Bühne paßt der Branddirektor auf und hinter seinem Rücken brennt der Glaspalast ab. So ist es. Aber jetzt ham mer's satt: Im September gehen wir nach Berlin. Ja, München sieht uns nicht mehr!«[59]

Dieser Schikane war eine andere vorausgegangen: Bei dem Stück »Im Photoatelier« wurde bemängelt, dass glühende Zigaretten am Boden lagen. Dadurch entstünde eine große Feuergefahr. Es handelt sich um die Szene, in der der Meister überraschend zurückkommt und seinen Gesellen beim Rauchen erwischt. Der Lehrjunge hilft dem Gesellen aus der Klemme und schneidet hinter seinem Rücken die Zigarette ab, sodass der glühende Stummel zu Boden fällt. Als der Meister fragend auf die Funken deutet, lautet die Erklärung: »A Glühwürmchen is halt!« Der Meister wendet ein, dass das Glühwürmchen raucht, und erhält die prompte Antwort: »Dann is halt a Rauchwürmchen.« Nach diesen Worten wird ein Glas Wasser über den Stummel gegossen. Für Liesl Karlstadt und Karl Valentin ist der plötzliche behördliche Einwand unverständlich, weil sie die Szene zu diesem Zeitpunkt schon mindestens zweihundertmal gespielt haben. Und nun also eine erneute Schikane wegen eines Fotos, das schon seit langer Zeit ausgestellt ist. Von welcher Seite die Beschwerden laut geworden sind, bleibt unklar. Bis sich der »Bayerische Kurier« zu Wort meldet und berichtet, dass die Beschwerde auf Veranlassung der kirchlichen Stelle geführt wurde. Das infrage stehende Bild, vor allem aber das Stück »Der Firmling« selbst stellten nämlich eine unwürdige und verletzende Verzerrung des Heiligen Sakramentes der Firmung dar. Vor allem ist es der Blick des Firmlings, der die Gemüter erregt hat. Die blöden Augen, die er an seinem Ehrentag macht, kämen einer Verhöhnung der feierlichen Religionszeremonie gleich.

Große Teile der Presse sind empört und verwahren sich gegen solche Angriffe in einer Stadt, die sowohl das Hauptquartier der Nazis als auch die Hochburg der Frömmelei ist. Andere wiederum machen sich über die Aktion lustig und verweisen darauf, dass dieser Münchner Geniestreich in der auswärtigen Presse mit unverhohlener Schadenfreude kommentiert wird. So weit ist es also gekommen mit der Kunststadt München:

»Seit Jahren gibt man sich Mühe, das Münchener Prestige, das ohnedies außerhalb der bayerischen Grenzpfähle nicht so ganz gesichert ist, zu verteidigen – und nun kommen ein paar Leute daher, die grundsätzlich und berufsmäßig Aergernis nehmen und verderben alles. Der Bayerische Kurier kann behaupten, was er will: es sind nicht mehr als ein paar Leute. So vernagelt sind die Münchener gar nicht, daß sie an den ›blöden‹ Augen ihrer geliebten Karlstadt wirklich Anstoß nehmen könnten. Andernfalls könnten wir uns hier begraben lassen.«[60]

DREIZEHN

Vom Internationalen zum Völkischen

NOCH 1928 hatte der Münchner Kritiker Walter Jerven geschrieben:

»Ich sprach mit einem Amerikaner, der (natürlich vergeblich, denn Valentin trennt sich nicht von München) versuchte, die beiden nach Newyork zu lotsen.

Der Amerikaner verstand kein deutsches, geschweige denn ein münchnerisches Wort. Aber er hatte alles – selbst die stillste Nuance der Szenen – verstanden.

Ihre eigentliche Sprache ist also die Bewegung. Man wird sie überall verstehen.«[61]

Damit befand sich Jerven in Gesellschaft zahlreicher Kritiker, die in den Zwanzigerjahren in ihren Artikeln über Liesl Karlstadt und Karl Valentin Vergleiche mit Charlie Chaplin anstellten und den Blick in die Ferne schweifen ließen.

In den Dreißigerjahren ist davon nicht mehr viel zu spüren. Das politische Klima wird rauer. Deutlich und ziemlich rasch. Als Herkunftsland der Künstler, die im Deutschen Theater in München auftreten, wird ausschließlich Deutschland genannt. International anerkannt, über die Grenzen Deutschlands hinausweisend, über die Grenzen Bayerns hinausreichend – das sind keine Wertschätzungen und Qualitätsaussagen mehr, sondern Verdachtsmomente. Das Deutsche muss erhalten und gepflegt werden. Der Blick über die Grenzen ist nicht notwendig, und wenn dann sowieso nur, um sich seiner nationalen Besonderheit und Einmaligkeit zu vergewissern. Was von außen kommt, ist bedrohlich und zersetzend. Der Spielraum des Einzelnen wird immer enger. Unaufhaltsam.

Auch das Frauenbild verändert sich. Deutlich spürbar in der Kulturszene. Zwar war es schon in den Zwanzigerjahren vom männlichen Blick und Begehren und beileibe nicht vom weiblichen Selbstverständnis bestimmt, wies dabei jedoch eine gewisse Vielfalt und Toleranz auf. Nun wird alles Experimentelle und Ausgefallene diffamiert und für undeutsch, entartet, monströs erklärt. Der Vamp, die androgyne oder gar die exotische Frau sind nicht mehr gefragt. Vor allem nicht die Frau, die ihre Erotik aktiv einsetzt. Es ist vorbei mit der Großzügigkeit und Weltläufigkeit. Ein neuer Frauentypus wird von den zukünftigen Machthabern kreiert, charakterisiert durch die beiden Pole biedere Arbeitsmaid und aufopferungsvolle Mutter. Er hat sich lange gehalten, seine Schöpfer um viele Jahre überlebt, wie die Fünfzigerjahre gezeigt und die Rollen deutlich gemacht haben, die Liesl Karlstadt in dieser Zeit gespielt hat.

Dem Neuen, Undeutschen, Profitorientierten, Kapitalistischen wurde schon 1929 die Schuld an der Schließung des traditionsreichen Münchner Apollotheaters zugeschrieben. Es war »die jazzende, blendende Neuzeit«, die alles Althergebrachte, Bodenständige und Gemütliche zu verdrängen drohte. Liesl Karlstadt und Karl Valentin versuchte man, als letzte Bastionen des Altmünchnerischen gegen den Angriff der zerstörerischen »Neuzeit« zu vereinnahmen.

Die Befürchtung, dass schreckliche Zeiten bevorstanden, war berechtigt. Allerdings ging die Bedrohung nicht vom Jazz, den Revuen, dem Glamour und dem Nationalitätengemisch aus, sondern von der eisigen Präzision deutscher Aufmarschpläne.

Man brauchte jetzt deutsche Künstler, die in schweren Zeiten – und die kündigen sich an mit Geldknappheit, Weltwirtschaftskrise – heitere Abende zustande brachten, bei denen man eine Zeit lang ohne Sorgen um die Zukunft lachen, trinken und lustig sein konnte. Die Probleme zudecken.

Liesl Karlstadt und Karl Valentin waren in dieser Rolle erprobt. Das wusste man. Die konnte man funktionalisieren. Die hatten schon einen Krieg miterlebt und damals versucht, mit ihren lustigen Auftritten denjenigen Freude und Trost zu spenden, denen es schlecht ging. An unzähligen Lazarett- und Verwundetenvorstellungen hatten sie teilgenommen, für Vergnügen und Zerstreuung gesorgt. In Scharen waren die Verwundeten damals herbeigeströmt, an Stöcken und Krücken, mit Verbänden und anderen Zeichen einer glücklich überstandenen Verwundung. Damals hatte man die Armee mit einem schallenden Hurra hochleben lassen, die Königshymne und »Deutschland, Deutschland über alles« gespielt. Und nun standen neben den Liveveranstaltungen auch andere Medien zur Verfügung, um den Menschen unbeschwerte Welten vorzugaukeln.

Im Januar 1933 kündigt ein großes Filmplakat den ersten Valentin-Tonfilm »Im Fotoatelier« an. Die Zeitungen melden, dass es der Reichsliga-Film gelungen ist, das Komikerpaar Karl Valentin und Liesl Karlstadt in einigen ihrer Originalszenen zu verfilmen. Unter der Regie Karl Ritters ist in Geiselgasteig der erste Valentin-Tonfilm hergestellt worden. Er wird am Premierenabend des neuen Reichsliga-Films »Muß man sich gleich scheiden lassen?« uraufgeführt. Auch in Letzterem spielte Liesl Karlstadt mit. Im Juli desselben Jahres wird »Orchesterprobe« verfilmt.

In Liesl Karlstadts Bühnenalbum 2 tauchen 1934 erste Handzettel und Plakate auf, die für »Kraft durch Freude«-Veranstaltungen werben. Die Deutsche Arbeitsfront, Gau München-Oberbayern, Gauamt »Kraft durch Freude«, veranstaltet am 5., 15. und 29. Juni im Kolosseum Varieté-Festspiele, an denen die Andreas-Hofer-Truppe mit Gesang, Tanz, Schuhplattler aus der Tiroler Heimat teilnimmt und Karl Valentin und Liesl Karlstadt in ihren Originalszenen »Alpenveilchen-Terzett« und »Der Theaterbesuch« zu sehen sind. Außerdem werden Valentin-Lichtbilder gezeigt.

Daneben hat Liesl Karlstadt die Einladung des Bundes Nationalsozialistischer Juristen e.V. zur Pflichtversammlung eingeklebt. Sie findet am Mittwoch, den 21. März 1934, im großen Wagnersaal, Sonnenstr. 21/23 statt.

»Es spricht Pg. Dr. Otto Reuther, Privatdozent an der Technischen Hochschule München, über ›Das Kapitalproblem im Dritten Reich‹.

Nach dem Vortrag geselliges Beisammensein mit Musik zum zwecke engerer Fühlungnahme der Mitglieder des B.N.S.D.J. untereinander.

Karl Valentin und Lisl Karlstadt werden ihre neue Szene ›Beim Rechtsanwalt‹ bringen. Die Wagnerbrauerei hält für diesen Abend von ihrem ›Patentator‹ noch eine entsprechende Menge zurück. Für die Mitglieder der veranstaltenden Ortsgruppen ist Erscheinen Pflicht, die Mitglieder der übrigen Ortsgruppen sind freundlichst eingeladen.

Vorliegende Benachrichtigung wollen am Saaleingang bei der zuständigen Ortsgruppe von den zum Erscheinen Verpflichteten mit Unterschrift versehen abgegeben werden.«[62]

Die Einladung ist fünffach unterzeichnet.

Weiter geht es mit dem Programmzettel zum Kameradschaftsabend des SS-Reitersturms 1 München am Samstag, den 9. Juni 1934, um 8 Uhr im Hotel Wagner an der Sonnenstraße. Die Liste der auftretenden Künstler wird mit den Worten angekündigt: »In liebenswürdiger Weise haben sich zur Verfügung gestellt«. Als Höhepunkt werden zum Schluss Karl Valentin und Liesl Karlstadt genannt.

Karl Valentin hat einige Dankesbriefe für »freundliche und entgegenkommende Mitwirkung« an bunten Abenden aufgehoben, zum Beispiel von der Nationalsozialistischen Deutschen Arbeiterpartei, Gau München – Oberbayern, die sich nicht nur für die liebenswürdige Teilnahme an ihrer Winterhilfswerk-Veranstaltung bedankt: »Für den Erfolg, den Sie uns durch Ihre Person gesichert haben, möchte ich Ihnen den besten Dank aussprechen. Es hat sich dabei gezeigt, daß Sie immer noch der bei der Münchner Bevölkerung sehr beliebte ›Valentin‹ sind. Ich wünsche Ihnen noch viele derartige Bühnen-Erfolge.

Dafür, daß Sie auf Ihre persönliche Gage (200,– RM) verzichteten und dem WHW zur Verfügung stellten, möchte ich Ihnen meinen besonderen Dank aussprechen. ›Heil Hitler‹ Freisinger

Der Ortsbeauftragte für das WHW«[63]

Auch einen Berliner Zeitschriftenartikel aus dem Jahre 1937 über das »Überraschende Ergebnis einer Rundfunkfrage« hat Karl Valentin aufbewahrt. »Der Rundfunk hat seiner Hörerschaft kürzlich einen Fragebogen unterbreitet, auf welchem 21 verschiedene Arten von Rundfunksendungen verzeichnet waren. Die Rundfunkgesellschaft wollte durch diese Rundfrage feststellen, welche Sendungen unter der Hörerschaft am beliebtesten sind. Die sehr zahlreich eingelaufenen Antworten zeitigten ein sehr bemerkenswertes Ergebnis. Es ergab sich, dass lustige Darbietungen am Rundfunk den größten Vorzug haben. Als zweites folgte schneidige Militär- und Orgelmusik. An dritter Stelle steht die Opern- und Operettenübertragung, dann Tanzmusik und ernste spannende Hörspiele. Zu den am wenigsten beliebten Arten von Sendungen gehört die Jazzmusik, Reportagen von Sportwettkämpfen, Klavier und wissenschaftliche Plaudereien und an allerletzter Stelle steht die Kammermusik. Wie aus der Umfrage weiter hervorgeht, besteht wenig Unterschied zwischen dem Geschmack der männlichen und weiblichen Zuhörer.«[64]

Liesl Karlstadts und Karl Valentins humorvolle Rundfunkbeiträge werden allerdings immer seltener ausgestrahlt. Zwar hatte der Abhördienst des Reichssenders München noch die »spritzige und sehr unterhaltliche« Sendung »Der fröhliche Lautsprecher« gelobt, in der der »Ententraum« vorkam, aber 1942 wurde ein offener Brief in der Münchner Feldpostzeitung gedruckt. Unter dem Titel »I kann da leider nix macha« wenden sich Liesl Karlstadt und Karl Valentin an die »Lieben Soldaten!« und erklären, dass sie keinen Einfluss auf das Programm des deutschen Reichssenders haben.

Obwohl der Reichssender München in seinem Schallplattenarchiv seit Jahren 75 lustige Schallplatten von ihnen gelagert habe, würden diese kaum gespielt: »Immer und immer wieder bekomme ich Briefe von den Soldaten, besonders aus Lazaretten, in denen es heißt: ›Lieber Valentin und liebe Liesl Karlstadt, warum hört man Euch so selten im Radio? Eure lustigen Schallplatten, auch die vom Weiß Ferdl und anderen Humoristen sind uns am allerliebsten und bringen uns über manch' schwere Stunde hinweg.‹«

Valentin äußert Verständnis dafür, dass jemand, der im Lazarett liegt, sich lieber die Zeit mit seiner Komik vertreiben möchte, als langweilige klassische Musik zu hören, und fordert die Briefeschreiber auf, sich selbst direkt an den Reichsrundfunkdirektor in Berlin zu wenden. »Wenn nicht – dann bastle ich mir selbst einen Geheimsender – und alle Tage senden wir Euch dann eine seelische Medizin: Genannt ›Münchner Humor‹.

Euer Karl Valentin und Lisl Karlstadt.«[65]

Ein Jahr später erhält Karl Valentin von der Reichs-Rundfunk GmbH Reichssender München einen Brief, der darauf verweist, dass die Programmplanung sinnvollerweise und notwendigerweise für die Dauer der Kriegszeit zentral von Berlin aus gelenkt wird:

»Wenn mir privat Ihr Humor schon viele frohe Minuten bereitet hat, so habe ich jetzt Ihre Arbeiten einzuschalten in ein Programm, das nicht einzelnen Stämmen, sondern dem ganzen Deutschen Volk Freude und Entspannung bringen soll. Dabei sind strenge Richtlinien gezogen und viele Dinge zu erwägen, wie sie nun einmal die Kriegszeit mit sich bringen.

Es gehört sich ein Fingerspitzengefühl besonderer Art dazu, zu prüfen und zu erwägen, was man sagen kann, was unverfänglich ist, was auch im Ausland gehört werden kann ohne zum Schaden des Reiches zu werden und vieles andere mehr. Aber das sind Erwägungen, die Sie scheinbar, wie ich aus Ihren abwegigen Anwürfen aus Ihrem Brief entnehmen muß, nicht begreifen können. Heil Hitler! I.A. Pfaff«[66]

Damit werden die »Neuen Ideen zu Schallplatten« schon im Keim erstickt. 1941 hatte Karl Valentin eine Szene unter diesem Titel geschrieben, in der die Figur Valentin vom Direktor des »Deutschen Rundfunks« gefragt wird, was er denn Neues habe. Valentin zählt eine Reihe von Themen auf und wird jedes Mal vom Direktor unterbrochen: Von der Eisenbahn dürfe man nichts bringen, weil heute niemand mehr an das Reisen erinnert werden soll. Über den Ehestand dürfe man sich nicht mehr lustig machen, das war einmal. An die Vergangenheit dürfe man nicht erinnern, denn die sei vorbei. Von der Gegenwart dürfe man nicht sprechen, denn die sei zu ernst. Und die Zukunft? Nein, Prophezeiungen seien auch kein Thema.

Und Liesl Karlstadt? Sie schrieb eine Parodie auf die Reden des Führers mit dem Titel »Die deutsche Laugenbretzel«, die zum ersten Mal in Michael Schultes Valentin-Biografie[67] veröffentlicht wurde:

»Volksgenossen und Volksgenossinnen!

Wiederum hat es sich gezeigt, daß der Nationalsozialismus nicht nur zur Erhaltung, sondern auch zur Ernährung des Volkes dient. Es gab einmal eine Zeit, in der das gesamte deutsche Volk von der Existenz einer Laugenbretzel noch nicht die geringste Ahnung hatte. Ich wußte, was es bedeutete, einen ohnmächtigen Kampf um die deutsche Laugenbretzel auf mich zu nehmen. 14 Jahre lang habe ich gekämpft, und Gott der Allmächtige wollte es, daß ich wie immer als Sieger hervorging. Es war in den bitteren Jahren der Systemzeit, als ein internationales Juden- und Verbrechertum den Absatz der deutschen Laugenbretzel zu vernichten drohte, und wiederum waren es einige mutige, tapfere, beherzte Männer, die die Kultur der Laugenbretzel hinaustrugen in alle deutschen Gaue, und der Erfolg davon war ein einzigartiger Siegeszug der bisher verachteten Laugenbretzel. Die deutsche Laugenbretzel ist nicht nur gesund, sie ist auch bekömmlich – dem deutschen Arbeiter, dem deutschen Bauern, dem deutschen Studenten, und nicht zuletzt gedenk ich der deutschen Frau – der deutschen Mutter. Parteigenosse Dr. Goebbels hat schon bei seiner ersten großen Propagandarede auf der Hochzeit zu Kanaan die Bedeutung der deutschen Laugenbretzel hervorgehoben, und somit ist es Ehrenpflicht sämtlicher nationalsozialistischer Verbände und Formationen, sich in Zukunft nur von deutschen Laugenbretzeln zu ernähren – und dann wird sich endlich auch der Katholizismus zur deutschen Laugenbretzel bekennen müssen, ob er nun will oder nicht. Hier heißt es biegen oder brechen. Heil – Heil – Heil!«

ZWISCHENSPIEL

Der Gruselkeller

Am 21. Oktober 1934 eröffnete Karl Valentin im Hotel Wagner seinen Gruselkeller. In den Münchner Zeitungen war damals folgende Annonce zu lesen:

»Bekanntmachung:

Das an der Sonnenstraße 23 (im Hotel Wagner) errichtete Karl-Valentin-Museum (mit Höllenkaffeebetrieb) ist ab Sonntag, den 21. Oktober, von 10 Uhr vormittags bis 7 Uhr abends geöffnet.

Der bequemen Besichtigung halber werden Einlaßkarten nur in ganz beschränkter Anzahl abgegeben.«

Valentin verstand dieses bizarre Unternehmen nicht nur als Ergänzung zu seiner Bühnenarbeit, sondern als ihren Ersatz. Viel Geld hatte er in das Unternehmen investiert, sein eigenes und das von Liesl Karlstadt, die von Anfang an nicht begeistert war von der Idee. Zum einen sah sie ihre gemeinsame Bühnenarbeit dadurch gefährdet, dass ihr Partner all seine Energie und Fantasie in dieses neue Projekt steckte, zum anderen konnte sie sich seiner Begeisterung für die schauerliche unterirdische Inszenierung und die grauenerregenden Exponate nicht anschließen. Finanziell unterstützt hat sie ihn trotzdem, und ihre Ersparnisse sollen dabei aufgebraucht worden sein.

Ein solches Unternehmen bedurfte der behördlichen Genehmigung. Karl Valentin hatte bei der Polizeidirektion München, Abteilung Vergnügungsgewerbe, um eine Konzession gebeten. Das Gesuch wurde weitergeleitet an die Landesstelle Bayern des Propagandaministeriums. Die hatte nichts dagegen einzuwenden, »soweit sich dieses Unternehmen im Rahmen des Gesetzes zum Schutze der nationalen Symbole bewegt und überhaupt damit in dem heutigen Geiste nicht in Widerspruch kommt«.[68]

Auch später gab es keine Einwände vonseiten der Nazis. Michael Schulte vermutet in seiner Valentin-Biografie, sie hätten wohl entschieden, es atme den Geist der Zeit, was – wie er kommentiert – sogar eine gewisse Berechtigung hatte, waren doch im Panoptikum neben einer vollständig eingerichteten Folterkammer mit Eisenketten, Schandmasken, Hellebarden, Riemenpeitschen, Streckbank, Totenköpfen, Knochen, Richtschwert, Morgensternen, eisernen Armfesseln und Feuerzangen auch eine Figur ohne Kopf und eine Guillotine ausgestellt. Neben den ausgesprochenen Horrorkammern gab es in dem unheimlichen Verlies auch einen Raum, in dem Valentins verbaler Nonsens und die Lust am Wortspiel visualisiert wurde.

Ein Münchner Journalist schrieb zur Eröffnung:

»Da ist der Vesuv, er raucht aber nicht, da ›Rauchen polizeilich verboten‹, da ist die berühmteste Schneeplastik dieses

Winters, aber sie ist ›wegen der Wärme des Raumes zerronnen‹; am Stein, mit dem David den Goliath derwarf, kleben noch Haare und Blut, der Taucher liegt in voller Ausrüstung im Bett, denn sein Schlüssel ist ihm zerbrochen, eine Geistertrommel hängt da, die schlägt jede Nacht von Mitternacht bis Eins von selber den Wirbel. Leider wird das Museum schon um 7 Uhr geschlossen.«

Das Interesse der Münchner Presse war von Anfang an groß, wie die zahlreichen ausführlichen Besprechungen zeigen, die Liesl Karlstadt in ihr Bühnenalbum eingeklebt hat. Erstaunlich, dass sie ein Projekt, dem sie ablehnend gegenüberstand, so ausführlich dokumentierte. Ein Artikel trägt die Überschrift »Das originellste Museum der Welt«:

»Lange Monate hat Karl Valentin an seinem Museum im Keller des Münchner Hotels Wagner gearbeitet. Wer Karl Valentin ist? Der neueste Museumsdirektor von München. Jeder Münchner weiß, wer er früher war. Jeder kennt ihn seit Jahrzehnten als Komiker. Den anderen aber, die ihn nicht kennen, sei es gesagt, daß er sicher einer der merkwürdigsten Komiker ist, die es je gab, wie man im Sport sagt, eine Sonderklasse, schon deshalb merkwürdig, weil er nicht aus München herauszubringen ist, was jeder andere mit seinem Erfolg schon längst gemacht hätte. Valentin ist ein Star, der nicht auf Reisen geht. Dieser Valentin hat es also eines schönen Tages satt, jeden Abend selbst auf der Bühne aufzutreten, und deshalb beschließt er, ein Museum zu errichten. In diesem Museum zeigt er statt sich selbst, was in seinem Kopf vor sich geht. Sein Museum nennt er ›Karl Valentins Jux-Museum‹, man könnte auch sagen ›die Katakomben in der Sonnenstraße‹, oder ›das Panoptikum, das es noch nirgends auf der Welt gibt‹, oder ›Karl Valentins allgemein zugänglicher Hirnkasten‹.«

Was bekommt der Besucher in diesem allgemein zugänglichen Hirnkasten zu sehen? Einige scheinen sich schon vorher so sehr zu fürchten, dass sie das Verlies gar nicht erst betreten wollen. Der Portier des Hotel Wagner, den Valentin zu einer Vorbesichtigung einlud, schlug die Einladung aus und weigerte sich. Er habe gesehen, dass ein Sarg und Figuren von Gehenkten hinuntergetragen worden seien, und solche Sachen wolle er nicht anschauen. Dem neuen Museumsleiter gab diese Ablehnung zu denken. Vor allem war er besorgt wegen seiner Mitarbeiter, zu denen der Maler Gulbransson, der Bildhauer Bleeker zählten und, wie Valentin betonte, etliche hübsche Kunstgewerblerinnen, die er mit der Anfertigung der »Spinnweben« beschäftigt hatte.

Ein Besucher, der sich in den Gruselkeller hineingetraut hat, erzählt:

»Es gibt Dinge zwischen Himmel und Erde, die man nicht verraten darf, weil sie sich sonst rächen! Wir sind im unheimlichen Schacht in die Tiefe gefahren und haben in den finstern Geheimgang geblickt, der sein Mysterium wahrt, sind wie ein venezianischer Verschwörer auf schwankender Brücke über die schwarzen Wasser des Verhängnisses geschritten und haben Dinge gesehen, Dinge, von denen schon Schillers seliger Taucher nichts zu erzählen wagte!«

Aber nicht jeder Besucher fürchtet die Rache und hat so große Scheu, seinen gruseligen Gang genau zu beschreiben:

»Zunächst durchwandert man feuchte Gänge, in denen es genauso eng zugeht wie in den Bergwerksschächten des Deutschen Museums. Man überquert unterirdische Teiche auf schwankenden Brücken, sieht hinter Gittern die ruhelos schwebende ›Weiße Frau‹, um die der Wind herumheult und wenn man Mut hat, fährt man mit dem wackeligen Kasten von einem Lift die 35 Meter hinunter zu dem unterirdischen geheimen Gang, den Karl Valentin bei den Umbauten entdeckt hat. Der Lift wäre beinahe polizeilich geschlossen worden, aber Valentin hat nachweisen können, daß der Strick einstweilen hält und außerdem hat er der Polizei den ganzen Geheimmechanismus erklärt, den nicht-amtliche Personen nicht erfahren. Man sieht Folterszenen in einer mittelalterlichen Architektur. Auf dem Oktoberfest war uns die Geisterbahn nicht gruselig genug. Hier im Museum, in dem man das Fürchten lernen kann, bittet man die Geisterbahn um Entschuldigung. Man lernt hier, wo die Geister um den Besucher herumspuken, den Wert einer normalen Umgebung schätzen.«

Ein anderer Besucher schildert die »Valentinischen Unterwelten« so:

»Höllisch vertrackte Einfälle krabbeln wie Kellerasseln aus allen Ecken, die Gänsehaut wächst dem Gast am Kirchweihtage von selber, Vernunft und Logik sind im Zwielicht aufgehoben, in großen Spinnweben (aus Draht! für empfindliche Seelen sei's erklärt) sieht sich der Geist des Besuchers wie sonst in Valentinischen Dialogen verfilzt und gefangen, und die ganze Ordnung der gewohnten Welt ist schwankend verkehrt und zerstört. Und zuguterletzt entläßt dich das Museum in die ›Hölle‹ selber, die alte Wagnergrotte, die mit Meergreis und Hexen und Drachen, Fledermäusen, die im Licht von ›Pechfackeln‹ flattern und der verführerischen Bar zum wunderbaren Sumpfen eingerichtet wurde. Sogar für die Höllenmusik ist ein Podium errichtet.«

Die Frage, ob die Höllenmusik tatsächlich noch ein weiteres Podium brauchte, drängt sich auf. Jedenfalls hat der Nationalsozialismus groteske Fantasien angeregt.[69] Es gab damals eine Vielzahl von Gesuchen, die es daran nicht fehlen ließen: Da fragt 1933 ein Gärtnereibesitzer aus Malente-Gremsmühlen, ob er seine Neuzüchtung »Hitlererdbeere« nennen dürfe. Da hat im selben Jahr ein Geigenbauer aus Hagen ein zeitgenössisches Kunstwerk geschaffen, indem er in Boden und Decke einer Geige 245 Hakenkreuze aus Elfenbein einlegte. Da bitten Eltern aus Düsseldorf um die Genehmigung, ihrer Tochter den Namen Hitlerine geben zu dürfen. Und da bietet 1938 der Besitzer der Ruine Mühlberg bei Weimar dem Führer seinen traditionsreichen Besitz als Geschenk an – von einer Vielzahl von Entwürfen zu martialischen Gebäudegestaltungen ganz zu schweigen. Keine Valentinaden, sondern ernst gemeinte Angebote, die trotz aller Skurrilität das Lachen im Halse ersticken. Der Berliner Kritiker Herbert Ihering äußert 1934 in seinem Artikel zu Karl Valentins Jux-Museum im Berliner Tageblatt die Vermutung, dass zwischen all den Schrecken und mimischen Exzessen letztlich die »gefangene Heiterkeit« dargestellt werden soll und dass Valentin mit der dort gezeigten eingekerkerten Mickymaus ein Symbol dafür gefunden hat.[70]

Liesl Karlstadt war von Anfang an gegen das Projekt. Theo Riegler berichtet von einem schweren Schock, den sie erlitten habe, als sie das Museum zum ersten Mal betrat. Der neue Museumsdirektor zeigte ihr eine schaurige Gruppe des Femegerichts, schaltete die Beleuchtung ein, und plötzlich bewegte sich einer der Femerichter. Valentin tat so, als habe er nichts dergleichen bemerkt, obwohl er den Scherz zusammen mit einem Schauspielerkollegen initiiert hatte. Dieser hatte sich das Kostüm eines Femerichters angezogen und auf ein verabredetes Zeichen die Hand gehoben.

Liesl Karlstadt fehlte für diese Inszenierungen ihres Partners jegliches Verständnis, und damit war sie nicht allein. Obwohl das Panoptikum in der Presse mit Lob und Beachtung überhäuft wurde, blieb der Publikumserfolg aus. Die behördliche Konzession war Ende 1934 erloschen, im Mai 1935 fand noch einmal eine Wiedereröffnung statt. Am 16. November desselben Jahres wurde es endgültig geschlossen.

Wenig Sympathie für die Einrichtung eines Gruselkellers in grauenhafter Zeit hatte auch der Dichter Eugen Roth, der in seinen Erinnerungen eine Begegnung mit dem Panoptikum und seinem Direktor beschrieb:

»Ausgerechnet im Frühsommer des Jahres dreiunddreißig eröffnete Karl Valentin seinen Gruselkeller in der Nähe des Altheimer Ecks und lud mich zu einer Vorbesichtigung ein. Ich kannte den schwarzen Humor des abgründigen Linksdenkers und ging mit Unbehagen hinein; aber die Ungeheuerlichkeiten dieses verbohrten Hirns, dieses kranken Gemüts übertrafen weit meine schlimmsten Befürchtungen. Kaum war ich im Finstern auf eine quappige Wasserleiche getreten, sah ich durch ein Eisengitter einen verhungerten Sträfling, wurde ich durch ein schauerliches Gespenst genarrt, mußte ich an scheußlichen Folterknechten vorüber – mir stockte der Atem, mir gefror das Blut, während mein unheimlicher Führer, grausam lächelnd, immer wieder mich bereden wollte, das alles für harmlos und witzig zu nehmen. Zum Schluß, als wir aus dem gräßlichen Spukbereich wieder ans Tageslicht getreten waren, sagte ich ihm rundheraus, daß ich für diese Abart seines Humors nichts übrig hätte, und zur Zeit schon gar nicht, wo eine schaudervolle Wirklichkeit jeden fühlenden Menschen mit Abscheu und Entsetzen erfülle – ob er denn von den Untaten in Dachau und in den Schinderstätten noch nichts gehört hätte.

Valentin macht ein dummlistiges Gesicht, pfiff ein kurzes ›So!‹ durch die Zähne und entließ mich, enttäuscht, daß ich an seinen tolldreisten Einfällen kein Vergnügen hatte.

Nicht lange hernach traf ich ihn auf der Straße, er kam auf mich zu und lachte triumphierend: ›Sie, weil Sie g'sagt hamm, daß ihnen mein Gruselkeller net g'fallt – am selben Nachmittag war noch der Gauleiter Wagner da, was meinen S', wie der g'lacht hat! I hab ihm des erzählt, der Doktor Roth, hab i g'sagt, der hat sich aufg'regt, so was, hat g'sagt, braucht man jetzt net künstlich machen, wo's doch in Dachau und so an der Tagesordnung ist!‹

Seitdem bin ich überzeugt, daß der Mensch einen Schutzengel hat und daß er ihn unverhofft brauchen kann – selbst gegen den großen Komiker Karl Valentin.«[71]

VIERZEHN

Zusammenbruch. Grund: Kummer

Als Liesl Karlstadt am Morgen des 6. April 1935 die Wohnung in der Maximilianstraße verließ, sagte sie ihrer Schwester Amalie, mit der sie zusammenlebte, sie gehe zum Arzt. Das hatte sie am Vorabend nach dem gemeinsamen Bühnenauftritt auch Karl Valentin angekündigt.

Bei der Prinzregentenbrücke wurde an diesem Vormittag eine Frau aus der Isar gezogen, die sich ertränken wollte. In der Polizeichronik der »Selbstmordversuche 1935« wird als Nr. 83 aufgeführt: Frau Karlstadt, Liesl, geb. 12.12.92 in München, Familienstand: ledig, Wohnung: Maximilianstr. 29.

Die Angaben zu Zeit, Ort und Art des Selbstmordversuchs lauten: 6.4. – Isar, Ertrinken. Unter der Rubrik »Nächste Veranlassung«, unter der die Gründe des Suizid-

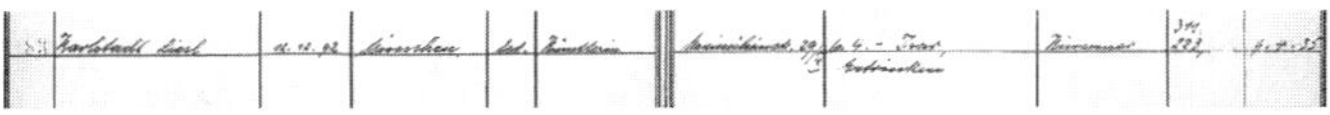

Auszug aus der Polizeichronik »Selbstmordversuche 1935«

versuchs genannt werden, steht: *Kummer*. Ein außergewöhnlicher Grund, denn er kommt in der Polizeichronik sonst nirgendwo vor. Die anderen Eintragungen aus dem April 1935 nennen als Gründe: Arbeitslosigkeit, Kriegsverwundung, Lebensüberdruss und mehrfach Ehezwist. Fast alle haben ihren Selbstmordversuch mithilfe von Giften durchgeführt: Veronal, Phanodorm, Gas waren die Mittel. Oder – mehrfach genannt – das Verschlucken von Nähnadeln.[72]

Die Krankenakte in der Psychiatrischen Klinik in der Münchner Nußbaumstraße berichtet, dass die Patientin Elise Wellano am 6. April 1935 um 9 Uhr 50 aufgenommen wurde. Ihre Kleider waren nass und voller Sand. Sie zitterte vor Kälte und weinte vor sich hin. Sie habe nicht verdient, dass man sich ihrer annehme, aber jetzt sei ohnehin alles verloren. Jetzt könne sie sich niemals mehr unter den Leuten zeigen, nicht mehr auftreten, ihre Karriere sei endgültig verpatzt. Sie erwähnte sofort ihren Partner Valentin, den sie nun ebenfalls ins Unglück gezogen habe. Gründe für ihren Selbstmord kann sie nicht nennen, aber sie spricht von schweren Seelenkämpfen, die sie schon seit Monaten belasteten.

Die Einweisung erfolgte aufgrund ihres Suizidversuchs durch die Polizei. Bei der Aufnahme wird ihr Zustandsbild als »bewußtseinsklar, allseitig orientiert, schwer depressiv, stark gehemmt« und »außerordentlich ängstlich« geschildert. Außerdem litt sie unter starker Unterkühlung.

Weiter heißt es in der Krankenakte:

»Äußert lebhafte Selbstvorwürfe: habe alles falsch gemacht, sich u. anderen das Leben verdorben, sich unehrlich verhalten, Gutes stets nur mit Bösem vergolten, jetzt aber die größte Schande über sich u. andere gebracht, könne sich nie mehr sehen lassen, man möge sie ins Gefängnis, ins Zuchthaus bringen, denn sie verdiene nicht mehr, unter anderen Menschen zu leben, sie sei gar nichts wert, habe sich trotzdem immer Mühe gegeben u. nun sei alles umsonst gewesen.«[73]

Noch am selben Tage werden in der Klinik die nächsten Angehörigen befragt. Amalie Wellano berichtet, ihre Schwester sei früher nie ernstlich krank gewesen. Sie erwähnt ihren außerordentlichen Ehrgeiz, der dazu führte, dass sie schon in der Schule in allen Fächern immer eine Eins gehabt habe. In ihrer Stimmung sei ihre Schwester fast immer »über dem Strich« gewesen. Auch sei sie ausgesprochen gesellig, gern unter Menschen und dort sehr lebhaft und lustig, auch zu allen Streichen und Schabernack aufgelegt. Zwischendurch sei sie manchmal auch depressiv gewesen, aber meist nur wenige Tage. Dann sei sie wegen jeder Kleinigkeit stark verstimmt gewesen, habe diese Kleinigkeiten auch gar nicht aus dem Kopf bekommen. Allerdings hätten diese Phasen nicht lange gedauert. Auffallend verändert sei sie erst seit ungefähr November 1934. Das habe sie auch selbst mehrfach geäußert.

Sie war seit dieser Zeit sehr traurig, machte sich Selbstvorwürfe, ihre Arbeit tauge nichts mehr, sie sei überhaupt zu nichts nutze. Schließlich konnte sie sich zu keiner Arbeit mehr aufraffen. Alles fiel ihr schwer. Das, was ihr immer große Freude gemacht hatte, das sonntägliche Skifahren zum Beispiel, war ihr gleichgültig geworden. Sie hatte auch an den Bergen keine Freude mehr.

Ihre Post ließ sie lange unerledigt liegen. Besonders

schlimm sei es morgens gewesen, wenn sie meist weinend aufstand und dann untätig herumstand. Erst gegen Abend wurde es etwas besser, verschlechterte sich kurz vor der Vorstellung wieder, aber diese wurde dann jedes Mal tadellos absolviert. Am 6. April sei sie morgens, ohne besondere Verstimmung zu zeigen, aus dem Haus gegangen, um den Arzt aufzusuchen.

Karl Valentin, dem Liesl Karlstadts Sorge in der Psychiatrie bald galt – sie fürchtete, auch ihm alles verdorben zu haben –, wurde wie Amalie Wellano am selben Tag im Krankenhaus befragt.

Valentin schildert ihre 22-jährige Zusammenarbeit als »immer im besten Einvernehmen«. In ihrer Stimmung sei Liesl Karlstadt schon immer schwankend gewesen, meist jedoch sehr lustig. Manchmal sei sie kurz depressiv gewesen und habe sich alles, auch Kleinigkeiten sehr zu Herzen genommen. Er charakterisiert sie als unternehmungslustig, sportlich, aktiv. Sie sei gerne und oft Ski fahren und schwimmen gegangen. Auch er gibt als Zeitpunkt ihrer Veränderung den November 1934 an. Seither sei sie immer traurig gewesen und habe viel geweint. Im Vordergrund hätten die Sorgen wegen ihres Alters gestanden. Sie habe geäußert, sie tauge nicht mehr für die Bühne, sei nicht nur wert-, sondern sogar ehrlos. Völlig grundlos, wie er meinte. Nach jeder Vorstellung sei sie unzufrieden mit sich gewesen und habe geklagt, sie sei nicht mehr die alte. Dazu habe seiner Auffassung nach gar kein Grund bestanden. Sie sei bis zum Schluss sehr gut gewesen, was sich allabendlich in großem Beifall und guten Kritiken niedergeschlagen habe. Auch die gestrige Vorstellung habe sie tadellos erledigt. Von ihren permanenten Selbstmordgedanken wisse er. Seit Monaten habe sie auch immer eine Rasierklinge mit sich geführt, in der Absicht, sich die Pulsadern aufzuschneiden. Bei zwei Nervenärzten sei sie in Behandlung gewesen, zuletzt bei Dr. Seif.

Dr. Leonhard Seif, Nervenarzt, Individualpsychologe der Adler-Schule, wohnhaft in der Widenmayerstraße 25, ist die dritte Person, die am 6. April 1935 befragt wird, nachdem seine Patientin in die Nervenklinik in der Nußbaumstraße eingeliefert wurde.

Er gibt an, die Patientin schon lange zu kennen, aber nur selten behandelt zu haben. Zunächst macht er Aussagen über ihre Kindheit. Liesl Karlstadt sei als der »Liebling der Mutter, einer schwachen Frau« sehr verwöhnt worden.

Auch er betont ihren Ehrgeiz als Schülerin und weiß darüber hinaus zu berichten, dass sie der Liebling ihrer Klassenkameradinnen gewesen sei. Jede habe auf dem Platz neben ihr sitzen wollen. Von Zurückweisung irgendwelcher Art aufgrund des ausländischen Namens weiß er nichts. Beliebter, begehrter Mittelpunkt zu sein, das sei eigentlich immer ihr Lebensstil gewesen, das sei sie von jeher gewöhnt. Sie habe bis zu ihrem 10. Lebensjahr bei der Mutter im Bett geschlafen. Dann sei ein weiteres Töchterchen geboren, Amalie. Die Patientin sei mit der neuen Situation nicht gut fertiggeworden, habe nachts um sich geschlagen und damit das andere Kind gefährdet, sodass sie selbst nach drei Tagen nicht mehr im Bett der Mutter mitschlafen konnte. Das sei das furchtbarste Erlebnis ihres Lebens gewesen, wie sie ihm selbst gesagt habe. Daraus resultiere auch der Selbsthass, unter dem sie zeit ihres Lebens gelitten habe. Sie sei unglücklich darüber gewesen, dass sie klein, hässlich und ein

Mädchen war. Glücklich sei sie immer dann gewesen, wenn sie Hosen tragen durfte. Deshalb habe sie auch besonders gern Hosenrollen gespielt. Homosexuell sei sie jedoch nicht gewesen.

Vor sieben Jahren habe er sie wegen einer Melancholie behandelt, die reaktiv ausgelöst worden war und reaktiv aufgehört hatte. Der Grund lag darin, dass Valentin eine Beziehung zu einer anderen Frau begonnen hatte. Darauf bekam sie eine endogene Depression mit Arbeitsunfähigkeit, Angst, Suizidgedanken, psychomotorischer Hemmung. Es sei ein rein endogenes Bild gewesen trotz der reaktiven Provokation. Sie wurde geheilt, als sie einen anderen Mann kennenlernte und sich in ihn verliebte. Die damalige Depression dauerte nur einige Wochen. Danach habe er sie lange nicht mehr behandelt, weil sie zu Hypnotiseuren, Kurpfuschern und anderen Ärzten gegangen sei.

Den Beginn der aktuellen depressiven Erkrankung sieht Seif – im Gegensatz zu Amalie Wellano und Karl Valentin – schon im Mai des vorigen Jahres. Zu diesem Zeitpunkt wollte Valentin einen Gruselkeller einrichten, anstelle des Kabaretts im Hotel Wagner. Liesl Karlstadt sei das von vornherein nicht recht gewesen, weil sie das Ende der gemeinsamen Arbeit fürchtete. Sie kam sich abgeschoben vor, weil sie nicht mehr zusammen auf der Bühne auftraten. Trotzdem steckte sie, genau wie er, sehr viel Geld in das Unternehmen Panoptikum. Im Oktober 1934 wurde der Gruselkeller eröffnet. Valentins Ehefrau, seine Tochter und seine Sekretärin, mit der er eine intime Beziehung gehabt hatte, wurden beschäftigt. Seine Frau saß an der Kasse. All das sei seiner Patientin sehr unangenehm gewesen, besonders die Sache mit der Sekretärin. Mit Valentins Frau hatte sie seit 1915, als es auf der Straße zwischen ihnen einen Krach gegeben hatte, keinen Kontakt mehr gehabt. Nun kam sie sich immer stärker abgestellt vor. Sie fürchtete ernsthaft, Valentin würde sie nach 22 Jahren Gemeinsamkeit im Stich lassen, und wertete die Tatsache, dass er seine Frau in das Geschäft mit hineinnahm, als Beweis dafür.

Kurz vor Weihnachten 1934 sei Liesl Karlstadt auf Veranlassung eines Kollegen in die Klinik von Neuwittelsbach gegangen, jedoch wenige Tage später von Valentin wieder abgeholt, ja man könne sagen, entführt worden.

Danach habe sie sich zu ihm in Behandlung begeben. Ein ausgesprochener Kleinheitswahn habe sich bei ihr entwickelt, ohne dass jedoch ihre Bühnenarbeit darunter litt. Sie habe als Schauspielerin Ausgezeichnetes geleistet, ohne Rauschgifte oder Ähnliches zu Hilfe zu nehmen. Wahrscheinlich hätten ihre Tagesschwankungen das begünstigt. Erst nach der Vorstellung sei sie schwer depressiv geworden, jedes Mal. Das Auskommen mit Valentin sei immer schwieriger geworden. Außerdem habe sie jeden Abend an der Kasse vorbeigehen müssen, an der seine Frau saß. Als Valentin zum ersten Mal seit den 22 Jahren, die sie sich kannten, den Silvesterabend mit seiner Familie und nicht mit ihr zugebracht habe, wertete sie das als deutliches Zeichen dafür, dass es zwischen ihnen nun aus sei. Der Gruselkeller musste Ende Januar geschlossen werden, weil es sich nicht rentierte. Ein immenser finanzieller Verlust musste verkraftet werden.

Liesl Karlstadt, so Dr. Seif, hatte zu diesem Zeitpunkt schon sieben Jahre lang ein Verhältnis mit einem anderen Mann. An den Sonntagen, an denen Valentin keine Zeit für sie hatte, machte sie mit ihrem Freund Bergtouren und ging zum Skifahren. Davon hatte sie Valentin nie etwas gesagt und machte sich nun schlimmste Vorwürfe. Dr. Seif empfahl ihr, mit Valentin darüber zu reden, was sie kurz vor ihrem Selbstmordversuch auch getan habe. Dessen Reaktion bestand lediglich darin, ihr zu sagen, sie hätte sich etwas Besseres aussuchen können. Sonst wandte er nichts dagegen ein, was sie noch mehr verstimmte.

Schon vor vier Wochen habe er die Suizidgefahr erkannt und seiner Patientin empfohlen, sich in eine Anstalt zu begeben, aber sie weigerte sich beharrlich und wurde darin von Valentin noch bestärkt. Weiterhin quälte sie sich mit Selbstvorwürfen: Sie sei unanständig und schlecht wegen der Beziehung mit dem Mann, im Gegensatz zu Valentin, der immer offen und ehrlich zu ihr gewesen sei. Sie meinte, alle Leute in München würden sie verfluchen, wenn sie von ihrer nun schon sieben Jahre dauernden heimlichen Beziehung mit einem anderen Mann erfahren würden. Dr. Seif versuchte zunächst, mit Schlafmitteln (Abasin und Phanodorm) ihren Zustand zu bessern. Die Angelegenheit mit dem anderen Mann wurde durch eine Aussprache zwischen diesem und Valentin friedlich geregelt, wonach »von dieser Seite« keinerlei Schwierigkeiten mehr bestanden.

Dr. Seif berichtet weiter, dass er seine Patientin dann zwölf Tage nicht mehr gesehen habe und an diesem Morgen von Valentin angerufen wurde, weil der sie vermisste und sie zu ihm gesagt hatte, sie wolle um 9 Uhr zu Dr. Seif gehen.

Von manischen Phasen weiß Dr. Seif nichts. Er habe eigentlich niemals eine Hypomanie bei ihr feststellen können. Sie sei im Wesentlichen ein verwöhntes Kind, habe

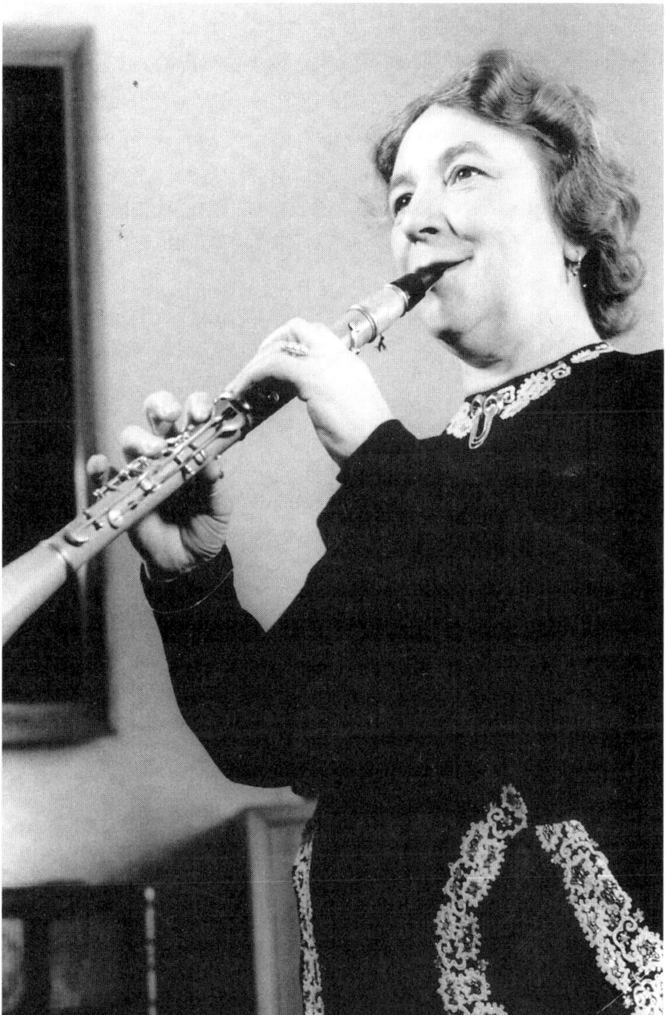

Liesl Karlstadt und ihre geliebte Klarinette

stark unter Selbsthass gelitten, dessen Steigerung der jetzige Kleinheitswahn sei, und habe im Übrigen immer gegen ein fiktives Nein angekämpft und auch wenn jemand über ihre Bühnenleistungen sprach, im Grunde immer auf einen Tadel gelauert.

In der psychiatrischen Klinik verordnet man Liesl Karlstadt Bettruhe, verabreicht Schlafmittel und unterzieht sie einer Opiumkur. Ihre deutlichen Tagesschwankungen bleiben bestehen. Morgens ist sie sehr gehemmt, zurückgenommen, ängstlich, abends verlieren sich die Hemmungen.

Der Verlauf ihrer Krankheit – Liesl Karlstadt war als Privatpatientin in der Klinik – wurde unter dem Titel »Krankheitsgeschichte« handschriftlich protokolliert:

12.4.35
Jammert um ihre Karriere, möchte arbeiten, es sei ein Schimpf, hier i. d. Klinik zu liegen, damit sei sie für immer gebrandmarkt. Weniger Selbstvorwürfe, wesentlich zugänglicher.

17.4.35
Zunehmende Tagesschwankungen: abends kaum gehemmt, lustig, macht Witze, unterhält die ganze Station, aber dabei hastig und unruhig. Besuch von K. Valentin.

9.5.35
Weint viel, Selbstvorwürfe. Daneben wird aber jetzt eine andere Tendenz stärker und deutlicher: das ganze bisherige Leben als eine Kette von Schwierigkeiten zu sehen, die ihren Grund im Verhalten u. in der Art anderer Menschen haben

(K. Valentin!). Beklagt sich dann über ihre eigene geringe Widerstandskraft, über ihr geringes Selbstbewußtsein »bei dem dauernden Ehrgeiz, nur ja alles recht zu machen«.

22.5.35
Über Tag verstimmt, abds. plötzlich lebhaft, hypomanisch, empfängt Herrn Ghr. Bumke bei der Visite, hinter der Türe versteckt, i. Maske und Anzug eines Buben i. Matrosenanzug.

25.5.35
Hat sich heute z. ersten Male (u. spontan!) wieder »zivil angekleidet«. Fängt an, sich zu beschäftigen, ihre Sachen aufzuräumen. Ist von großem Ordentlichkeitsbedürfnis, fast bis zur Pedanterie.

3.6.35
Ist jetzt sehr beschäftigt mit Lesen, Schreiben, Ordnung machen, hat »keine Zeit z. Essen«. Läutet viel. Immer neue Wünsche.

6.6.35
Kaum verändert. Im Hypomanischen zuweilen sehr kindlich wirkend, läuft dann plötzlich wieder mit einer Shag-Pfeife herum u. möchte sich als Mann fühlen.

13.6.35
Sehr geräuschempfindlich. Fürchtet ab und zu, sie werde verrückt, könne nicht mehr denken, wie sie wolle, entweder gehe es gar nicht oder so schnell, daß sie nicht nachkomme.

275/35 I.

Psychiatrische und Nerven-Klinik München.

Krankheitsgeschichte de Frl. Elise Wellano

geboren den 12. 12. 92 *in* München

Wohnort: München, Maximilianstr. 29, T. 22948.

Familienstand: *ledig, verheiratet, verwitwet, geschieden. — Beruf:* Schauspielerin

Glaubensbekenntnis: kath. *Verpflegsklasse:* II.

Adresse der nächsten Angehörigen (bezw. des gesetzlichen Vertreters):

Schwester: Frl. Amalie Wellano, Adr. wie oben.

Aufgenommen am 6. April 1935 9 *Uhr* 50 vor*mittags.*

Art der Aufnahme: freiwillig, veranlaßt durch: Angehörige, Arzt:

Krankenhaus *Polizei, eingewiesen: nach Art. 80.*

Von *zur Beobachtung*

Von wem gebracht? R. D.

Grund der Einlieferung: Suizidversuch, wurde bei der Prinzregentenbrücke aus der Isar gezogen.

Verhalten des Kranken zur Zeit der Aufnahme: schreit laut.

Pupillenreaktion: +

Mitgebrachte Wertsachen: 0.

Beantragt am 19 *Entlassen am* 28. Nov. 1935 *nach* Berlin

Art der Entlassung: unverändert, geheilt, gebessert, ungeheilt, gestorben: — arbeitsfähig, beschränkt, arbeitsfähig, arbeitsunfähig, nach Abschluß der Beobachtung.

Klinische Diagnose: Manisch-depress. Erkrankung

15 9

Auszug aus der Krankenakte Liesl Karlstadts

Datum	Krankheitsgeschichte:
13.9.	Noch sehr wechselnd. Morgens meist verstimmt heute Nachmittag 1. Ausgang i. Begleitung der Schwester, fühlt sich „draussen" noch sehr unsicher u. ängstlich, geht allen Menschen aus d. Weg, fürchtet, wegen des Suicidversuches angesprochen zu werden.
19.9.	Deutliche Tagesschwankungen. Wird sicherer b. Ausgängen in die Stadt. Schläft besser.
20.9.	Beginn der Filmtätigkeit (b. Grünwald), wird von Ref. hingebracht. Ängstlich, – bei der Arbeit dann aber beherrscht u. sicher. – Abends noch Auftreten b. privatem Anlass (Hochzeit Graf [illegible]) i. Hotel 4 Jahreszeiten, spielt mit K. Valentin die „Orchesterszene", voll noch etwas hastig, aber sehr sicher.
22.9.	Filmt täglich. Sehr erschöpft. Beherrscht sich. Zeitweise sehr verstimmt. Spricht von Suicidgedanken! Abends freier.
24.9.	Geht heute zum 1. Mal allein aus, ist relativ ruhig u. ausgeglichen.

Protokoll der Krankheitsgeschichte aus dem Jahre 1936

19.6.35
Unendlicher Rededrang, dabei ausgesprochen ideenflüchtig.

28.6.35
Nachts durch Geräusche von der Wachabteilung erschreckt (vorher schon durch andere Patienten), schrie zum Fenster hinaus, schimpfte, beruhigte sich langsam.

5.7.35
Wieder große Stimmungsschwankungen. Stundenweise sehr betriebsam, geschäftig, schreibt viele Briefe (alle in devoter Manier!), bläst Klarinette etc.

9.7.35
Verträge wegen Film und Cabarett (Berlin) werden aktuell, d.h. sind abzuschließen. Vorerst noch keine sichere Zusage möglich für den Herbst.

13.7.35
Anzeige an d. Bezirksarzt i. Sinne des Gesetzes z. Verhütung erbkranken Nachwuchses: Manisch-depressive Erkrankung. Antrag auf Unfruchtbarmachung wird nicht angeregt, da Pat. seit einer wegen Myom am Uteruskörper und an d. Eileitern durchgeführten Operation (1930/1) nicht mehr fortpflanzungsfähig erscheint.

21.7.35
Will um 5 h aufstehen. Spielt um ½ 6 h i.d. Kapelle Klarinette, findet bei nichts Ruhe. Zeitweise gereizt.

27.7.35
Submanisch, schreibt dauernd Briefe, gereizt, schimpft, stößt sich an allem, übermüdet, weint rasch.

5.8.35
Pat. soll im Oktober im Kabarett d. Komiker i. Berlin auftreten. Zusage unmöglich.

11.8.35
Dauernd Wünsche. Will immer rauchen. Spricht von Film, Theater, Auftreten, soll evt. i. September i. München von der Klinik aus filmen!

30.8.35
Nach Rücksprache mit Herrn Geh. Rat Bumke Filmtätigkeit für September abgesagt.

5.9.35
Sehr empfindlich bei Witterungswechsel, bes. bei Föhn reizbar und verstimmt.

12.9.35
Ruhiger. Soll evtl. im Oktober von der Klinik aus filmen.

13.9.35
Heute nachmittag 1. Ausgang i. Begleitung der Schwester, fühlt sich »draußen« noch sehr unsicher u. ängstlich, geht allen Menschen aus dem Weg, fürchtet, wegen des Suicidversuchs angesprochen zu werden.

19.9.35

Wird sicherer b. Ausgängen in die Stadt.

20.9.35

Beginn der Filmtätigkeit (b. Grünwald), wird von Ref. hingebracht. Ängstlich, bei der Arbeit dann aber beherrscht u. sicher.

Abends noch Auftreten bei privatem Anlass (Hochzeit Graf Thurn) i. Hotel Vier Jahreszeiten, spielt mit K. Valentin die »Orchesterszene«, wohl noch etwas hastig, aber sehr sicher.

22.9.35

Filmt täglich. Sehr erschöpft. Beherrscht sich.

24.9.35

Geht heute zum 1. Mal allein aus, ist relativ ruhig u. ausgeglichen.

27.9.35

Tägl. Filmarbeit. Sehr verstimmt. Versucht sich zu beherrschen, was ihr vor fremden Menschen noch erstaunlich gut gelingt. Jammert, daß sie nie mehr ganz gesund werden könne.

2.10.35

Verstimmt, weint, hoffnungslos, verzweifelt.

24.10.35

Filmt täglich von morgens bis abends, ist sehr erschöpft, gibt aber nicht nach: »Ich bin viel zu ehrgeizig.«

11.11.35
Sehr betriebsam. Kramt ihre ganzen Sachen, Koffer etc. durch.

19.11.35
Vertrag mit Berlin ist inzwischen abgeschlossen (Auftreten i. Kabarett der Komiker f. Dezember), mit Einverständnis von H. Geh. R. Bumke.

23.11.35
Lebhaft – geschäftig. Traut sich wieder etwas zu.

27.11.35
In den letzten Tagen mit Reisevorbereitungen beschäftigt. Nur geringe Tagesschwankungen.

28.11.35
Wird heute nach Berlin entlassen, geht unmittelbar von der Klinik zur Bahn, bekommt Schlafmittel mit für 2 Abende; Schlafmittel werden (nach Rücksprache mit H. Geh. R. Bumke) jeden 2. Tag nach Berlin geschickt.

Wesentlich gebessert entlassen. Geschäftsfähig. Zur Zeit arbeitsfähig.

Während ihres Klinikaufenthalts begann Liesl Karlstadts Korrespondenz mit Norma Lorenzer, die sich zu einer engen Freundschaft der beiden Frauen entwickelte. Die Amerikanerin war die Ehefrau des Hals-Nasen-Ohren-Arztes Raimund Lorenzer, der selbst Gedichte verfasste und sich gern in Künstlerkreisen aufhielt. Er stand auch auf Karl Valentins

Liste der Ärzte, die im Notfall konsultiert werden sollten, um ihn zu retten. Sie umfasste 88 Namen.

Das Ehepaar Lorenzer lebte mit seiner Tochter Brigitte in einem Haus am Englischen Garten, das von seinem vorherigen Bewohner Olaf Gulbransson »Kefernest« genannt wurde. Im Juli 1935 erhielt Liesl Karlstadt den ersten Brief von Norma Lorenzer, den sie erst am 10. September mit der Entschuldigung »Ich war ja noch sooo krank« beantwortete. Am 15. September berichtete sie, es gehe ihr zwar besser, doch »diese verdammte Krankheit ist mir in der Seele zuwider – aber immer noch fehlt das Letzte Große, den Weg zurück ins Leben zu finden«. Dabei halfen ihr zwar die Filmaufnahmen und Gastspielreisen mit Karl Valentin, doch sie bedeuteten gleichzeitig eine ungeheure Anstrengung, wie sie im November 1935 vor ihrer Abreise nach Berlin in ihrem Brief an Norma zugab: »Hoffentlich bin ich stark genug, um Alles ertragen zu können.«[74]

FÜNFZEHN

»Beim Nervenarzt« – Dichtung und Wahrheit

Am 10. Januar 1936 begibt sich Liesl Karlstadt wieder in die Psychiatrische Klinik in der Nußbaumstraße. Dr. Stephan von der Trenck, der Arzt, der sie in der Münchner Klinik bisher behandelt hat, holt sie aus Berlin ab. Sie musste ihr dortiges Engagement abbrechen. Als Grund für die Einlieferung werden Erschöpfung und Depression angegeben.

Die Zwischenanamnese besagt, dass die Patientin nach ihrer Entlassung aus der psychiatrischen Klinik im November 1935 im Berliner Kabarett der Komiker »mit der Orchesterszene und gutem Erfolg« aufgetreten ist. Über die Weihnachtstage sei sie »vermehrter Beanspruchung« ausgesetzt gewesen, heißt es weiter. Sie ließ sich alles aufbürden, schlief nur mit Schlafmitteln und stimmte aus Pflichtgefühl der Gastspielverlängerung zu. Daneben fanden Film- und Schallplattenverhandlungen statt, sodass sie niemals Ruhe bekam. Von ihrem Partner Karl Valentin fühlte sie sich rücksichtslos behandelt, im Stich gelassen, »überbürdet«. Am Ende brach sie wieder zusammen, und das Gastspiel konnte nicht fortgesetzt werden.

Liesl Karlstadts Zustand zurzeit der Aufnahme wird als müde, erschöpft, depressiv charakterisiert. Sie ist froh, dass ihr nun in der Klinik alle Entscheidungen abgenommen werden. Die Entwicklung ihrer Krankheit verläuft ganz ähnlich wie im Vorjahr. Liesl Karlstadt wirkt zwar lebhafter, weniger gehemmt, ist jedoch weiterhin sehr labil und empfindlich. Sie fühlt sich rasch zurückgesetzt, übersehen, »schikaniert«. Gesteigert haben sich ihre Aggressionen gegen Karl Valentin, in dessen Verhalten sie nun alle Gründe ihres Versagens sieht. Sie schreibt bzw. diktiert eine »große Abrechnung« an den Mann, von dem sie sich unterdrücken und ignorieren ließ. Jetzt, glaubt sie, sei es zu spät, sich auf die eigenen Füße zu stellen. Als Valentin sie am 1. Februar besucht, behandelt sie ihn absichtlich schlecht.

Ende Februar, Anfang März steht sie wieder mit ihm vor der Kamera. Einer der Kurztonfilme, die unter der Regie von Erich Engels entstehen, trägt den Titel »Beim Nervenarzt«. Die Titelrolle wird von Liesl Karlstadt gespielt, der Patient von Karl Valentin. Die Rolle war nicht neu für sie. Vier Jahre vorher hatte sie Karl Valentin ein Foto von sich geschenkt mit der Widmung: »Meinem komischen Partner & Patienten Karl Valentin in nie versagender Geduld gewidmet von Liesl Karlstadt Beruf: Nervenärztin, Nebenbeschäftigung: Komikerin«.

Sie hatte jahrelange Erfahrung mit einem neurotischen Partner, der, jeden Tag bevor sich der Vorhang hob, bei jedem Stück, auch wenn sie es schon hundertmal gespielt hatten, zu ihr sagte: »Gelt, wissen tu ich gar nix. Du sagst mir jedes Wort ein.« Valentin hatte keine Skrupel, sie mit seinem Lampenfieber zu belasten. Nach ihrem fragte er nicht. Liesl Karlstadts Aufgabe war es, alles beiseitezuschieben, was sich an Angst, Unlust, Pessimismus, schlechter Laune und Widerstand jeden Abend aufs Neue formierte.

Es war eine ungeheure Energieleistung, die Liesl Karlstadt täglich vollbringen musste. Selbstständig, unbemerkt und unsichtbar. Karl Valentin gab sich keine Mühe, selbst mit seinen Schwierigkeiten und Missstimmungen fertigzuwerden, sondern steigerte sich noch in hypochondrische Zustände, die darin gipfelten, dass er verkündete, er werde den Auftritt nicht überleben. Liesl Karlstadt hatte jeden Abend ein halbstündiges Pflege- und Therapieprogramm mit ihrem Partner zu absolvieren. Nicht nur das, was auf der Bühne zu sehen war, drehte sich hauptsächlich um ihn, sondern auch das, was sich für das Publikum unsichtbar hinter den Kulissen abspielte. »Starr – beweglich« – das Gegensatzpaar, das ihre Szenen und Stücke charakterisiert, galt auch für das Alltagsleben der beiden.

Karl Valentin hat aus seinen Ängsten kein Geheimnis gemacht. Alle wussten davon und stellten sich darauf ein. Die Familie sowieso. Im November 1934 erhielt Liesl Karlstadt einen Brief von Valentins Tochter, in dem diese »Frl. Karlstadt« bittet, doch gut zu ihrem Vater zu sein und gerecht in Dingen, die nun mal nicht zu ändern sind. Die damals 24-Jährige beteuert, von niemandem zum Schreiben beauftragt worden zu sein, auch nicht von ihrer Mutter. Es sei der trostlose Zustand ihres Vaters, der sie dazu veranlasse. Weiter spielt sie in diesem Brief auf die Situation an, unter der Liesl Karlstadt anscheinend so gelitten hat, dass es nämlich seit der Eröffnung des Gruselkellers zwangsläufig zu Begegnungen zwischen ihr, ihrer Mutter und Liesl Karlstadt komme. Sie verteidigt sich und ihre Mutter und bittet um Verständnis dafür, dass diese an der Kasse des Panoptikums sitzt. Es sei schließlich ganz natürlich, dass sie Interesse am Geschäft ihres Mannes habe. Sie sei nun einmal die Frau ihres Vaters, der ihr, der Tochter, in der jetzigen Situation unendlich leidtue und dem sie ein bisschen mehr Frieden wünsche.

Wie aber spielte eine Frau, die sich gerade als Patientin stationär in einer psychiatrischen Klinik behandeln ließ und Tag für Tag von dort aus zu den Dreharbeiten fuhr, einen Nervenarzt?

Kamen ihr vielleicht Fähigkeiten zugute, die sie einige Jahre zuvor veranlasst hatten, zusammen mit ihrem Partner diese Annonce in die Zeitung zu setzen?

Bekanntmachung:
Eine sensationelle Entdeckung!
Durch jahrelanges Studium ist es den beiden ›Chomikern‹ Karl Valentin und Lisl Karlstadt gelungen, den Bazillus des Trübsinns zu entdecken. Sofort soll die Sache der Allgemeinheit zugute kommen. – Leiden Sie also an Trübsinn – Schwermut – Melancholie – Depressionen – Griesgrämigkeit usw., gehen Sie in ein Schallplattengeschäft und kaufen Sie sich zum Weihnachtsfest die neuen komischen Grammophonplatten von Karl Valentin und Lisl Karlstadt. Sowie sich bei Ihnen trübe Gedanken bemerkbar machen, lassen Sie einige lustige Platten spielen, Sie werden sofort lachen und in eine fröhliche Stimmung kommen … Vorsicht! … Die Schallplatten nicht einnehmen, nur äußerlich!!!

20. Dezember 1928
Karl Valentin und Lisl Karlstadt
z. Zt. im Varieté Kolosseum, München

Wahrscheinlich bewährte sich das sensationelle Mittel nicht bei seinen Erfindern. Die in Liesl Karlstadts Bühnenalbum eingeklebte Annonce ist jedenfalls später mit Rotstift auffällig durchgestrichen worden. Hier fühlt man sich unwillkürlich an die Anekdote erinnert, die von einem französischen Clown erzählt wird:

»Jean Gaspard Debureau vom Théatre des Funambules in Paris besuchte eines Tages einen Arzt und beklagte sich über seine anhaltende Schwermut. Der Arzt riet ihm, zur Entspannung ins Theater zu gehen und sich den berühmten Clown anzusehen. Er zuckte entsetzt auf und schrie: ›Aber ich bin Debureau!‹«[75]

Zwar meinte Liesl Karlstadt zu wissen, was ihr selbst nicht guttat, wie ihre Antwort auf die »Frage der Woche« des Illustrierten Sonntags (undatiert, ca. 1930) beweist, aber eine Konsequenz konnte sie nicht für sich ziehen. Der Kamerareporter hatte vier Personen gefragt: »Was nützt heute am meisten unsere Nerven ab?«

Frl. Lisl Karlstadt, Maximilianstr. 29, hatte geantwortet:

»Für uns Künstler jedenfalls die Verpflichtung, Tag für Tag, Abend für Abend sich unabhängig von Stimmung und Verstimmung, von der Laune des Publikums und all den störenden Einflüssen mit der Leistung auf der Höhe zu sein. Diese brutale Forderung unseres Berufes, nicht nur etwas zu leisten, sondern auf die Minute dazu bereit zu sein, ruiniert unsere Nerven sicher am meisten.«

Im Film »Beim Nervenarzt«, der 1936 gedreht wurde, als die Darstellerin der Titelrolle sich stationär in einer psychiatrischen Klinik behandeln ließ, werden dieser Rolle nur geringe Entfaltungsmöglichkeiten gegeben. Die Therapievorschläge an den Patienten beschränken sich auf Ruhe, frische Luft, gesunde Ernährung. Ein Versuch, den Hirnwindungen des Patienten zu folgen, wird gar nicht erst unternommen. Vielleicht ein ziemlich realistisches Abbild der allgemein praktizierten Psychiatrie dieser Zeit, in der die Gesprächstherapie als Behandlungsmethode noch so gut wie gar nicht vorkam.

Liesl Karlstadt selbst verfügte bei der alltäglichen Behandlung ihres Partners wahrscheinlich über ein größeres und differenzierteres Repertoire an individuellen Therapieformen. Vielleicht hatte sie das auch für sich selbst in der Nervenklinik erwartet und war darüber enttäuscht, sodass sie, wie es später in ihrer Krankenakte beklagt wurde, ihre wahren Probleme irgendwann nicht mehr äußerte, sondern stattdessen harmlose Kümmernisse so vorbrachte, als seien es große menschliche Tragödien. Da hat sie wohl den Vorhang zugezogen.

Eine Ausnahme bildete die Schwester Oberin, der sie ein Gedicht gewidmet hat:[76]

Ich bitte um Silentium,
damit jetzt ich zum reden kumm;
ich spreche nicht von ungefähr,
Nein – Frl. Wellano schickt mich her,
die Sonntags oft spielt Klarinett',
sonst – liegt sie immer noch im Bett,
und weil sie trägt kein Schwesternkleid,
soll ich für sie nun sprechen heut':
ich bitte, – hört mir alle zu

und seid schön stad u. gebt a Ruh!!!
Wenn kräht der Hahn in aller Früh,
wird's munter in der Psychiatrie;
die braven Schwestern stehen auf
und eilen zur Kapelle rauf
mit schwarzem Kleid und weißem Latz,
da nehmen sie im Betstuhl Platz,
in erster Reih als Königin
da kniet die gute Oberin,
Und alles ist dann Aug und Ohr,
wenn die Frau Oberin betet vor,
und hört man da so zu von fern,
man fühlt's: – der Herrgott hat sie gern,
in's Herz geschlossen hat er's halt,
drum bleibt's so jung, – wird niemals alt,
läuft wie ein Wiesel hin und her,
als ob sie 20 Jahr' alt wär;
denn in des Tages langem Lauf
rennt sie treppab – rennt sie treppauf,
man findet sie an jedem Ort;
sie hat für jed'n a gut's Wort;
sie anzusehn ist wahre Freud, –
mit einem Wort – ein prachtvolles Leut',
so gütig, lustig, voll Humor,
man kommt sich selbst recht minder vor,
schaut man in's Aug der edlen Frau,
da merkt man es so ganz genau,
Gott-Vater hat es wohl bedacht
und sie zur Oberin gemacht,
hat ihr ein blaues Schürzlein geben

u. läßt sie lange, lange leben
zur Freude ihrer Schwestern all,
– das merkt man auch beim Mittagsmahl
im Refektorium da oben
ist stets die Stimmung sehr gehoben
beim Essen – ohne Bier und Sekt
hei – wie es allen Schwestern schmeckt,
besonders heute – welche Frag'?
Frau Oberin hat Namenstag:
Da gibt's kein Zaudern und Genieren,
wir alle wollen gratulieren
aus einem Herzen – einem Sinn
Gott segne die Frau Oberin!!!

Am 7. April 1936 erfolgte die Entlassung aus der psychiatrischen Klinik. Auf dem Entlassungsformular sind die Begriffe »gebessert« und »arbeitsfähig« unterstrichen. Das Wort »geheilt« ist mit einem Fragezeichen versehen.

Aber auch im folgenden Jahr unterzog sich Liesl Karlstadt einer stationären Behandlung in der Psychiatrischen Klinik in der Nußbaumstraße. Sie wurde am 10. Mai 1937 aufgenommen. Ihrem Arzt gegenüber äußerte sie sich unzufrieden über ihre Auftritte auf Kleinkunstbühnen, sah jedoch zu dieser Zeit keine anderen Arbeitsmöglichkeiten für sich. Sie erwog sogar die Trennung von ihrem Partner, aber anscheinend nicht sehr ernsthaft. Im Protokoll der Krankengeschichte wird vermutet, dass sie ihre wesentlichen Sorgen für sich behält und stattdessen Nichtigkeiten als Probleme darstellt, die ihr zentnerschwer auf der Seele lasten. An manchen Tagen erscheint sie zugänglicher und spricht von

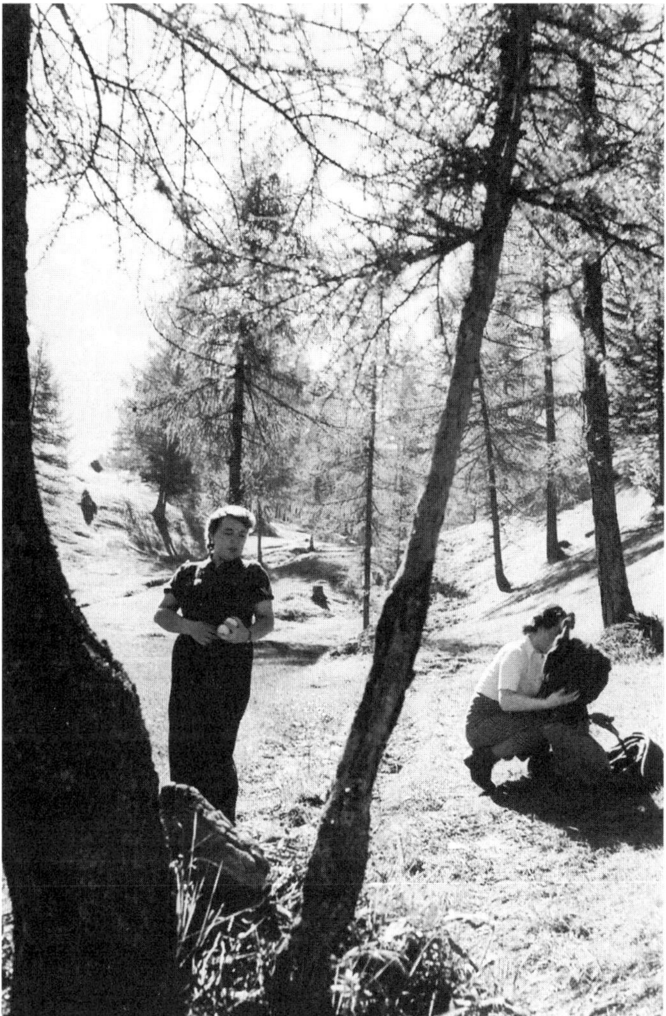

Mit Freundin auf einem Ausflug

Schwierigkeiten auf der Bühne, Zukunftssorgen und ihren »Ängsten vor den Puppen des V«. Man hat in der Klinik den Eindruck, dass sie sich jeweils bei einem Besucher über den anderen und dann wieder über den Arzt beschwert und umgekehrt.

Die Tagesschwankungen sind wieder stark, am Abend ist Liesl Karlstadt »leicht ideenflüchtig, macht Wortwitze«. Die Besserung geht diesmal sehr rasch vonstatten. Liesl Karlstadt verlässt oft die Klinik, geht häufig aus. Am 1. Juli 1937 wird sie aus der psychiatrischen Klinik als »gebessert« und »arbeitsunfähig« entlassen. Sie fährt mit ihrer Schwester Amalie zur Erholung nach Lenggries.

SECHZEHN

Symptom Ideenflucht

Im »Kurzlehrbuch Psychiatrie« ist das Phänomen »Ideenflucht«, das in Liesl Karlstadts Krankenakte mehrfach genannt wird, definiert als »die typische formale Denkstörung des Manikers. Die Betroffenen reden ununterbrochen, zeigen unübertroffenen Einfallsreichtum, wobei die neuen Einfälle mit dem Vorhergehenden meist nur durch Wort- oder Klangähnlichkeit verbunden sind. Maniker sind sehr sprunghaft, d.h. sie wechseln schnell das Thema, verlieren sich im Detail und können keinen Gedankengang zu Ende führen. Dennoch sind beim Maniker Gedächtnis und Denkfähigkeit erhalten und das Bewußtsein ist keinesfalls getrübt. Auffassungsfehler machen sich kaum bemerkbar und zeitliche und örtliche Orientierung sind, außer in schweren Fällen, meist ungestört. (…)

Das ideenflüchtige Denken mit seinem Inhalt muß im Zusammenhang mit der gesteigerten Betriebsamkeit und der Selbstüberschätzung des Patienten gesehen werden. Die Patienten halten sich für höchst intelligent und sind der festen Ansicht, schwierige Probleme lösen zu können. Häufig hört man von umwälzenden Erfindungen, politischen Neuerungen und großen finanziellen Unternehmungen.«[77]

Was zeichnet eine Schauspielerin aus, die so wie Liesl Karlstadt gearbeitet hat? Spontaneität, Intuition, In-sich-Hineinhorchen, Zulassen von Empfindungen und Ideen bildeten die Voraussetzung für die Improvisationstechnik, die konstitutiv war für alle gemeinsamen Stücke Liesl Karlstadts und Karl Valentins. Ihre Theaterarbeit basierte auf Offenheit, Sensibilität und Assoziationsvermögen. Die Ideen entstehen lassen, ungefiltert. Zulassen, dass sie sich ausbreiten, ziellos, richtungslos. Manchmal ist es ein optischer Reiz, der neue innere Bilder erzeugt. Manchmal ist es ein Klang, der ein neues Wort initiiert. Die gewohnten Kontrollinstanzen sind ausgeschaltet, Sinn und Vernunft in den Hintergrund gedrängt. Im Vordergrund steht das eigene Innenleben, dem man sich bedingungslos hingibt.

Diese Fähigkeiten lassen sich nicht nach Belieben einschalten und wieder ausknipsen. Man nimmt sie mit von der Bühne hinunter und versucht, sie in den Hintergrund treten zu lassen. Gelingt das nicht, sodass der Sensibilitätslevel der Bühne zu lange erhalten bleibt, ist der Horrortrip vorprogrammiert. Noch dazu in der Zeit, in der Liesl Karlstadt ihren psychischen Zusammenbruch hatte.

Offenheit im Alltag, Sensibilität für Atmosphärisches in den Dreißigerjahren hieß ein Gespür für den immer kleiner und enger werdenden persönlichen und künstlerischen Bewegungskreis herausbilden. Reglementierungen, Kunstklassifizierungen vor dem Hintergrund des völkischen Gedankens begannen allmählich wirksam zu werden. Der Blick ins Weite, die Orientierung in die Ferne diente nur noch der Abgrenzung. Die bunten Abende zugunsten von Kriegsversehrten und deren Angehörigen wurden umfunktioniert. Wo zuvor Wohltätigkeit und eine allgemeine Hilfsbereitschaft im Vordergrund stand, begann sich die Propagandamaschine der NSDAP zu konstituieren und endgültig zu etablieren. Kunst und Kultur wurden instrumentalisiert und funktionalisiert im Sinne der Machthaber.

Wenn das Maß an Einengung, das einen umgibt, unerträglich geworden ist, wenn man aber gleichzeitig keinen Fluchtweg für sich weiß, stürzt man sich in Verdrängung und Schönfärbung. Das ist ein menschliches Standardverhalten, dessen Spektrum von verantwortungsloser Bequemlichkeit und engstirnigem Spießertum bis hin zu individueller Überlebensstrategie und notwendigem Selbstrettungsversuch reicht. Allerdings funktioniert die Verdrängung als Selbstrettungsversuch nur für eine begrenzte Zeit. Irgendwann schlägt sie um in die Bedrängung durch die Lebenslüge. Man hat versucht, nicht zu sehen. Doch das Sehen ist nicht den Gesetzmäßigkeiten des Bewusstseins unterworfen, sondern es geht autonom vor sich.

Seit ihren ersten Auftritten bei den Volkssängern war für Liesl Karlstadt klar, dass sie die Bühne als Raum brauchte, um einen Teil ihrer Persönlichkeit entfalten zu können, der im Alltagsleben zum Untergang bestimmt war: die Freude an der Verwandlung, die Lust am Spiel. Dieser Ort musste ihr erhalten bleiben. Sonst würde sie zurückfallen in die Ärmlichkeit, Glanzlosigkeit der frühen Kinderjahre, als sich die Familie ein Zimmer teilte und auf die Individualität jedes Einzelnen keine Rücksicht genommen werden konnte. Aus dieser Freudlosigkeit und Langeweile war Liesl Karlstadt nicht entronnen, um jetzt wieder dorthin zurückzufallen.

Wie viel Manie ist für die Arbeit einer Schauspielerin nötig? Ist nicht der Beruf des Schauspielers ein permanentes kontrolliertes Spiel mit manischen und depressiven Persönlichkeitsanteilen? Wann beginnt man die Kontrolle zu verlieren? Ab wann spricht man von Krankheit? Und wer entscheidet darüber?

Gilles Deleuze und Félix Guattari formulieren in diesem Zusammenhang lapidar: »So tönt die scheinheilige Mahnung: ein wenig Neurose ist gut für das Kunstwerk, ist eine gute Materie, aber keine, ja keine Psychose; wir treffen eine Unterscheidung zwischen dem virtuell kreativen Aspekt der Neurose und dem psychotischen Aspekt, der entfremdend und zerstörerisch wirkt.«[78]

Doch wer ist fähig, diese Grenze genau zu bestimmen? Und wer ist dazu berechtigt? Die Therapie der manisch-depressiven Erkrankungen bestand in den Dreißigerjahren vor allem im Ruhigstellen, im Abdämpfen der Manie. Sediert wurde mit Schlafmitteln, Barbituraten oder – wenn das keine Erfolge brachte – mit Elektroschocks, die zwar auch heute noch angewendet werden, aber unter Narkose, um dem Bewusstsein den Schock zu ersparen, den man dem Unterbewusstsein zufügt. Anders als heute konnte man damals auf die depressive Phase noch nicht medikamentös einwirken. Es gab noch keine Antidepressiva. Also konzentrierte man sich darauf, die Manie, die man für gefährlicher hielt als die Depression, unter Kontrolle zu bekommen. Mit Sicherheit hatte man damals mehr Probleme mit den manischen Phasen einer Frau, da das Verhalten in diesen Phasen – Augenzeugen schildern es als schrill, unanständig, mit obszönen Reden durchsetzt – als völlig unvereinbar mit dem Frauenbild im Nationalsozialismus galt. Das, was das Verhalten in der depressiven Phase bestimmte, entsprach viel eher dem Frauenidealbild. Die passive, verzichtende, erduldende Frau war ein Bestandteil der Naziideologie: sich ergeben in das von Gott und Führer gewollte Schicksal, im Leiden einen Sinn sehen, Opferbereitschaft, fraglose Unterordnung unter die Repräsentanten des Herrenmenschengedankens.

Liesl Karlstadts Angst, als Frau, als Künstlerin und später als Patientin in ihrer Individualität und in ihrer psychischen und physischen Integrität bedrängt, eingeengt und bedroht zu sein, war mehr als begründet. Am 14. Juli 1933 wurde das Erbgesundheitsgesetz zur Verhütung erbkranken Nachwuchses erlassen. Es erfuhr am 26. Juni 1935 noch eine Erweiterung, die Schwangerschaftsabbrüche nach eugenischen Gesichtspunkten legalisierte.

Die Gesetze zur Verhütung erbkranken Nachwuchses betrafen in erster Linie Patientinnen mit psychiatrischen Erkrankungen, Alterserkrankungen – wie heute Alzheimer –, Schwachsinn, neurologischen Erkrankungen, Epilepsie und Anfallsleiden. Im späteren Euthanasieprogramm der Nazis wurden die Gesetze noch auf »artfremde Elemente« ausgeweitet.

Im »Krankenjahresbuch mit Epikrisen« der Psychiatrischen Klinik in der Münchner Nußbaumstraße wird 1935 unter der Kennziffer 275/35 Elise Wellano aufgeführt. Der Abschlussbericht ihrer Krankengeschichte enthält die Angaben zur Person, die Aufnahme- und Entlassungsdaten, die Schilderungen von Vorgeschichte, Befund und Verlauf und die Charakterisierung »selten vergnügt«. Er endet mit den Vermerken: »Erblichkeit: nicht sicher nachweisbar« und »Anzeige erstattet. Kein Antrag angeregt, da fortpflanzungsunfähig.«. Letzteres bezieht sich auf die damals herrschende Meldepflicht gemäß Artikel 3 Abs. 4 der Verordnung zur Ausführung des Gesetzes zur Verhütung erbkranken Nachwuchses vom 5. Dezember 1933, Reichsgesetzbl. 1 S. 1021.

Liesl Karlstadt wäre unter die Zwangssterilisierungsgesetze gefallen, die bei manisch-depressiven Psychosen in Kraft traten. Professor Oswald Bumke, der die Klinik von 1924 bis 1945 als Nachfolger von Emil Kraepelin leitete, entschied, dass ein Antrag an das Erbgesundheitsgericht deshalb nicht geboten sei, weil die Patientin nach einer 1930/31 durchgeführten Gebärmutteroperation nicht mehr fortpflanzungsfähig erschien.

»Du hast gestern abend gesagt, ich habe ja gar niemand mehr auf der Welt, der mich mag, ich bin ja ganz verlassen. Ja das konntest Du ja aber nur in Deinem jetzigen Zustand sagen, denn Dich hat ja wirklich alles lieb und jeder fremde Mensch sogar und wenn er Dich nur 1 Stunde kennt, ist schon ganz verliebt in Dich, ob Mann oder Frau, also gerade bei Dir stimmt das Lied überhaupt nicht, in welchem es heißt ›Verlassen bin i‹, schrieb Karl Valentin 1936 in einem Brief an Liesl Karlstadt in die Klinik.[79]

Liesl Karlstadts Gefühl der Verlassenheit war jedoch nicht irreal oder pathologisch, sondern sogar sehr real. Ein wesentlicher Teil ihrer Persönlichkeit ist nicht nur verlassen, sondern überhaupt niemals angenommen worden. Man hat ihn einfach übersehen, nicht wahrgenommen im wahrsten Sinne des Wortes: nicht »für wahr genommen«!

Was tun, wenn alle das Lachen, aber niemand die Traurigkeit sehen will?

Mit seiner frühen Bemerkung, sie sei als Soubrette ungeeignet, aber wie geschaffen zur Komikerin, hatte Karl Valentin so etwas wie ein lebenslanges Urteil über sie ausgesprochen. Ein Urteil, das lautete: »Lebenslänglich komisch«. Diesem Urteil haben sich alle angeschlossen. Eine Frohnatur konnten alle gebrauchen.

Dass Liesl Karlstadt nie eine ungebrochene Frohnatur war, ist schon an ihren frühen Schulaufsätzen zu erkennen. Bei jedem Thema, ob es sich nun um einen Ausflug nach Rosenheim, um das Fronleichnamsfest oder einfach um den Sommer handelt, werden die Schattenseiten und das Negative, was kommen könnte, in einer Weise mitgedacht, die den Leser verblüfft. Die 13-jährige Schülerin machte den Versuch, auf etwas hinzuweisen, das sie fürchtete. Sie wusste, dass es unangenehme Ereignisse gab, die ebensolche Gefühle auslösten und ganz überraschend kamen. Mit diesem Wissen musste sie irgendwohin. Das Unbehagen brauchte einen Raum, den ihr niemand zugestand.

Andere Menschen hörten es nicht gerne. Sie fühlten sich belästigt. Das wiederum wollte Liesl Karlstadt nicht. Sie hat für die anderen mitgedacht. Immer und auch damals schon. Für sie schrieb sie den hoffnungsvollen, versöhnlichen Schluss. Natürlich auch für sich selbst, denn der optimistische und neugierige Blick in die Zukunft schuf Perspektiven und Fluchtlinien. Die hat sie gesucht und genutzt. Von Anfang an.

Die erste Fluchtlinie, die sie aus den beengten Wohnverhältnissen ihrer Kindheit hinausführen sollte, wurde gleich gewaltsam gebremst. Diese Fluchtlinie hieß Bildung. Die Schülerin lernte fleißig. Trotzdem konnte Liesl Karlstadt ihren damaligen Traum, Lehrerin zu werden, nicht realisieren. »Natürlich« nicht – heißt es in den Kommentaren von Zeitgenossen –, obwohl sie eine ausgezeichnete und ehrgeizige Schülerin war. Aber kurz nach der Jahrhundertwende war der Beruf der Lehrerin nicht vorgesehen für eine junge Frau aus ihren sozialen Verhältnissen. Sie fügte sich ins Unvermeidliche und trat die Lehre als Textilverkäuferin an. Die Arbeit im Warenhaus war für sie kein Endpunkt. Andere Träume kamen, konkretisierten sich und wiesen ins Freie: Fluchtlinie Bühne.

Mittlerweile hatte Liesl Karlstadt gelernt, sich abzusichern. Beruflich jedenfalls. Als sie mit 18 Jahren zum ersten Mal abends im Frankfurter Hof auftrat, hatte sie schon einen langen Arbeitstag am Tresen des Warenhauses Tietz hinter sich. Als sie 1930 ihren ersten Schritt – ohne den langjährigen Partner – auf die Bühne des »ernsten Theaters« wagte und im Schauspielhaus die Rolle der Frau Vogl in »Sturm im Wasserglas« spielte, fuhr sie anschließend noch ins Kolosseum. Dort wartete schon der Partner auf den gemeinsamen Auftritt. Doppelbelastungen war sie gewöhnt. Ebenso wie eine große Flexibilität. Die hatte sie sich früh zur zweiten Natur werden lassen.

In der Familie, in der sie aufwuchs, stand der Vater im Mittelpunkt. Er war der Ernährer der siebenköpfigen Familie. Er verdiente das Geld, musste früh aufstehen, schwer arbeiten und brauchte deshalb dringend Ruhe, wenn er zu Hause war. Das Familienleben war auf seine Bedürfnisse abgestimmt, diente seiner Regeneration. Der Vater als Konstante, um den herum sich alles und alle – die Mutter, die Kinder – drehten, wurde für Liesl Karlstadt ziemlich bald abgelöst von dem Bühnenpartner als Konstante, um den herum sie sich bewegte. Andere Mitspieler gab es meistens nicht. Deshalb hatte sie diese zu simulieren. Sie musste flexibel sein in ihrer Rollenauswahl, sowohl was das Alter als auch was das Geschlecht anging.

Lebenslänglich komisch! Die eine Rolle, die man ihr damit zugewiesen hatte, vervielfältigte sich und wurde zu vielen Rollen. Liesl Karlstadt war so etwas wie eine multiple Bühnenpersönlichkeit. So vielfältig ihr Rollenrepertoire auch war, eins hatten alle Charaktere, die sie verkörperte, gemeinsam: Sie waren komisch. Die Komik trat auf in Variationen, Verkleidungen und Modifikationen.

Für Liesl Karlstadt begann ein Pendeln zwischen den beiden Polen Stärke und Konfusion. Flexibilität bewegt sich immer zwischen diesen beiden Polen. Die Fähigkeit, verschiedene Rollen einnehmen zu können, wird als Stärke empfunden, als vielfältiges und vielseitiges Aktionspotenzial, um sich in der Welt zu behaupten. Man fühlt sich stark und reich und schillernd. Dabei wird die reaktive Seite dieses Potenzials oft übersehen. Man könnte sie auch »reaktive Gefährdung« nennen. Sie beginnt dann, wenn das Einnehmen einer Rolle nicht mehr der eigenen Entscheidung untergeordnet ist, sondern die fast mechanische Reaktion auf die von außen herangetragene Forderung eines anderen Men-

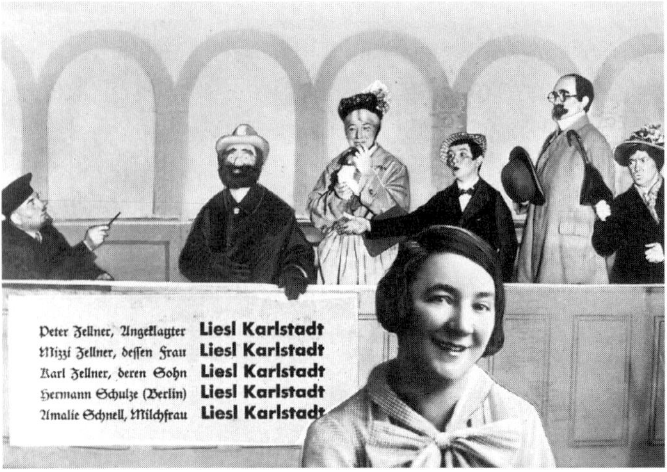

schen, wobei es unerheblich ist, ob es sich dabei um einen Nahestehenden oder um eine anonyme Instanz handelt. Cindy Sherman hat das im Hinblick auf ihre Rollenexperimente im Atelier und auf der Straße beschrieben. Schon früh erkannte sie die Gefahr, sich in der schillernden Vielfalt zu verlieren. Wenn sich Bühne und Alltag vermischen, wenn der Versuch, die eigene Identität zu stabilisieren oder überhaupt erst zu finden, mithilfe der Rolle unternommen wird, besteht die Gefahr, die Kontrolle darüber zu verlieren. Dann reagiert man nur noch. Die Freiheit zur Rolle und zum Spiel schlägt um in den Zwang zur Rolle. Man wird zu einer Spielfigur, die sich in ihren eigenen Spielregeln verirrt.

Auf der Doppelseite 48 in Liesl Karlstadts Bühnenalbum 2 ist links ein Zeitschriftenartikel mit dem Titel »Die Frau als Humoristin« eingeklebt. Oben rechts wird unter dem Titel »Fünfmal Lisl Karlstadt« von einem Stück berichtet, in dem sie fünf verschiedene Rollen spielt: den angeklagten Ehemann, die Ehefrau, den als Zeugen auftretenden Sohn der beiden, den Zeugen Schulze aus Berlin und die Milchfrau Amalie Schnell.

Darunter, rot unterstrichen, die handschriftliche Notiz »März 1935 Karlstadt krank«.

»Im Stiegenhaus« und »Alt-München«. Zwei Texte aus dem Nachlass

Liesl Karlstadts Nachlass enthält nur eine kleine Auswahl von Typoskripten zu Stücken, Szenen, Monologen und Couplets, darunter auch die beiden Texte »Im Stiegenhaus« und »Alt-München«. Im Ergänzungsband zur Karl-Valentin-Gesamtausgabe sind beide Vorträge Valentin zugeschrieben worden, obwohl sie sich im Nachlass von Liesl Karlstadt befinden und keinen Verfasser ausweisen. Anhaltspunkte, so die Begründung, für eine Verfasserschaft Valentins ergäben sich vor allem aus einer gewissen thematischen Ähnlichkeit mit seinem Couplet »Die 3 Hochzeiten«. Der Text »Im Stiegenhaus« sei als derbe Variante des Monologs »Die Hausmoasterin« zu betrachten, mit dem Liesl Karlstadt erfolgreiche Auftritte verzeichnen konnte.[80]

Die Hausmoasterin

(…) ›… und wennst in deiner Wohnung koa Wasserleitung hättst, dann wärst ja so scho lang auf da Gant, denn dei dappiga Mo‹ hab i g'sagt, ›ko de mitn Zahnstochaschnitzln net dahaltn!‹ – ›Mein Mo‹, hat sie g'sagt, ›tuast ma ausn Spui lassn, du rinnaugade Hausmoastadreckdrossl, zum poussiern war er dir scho recht gwen, wiast man damals auf der Redoute ausspanna häst wolln, aber er hat dir was ghuast', schauns a solche Gemeinheit an.‹ – ›Und dei gichtbrüchiger Milliwaglhengst‹, hab i zu ihr g'sagt, ›Is ja a scho auf mi g'flogn und hat mich am Peter- und Paulitag in russischen Teesalon g'führt, aber i hab mi glei dünne g'macht und habn sitzn lassn, weil i mit koan solchn Straßenkletzen, wia dei Mo is, koa schmutzigs Verhältnis okuppel.‹ ›Mei Mo‹, hat sie g'sagt, ›is auf di no net g'flogn, des machst mir net weiß, auf dei 15 Zentimeter-Mai gibt dir mei Mo koan Kuß und wenn er dir scho oan gebn hat, dann woaß i ja jetzt, wo er sein letztn Rufaschmarrn her hat.‹[81]

»Alt-München« erzählt die Geschichte einer alten Gelegenheitsprostituierten, die einen Gelegenheitsfreier empfängt.

(…) Tuan 'n nur grad amoi eini in mei Schleimige und schiab o, dass dir vor Wollust d'Feuchtwarzen aufspringa, wia Rosenknösperln, sagt d'Scheissdreckmarie. Und nachdem ihr der Simon ihra hautige zammgschrumpfte alte Weiberpritschn richti darriebn hat, packt ers mit'n Schlecka. Er kniaglt sich vor da Scheissdreckmarie ihran Soachzeug hi und grinst mit blinzelnden Augendeckeln der Marie in die steinalte Harnröhre hinein. Erst nach richtiger Inaugenscheinnahme erfasst der alte Sadist mit seine dreckigen Pratzen die, der Scheissdreckmarie gehörigen 35 cm über ihr Arschloch hinunter hängenden Schamlippen und zieht dieselben auseinander wie eine chromatische Konzertina und beginnt mit seinem Pleschel eine Zehnminutenschleckerei in der Weissflusssaline der Marie. – Plötzlich ein geller Schrei!

Ursache: Simon hat mit seinem einzigen spitzigen Zahn Maries Kitzler schwer verletzt. Risswunde, starke Blutung im Geschlechtsteil und Simons Gesicht. Ja, alta Saubatzi, sagt d'Scheissdreckmarie, tua fei du net obacht gebn, moanst i lass mir vo dir mein Kitzler dafetzn? Wennst mit'n Schlecka net umgeh konnst, nacha leckst mi am Arsch, alts Rindviech!

Und jetzt kriag i 60 Pfennig fürs Vögeln und 40 fürs Schlecka, das macht grad a Mark. Und dann geh i sofort in dö Chirurgische naus, Abteilung für Fennerische und lass mir mein Kitzler flicka, auf deine Kosten.

So traurig endete ein schöner Nachmittagsbeischlaf bei der alten Scheissdreckmarie im Schmiedgassl auf Nr. 4.[82]

»Alt-München« erscheint mir weniger, wie im Ergänzungsband zur Valentin-Gesamtausgabe kommentiert, ein Text zu sein, der »für den Vortrag im kleinen Kreis sogenannter Herrenabende« bestimmt war, als ein Dokument der Selbstverletzung und Selbstzerstörung, und damit eher als der Text einer Frau. Die anatomischen Details betreffen kaum das Äußere, sondern viel stärker das Innere. Der Körper wird als unvermeidliche Hülle betrachtet, aber die Gefühle richten sich auf das Innerste. Und es sind aggressive Gefühle. Autoaggression, Selbstverletzung, Selbsthass, Selbstvernichtung. Eine Beschneidungsszene wird geschildert. Eine Frau fühlt sich verletzt, verwundet, der »schöne Nachmittagsbeischlaf«, so der bitter-ironische Schlusssatz, endet traurig. Und dieses »traurig« ist sicher ernst gemeint. Der Text ist von jemandem geschrieben, der Sexualität zwischen Mann und Frau nur noch als Gewaltakt wahrnehmen kann, bei dem die Frau verletzt wird. Nirgendwo ist die kleinste Lust am Körper zu spüren, von sexueller Stimulierung ganz zu schweigen. Hintern und Brüste kommen nicht vor. Schenkel kommen nicht vor, weder männliche noch weibliche. Das Fleisch kommt nicht vor. Ein fleischloser Text. Wie sollte ihn jemand verfasst haben, der, wie Karl Valentin, füllige dicke Frauen liebte, eine umfangreiche Sammlung von Aktfotos üppiger Frauen besessen hat und von dem immer wieder kolportiert wird, dass er Taxifahrer begeistert zum Anhalten veranlasste, wenn er eine dicke Frau auf der Straße sah. Untypisch für ihn ist auch das Ungebremste, bis in die letzten Intimbereiche Hineindrängende des Textes. Valentins Art ist es eher, in Andeutungen stecken zu bleiben, wenn es um Sexualität geht, wie zum Beispiel seinem Couplet »Das dritte Geschlecht«:

Wenn Perversität
So immer weiter geht,
Genehmigt wird vom Staat,
Dann wird die Sach probat! –
Zwei Herrn geh'n per Arm,
In sich ganz liebeswarm,
Sie küssen beide sich
Ganz inniglich.
Zu einem solchen Paar
Kommt g'wiß das ganze Jahr
Niemals der Storch geflog'n –
Das ist doch nicht verlog'n!
Blos weg'm KONKUBINAT
Wird die G'schicht oft fad:
Doch läßt's sich machen leicht!

Dann ist's erreicht! –
Man läßt in d' Zeitung rücken ein:
»Vermietet wird ein Zimmerlein,
Ist wunderbar »braun« tapeziert,
Doch weiter ist es nicht möbliert!
In AFTERmiete – nur für Herr'n
Vermiet ich dieses Zimmer gern!
Bedienung, – 's ist mir einerlei –
Die ist dann auch dabei![83]

Häme, Bosheit und Spott ist ungebremst, aber nicht die Beschreibungstiefe. Valentin bevorzugte die Andeutung, das Hervorrufen von Gefühlen, ohne letzte Details auszusprechen. »Alt-München« ist ein Text, der entstanden ist im Reden, im Sich-immer-tiefer-Hineinsteigern. Es ist der Text eines Menschen, der Gewalt erfahren hat. Psychische und physische. Eine Beschneidung. Empfindungen und Worte verselbstständigen sich. Immer noch ein Stück weitergehen. Die Grenze dessen, was man noch aushält, aus den Augen verlieren. Sich etwas wegreden. Ohne ein Gegenüber. Ein Aufbäumen gegen den Mann, der die Verletzung zugefügt hat, steht zwar am Schluss. Er soll zahlen. Aber damit ist die emotionale Schutzlosigkeit nicht aufgehoben und der Selbsthass nicht gemildert. Es bleibt ein einsamer Text.

Im Gegensatz dazu birgt der Text »Im Stiegenhaus« dialogische Aggressivität. Die beiden streitenden Frauen haben das erklärte Ziel, einander zu verletzen, wohl wissend und damit rechnend, dass die andere im Disput eine ebenbürtige Gegnerin sein wird. Nur deshalb macht es ihnen solchen Spaß. Die Figur des Mannes ist im »Stiegenhaus« bloßes Objekt. Er dient ausschließlich der Selbstbestätigung und Selbstbehauptung der anderen Frau gegenüber. Er hat keine Kontur. Beim ersten Lesen weiß man kaum, ob nicht sogar von mehreren Männern die Rede ist.

Im Stiegenhaus
(…) Und wennst in deina Wohnung koa Wasserleitung hättst, dann wärst ja scho lang auf da Gant, denn dein schäbiga Mo ko di mitn Schnallntreibn net dahaltn … Mein Mo tuast ausn Spiel lass'n, du wampate Hausmoastadreckdrossl. Zum Vögln war er dir ja do recht, wiasst ma'n damals auf da Oktoberwiesn vazogn hast, sagt d'Hoferin … Und dei gichtbrüchiga Milliwaglhengst hat bei mir a scho gschleckt und g'vöglt hat er mi a scho von da Hinterkunft in da Gasteiganlag, aba i hab eahm draufgschiess'n auf sein altn Wollustspender dass'n du vierzehn Tag lang nimma braucha hast könna, vor lauta G'stank … Mei Mo hat di no net gschniegelt, dös machst ma net weis – in dei alte Kuahpritschn hängt'n mei Gatte net nei, dös merkst da und wenn er di wirkli amal begattet hat, dann hat er sich wahrscheinli sein Beutl zerst in a Sacktüachl ei'gwicklt, dass er dei türkische Muse net eifangt. Denn du werst so ziemli mehra G'selchts zwischn dö Haxn drinn ham, als sämtliche Schweimetzger z'München im Rauchfang (…) In deim ausgweitn Kuaharschlochgeschlechtsteil werd's deim Oidn nimma kumma, ausserdem du lasst dir dei Dreckkachl von zwoa Wasserbauarbeiter mit dö gnagelten Wasserstiefe zehn Minuten lang datreten du histerische Millihur und jetzt kannst mi am Arsch lecka, solang da Himme blau is. (…)

Und das dezente Wortgefecht verhallte im Stiegenhaus![84]

Beiden Texten ist ein Schlusssatz angehängt, ein Fazit, hochdeutsch, das fast unabhängig vom Text steht, geschrieben aus der Position einer kommentierenden Distanz. Selbst wenn man nicht mit Bestimmtheit sagen kann, wer die Texte verfasst hat, so lässt sich doch eins mit Sicherheit sagen: Sie waren von Bedeutung und Wichtigkeit für Liesl Karlstadt, gehörten sie doch zu den wenigen Texten, die sie aufbewahrt hat.

Von der amerikanischen Fotografin Cindy Sherman stammen einige der aggressivsten Sex- und Horrorbilder der zeitgenössischen Kunst, also von einer Frau, die sich selbst als Durchschnittstyp bezeichnet. Als Kind dazu erzogen, immer sehr nett, fröhlich und freundlich zu Leuten zu sein, auch wenn sie es nicht wollte, entdeckte sie früh für sich die Faszination der Verkleidungen, Masken und Rollen.

»Die schöne Braut oder Prinzessin zu spielen hat mich immer gelangweilt: ich habe mich lieber als Hexe oder als Monster verkleidet, das war viel lustiger als auszusehen wie eine Barbiepuppe.«[85]

Ende der Siebzigerjahre veröffentlichte sie ihre »Untitled Film Stills«, fiktive Standbilder aus Filmen der Fünfziger- und Sechzigerjahre. Darauf folgten die »Centerfolds«, zusammen- und auseinanderklappbare Farbfotos im Stil der Männermagazine und schließlich die Disgust Pictures in den Achtzigerjahren. Sie zeigen eine Frau in allen Dimensionen ihrer Verletzbarkeit, Sadomasoszenen, Blut, Schleim, Kot, Abfall. Als Cindy Sherman Anfang der Neunzigerjahre zum ersten Mal ihre Sex Pictures präsentierte, war vor der New Yorker Galerie ein Schild angebracht mit der Empfehlung: »Parents might want to view the work inside before letting their children see them.« Niemand sollte unvorbereitet in die Prothesenwelt der Genitalmonster eintreten müssen. Für sie selbst, so sagte sie, bedeuten diese Bilder »eine Art von Vorbereitung auf mögliche Gewalt im Leben, auf irgendein schreckliches Unglück«.

SIEBZEHN

Fluchtlinie Gipfel, ein Idyll

> Es heißt, wenn ein Mann den Blues kriegt, springt er aufn Zug und geht auf die Reise, und wenn eine Frau den Blues kriegt, läßt sie den Kopf hängen und weint nur leise, aber wenn diese Frau hier den Blues kriegt, legt sie ihre schwarzen Flügel an und fliegt auf und davon.
>
> J. J. PHILLIPS, *Mojo Hand*

NACHDEM Liesl Karlstadt 1937 die Psychiatrische Klinik in der Nußbaumstraße verlassen und sich im Anschluss daran eine Erholungsreise mit ihrer Schwester Amalie nach Lenggries gegönnt hatte, trat sie von 1937 bis 1939 zusammen mit Karl Valentin im Kabarett Benz auf. Es wurde 1939 geschlossen. Daneben gastierte sie im Münchner Gärtnerplatztheater, im Volkstheater und arbeitete für Film und Rundfunk. Ihre Gesundheit war allerdings immer noch nicht stabil, sodass beispielsweise ein gemeinsames Gastspiel mit Karl Valentin im Augsburger Apollotheater abgebrochen werden musste. Valentin suchte und fand Ersatz: Am 17. Juli 1939 eröffnete er »im einzigartigen Luftschutzkeller mit Restauration und Vorstellung« seine Ritterspelunke, eine Variation des Gruselkellers, und trat mit der jungen Annemarie Fischer auf. Sie wurde seine neue Partnerin. Im August und September 1940 standen Karl Valentin und Liesl Karlstadt noch einmal

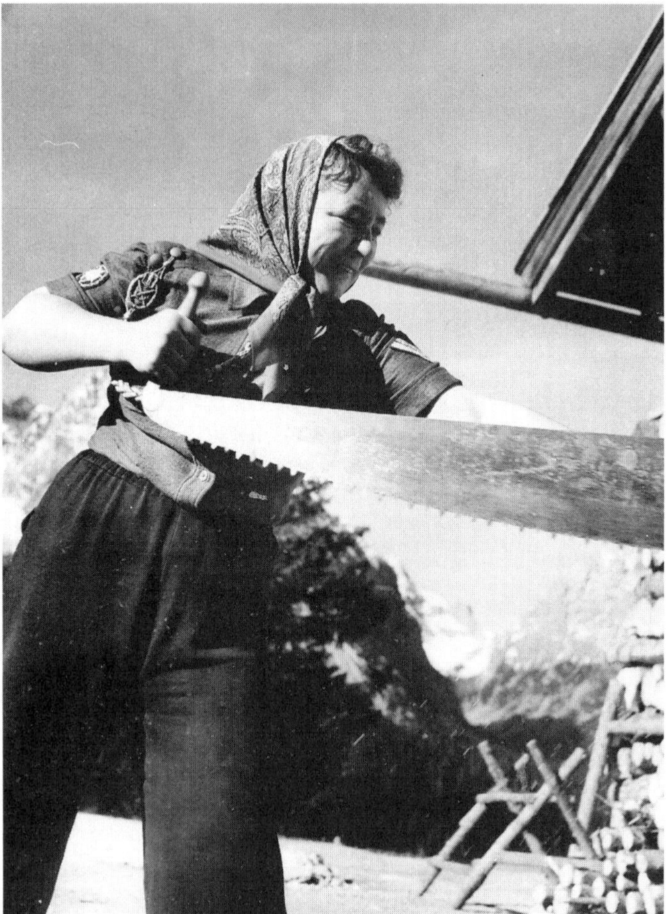

Auf der Ehrwalder Alm

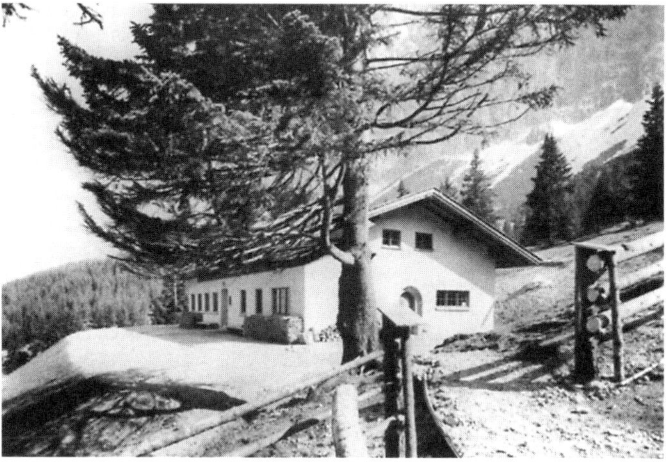

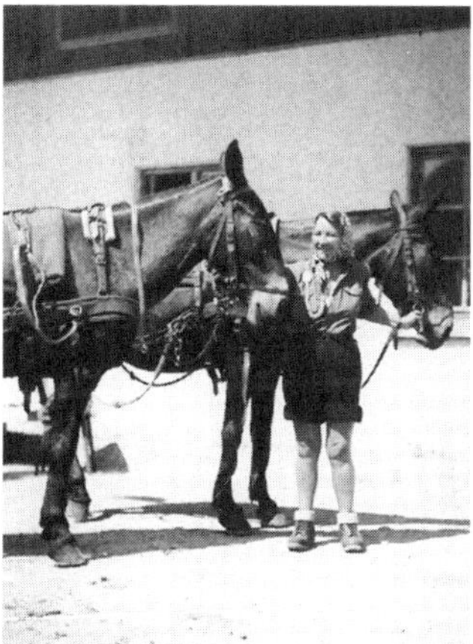

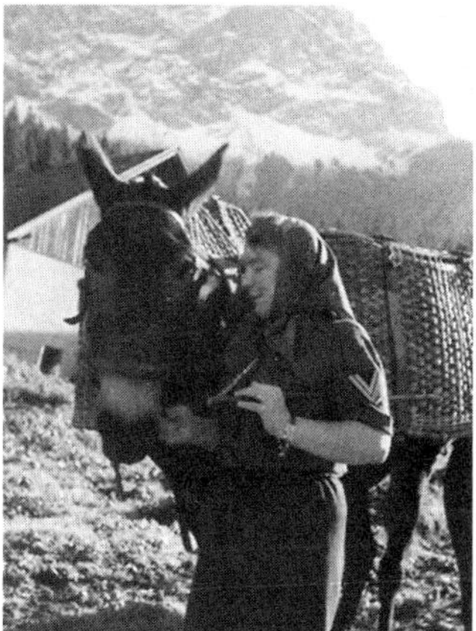

Liesl Karlstadt mit ihrem Lieblingsmuli Panther

gemeinsam im Deutschen Theater auf der Bühne, bevor sich ihre Wege trennten. Seiner führte in die Tiefe der Ritterspelunke, ihrer in die entgegengesetzte Richtung: in die Höhe der Berge.

Dem vorausgegangen waren Anfang 1941 Liesl Karlstadts Auftritte im Rahmen der Revue »Münchner Bilderbogen« in Adolf Gondrells Bonbonniere. Gesundheitlich ging es ihr überhaupt nicht gut. Sie litt unter Magenschmerzen, nahm sich jedoch sehr zusammen, weil sie ihre Kollegen nicht im Stich lassen wollte. Erst als sie nahe am Zusammenbruch war, entschloss sie sich, zu pausieren und einen Erholungsurlaub anzutreten. Ein glücklicher Zufall vermittelte ihr das ideale Reiseziel: Sie wurde von einem Freund eingeladen, sich für einige Tage in die Wohnung in Ehrwald in Tirol zu begeben, die er gemeinsam mit Wiener Freunden gemietet hatte.

Für die leidenschaftliche Bergsteigerin und Skiläuferin Liesl Karlstadt war das ein attraktives Ziel. Kurz vor ihrer Abreise erhielt sie überraschend Besuch von Dr. Rolf Badenhausen, Gustaf Gründgens' Chefdramaturg, mit dem sie schon viele Berg- und Skiausflüge unternommen hatte. Er bot ihr sofort seine Begleitung an. Sie verbrachten einige schöne Tage, Liesl Karlstadt musste Diät halten und sich ausruhen, Rolf Badenhausen stieg zur Ehrwalder Alm auf und unternahm von dort aus Skitouren. Als es Liesl Karlstadt besser ging, hielt sie es im Tal nicht mehr aus und begleitete ihn hinauf auf die Alm.

Im Gasthof Zum Alpenglühn kehrten sie ein. Liesl Karlstadt war begeistert von der Berglandschaft und begann von nun an, diesen Ort immer wieder – mittlerweile auch allein – aufzusuchen. Jedes Mal begegnete ihr eine kleine Karawane, die aus zwei Gebirgsjägern und zwei schwer bepackten Muli bestand. Die Tiere, die sich trotz ihrer schweren Last behände und sicher im Gebirge bewegten, weckten ihre Aufmerksamkeit. Eines Tages traf sie bei ihrem Aufstieg einen Wachtmeister, mit dem sie ins Gespräch kam und der sie an ihrer Stimme erkannte. Überglücklich, so einen berühmten Gast in der Nähe zu haben, stellte er sich vor als Wachtmeister Leinbeck und lud sie zu einem Besuch in die Militärdiensthütte ein, wo er mit seinen Kameraden stationiert war.

Liesl Karlstadt nahm die Einladung an und erschien beim ersten Mal zusammen mit Rolf Badenhausen. Sie lernte die Gebirgsjäger kennen, die auf der Ehrwalder Alm stationiert waren. Ihre Hütte lag etwa fünfzig Meter oberhalb des Gasthofs Zum Alpenglühn, in dem damals schon Urlauber wohnten. Liesl Karlstadt war wie verzaubert von der Umgebung der Ehrwalder Alm. Um den Gasthof herum breitet sich eine imposante Hochebene aus, die einen herrlichen Ausblick auf ein beeindruckendes Bergpanorama eröffnet. Höhe und Weite zugleich – eine befreiende Kombination für Liesl Karlstadt.

Rolf Badenhausen fuhr zurück nach Berlin, und Liesl Karlstadt blieb allein in Ehrwald. Auch als ihr Magenleiden auskuriert war, konnte sie sich nicht zur Abreise nach München entschließen. Stattdessen unternahm sie so oft wie möglich den Aufstieg zur Ehrwalder Alm und traf jedes Mal die Mulikarawane. Sie beobachtete genau, was die Mulitreiber taten, wenn die Tiere störrisch waren und eigensinnig stehen blieben. Einer formte einen harten Schneeball und klatschte ihn »Panther« – so der Name des Tieres, das Liesl Karlstadt besonders ins Herz geschlossen hatte – aufs Hinterteil. Die Wirkung war verblüffend: Panther schüttelte sich wohlig und trabte erfrischt weiter.

Das Beobachten machte Liesl Karlstadt wie immer große Freude. Ihre Neugier war ungebrochen. Und endlich geriet sie in eine Situation, in der sie ihre neu erworbenen Kenntnisse anwenden konnte. Als ein Bauer, der mit seinem Holzschlitten den Berg hinabfuhr, der Mulikarawane auf einem sehr engen, von hohen Schneewällen begrenzten Wegstück begegnete, blieb er beim Ausweichmanöver mit seinem Schlitten im Schnee stecken. Während ihm die beiden Mulitreiber halfen, den Schlitten zu bergen, nutzte Liesl Karlstadt die Gelegenheit, sich den Tieren zuzuwenden, die die unerwartete Rast offensichtlich genossen. Sie war neugierig, ob es ihr wohl gelingen würde, ihre Beobachtungen in die Tat umzusetzen und Panther und Quäker zum Weitergehen zu bewegen. Sie probierte den Schneeballtrick und hatte Erfolg. Die beiden Tiere beendeten ihre Rast und setzten ihren Weg zur Ehrwalder Alm fort, ohne sich um ihre Treiber zu kümmern.

Für Liesl Karlstadt war das ein großartiges Erlebnis, das sie stolz und glücklich machte. Die beiden Mulitreiber waren fassungslos, weil sie schon große Bedenken gehabt hatten, ob es ihnen gelingen würde, die störrischen Tiere zum Weitergehen zu bewegen. Besonders erstaunt waren sie darüber, dass es eine Frau geschafft hatte, den störrischen Panther, der »Weiberleut überhaupts net mag«, zu überlisten.

Gerade dieses Tier war es, das Liesl Karlstadt in Ehrwald

bleiben und ihre Abreise immer wieder verschieben ließ. Sie hatte in ihm einen vierbeinigen Freund gefunden. Die Nachricht von ihrem großen Triumph, von ihren Dressurkünsten wurde überall verbreitet. Natürlich wollten alle wissen, wer diese Mulidompteuse war.

Allmählich lernte man sich besser kennen, traf sich noch häufiger, und Liesl Karlstadt mietete sich schließlich ganz in der Nähe der Ehrwalder Hütte im Gasthaus Zum Alpenglühn ein. Am Abend saß sie mit den Soldaten am Stammtisch. Man verbrachte zünftige Hüttenabende im Gasthof, und Liesl Karlstadt, die einzige Frau, war der Mittelpunkt der lustigen Abende. Das gefiel ihr zwar sehr, ihr Hauptinteresse galt jedoch nach wie vor den Tieren. Sie ging mit in den Stall, schaute zu, wie die Muli geputzt und gefüttert wurden, half mit und war nach einigen Wochen so weit, dass sie sie selbstständig betreuen und führen konnte. Als Anerkennung bekam sie am 27. Februar 1941 den »Mulitreiber-Führerschein«, der mit echtem Dienstsiegel versehen war und lautete: »Das Frl. Liesl Karlstadt hat am heutigen Tage trotz Sonnenschein die Mulitreiber-Prüfung auf der Geraden und am Steilhang mit der Note ›hervorragend‹ bestanden. Sie ist damit bis auf Widerruf berechtigt, fiskalische und andere Muli in jedem Gelände, bei Tag und bei Nacht, zu führen.« Darüber hinaus taufte man Liesl Karlstadt in Gustav um und ernannte sie zum Hilfstragetierführer.

Die Gebirgsjäger freuten sich über solche Zeremonien, die Abwechslung in ihr Leben brachten, und Liesl Karlstadt bewies auch hier wieder großen Ehrgeiz und strebte weiter Beförderungen an. Schließlich wurde sie aufgrund ihrer wachsenden Verdienste um die Mulipflege in den Rang des

Gefreiten erhoben. Sie nahm ihre Aufgabe sehr ernst, denn sie wusste um ihre Bedeutung. Sie wusste auch, dass sich ihre Vorgesetzten strafbar machten, wenn sie ihr erlaubten, die Muli zu führen.

In ihren Berichten über das Leben in Ehrwald, die alle in heiterem Tonfall abgefasst sind, hat Liesl Karlstadt immer wieder betont, dass weder eine Vorliebe für Uniformen noch für militärisches Leben entscheidend dafür war, dass sie sich dort so wohlfühlte, sondern einzig die Natur, die Berge, die Tiere, die Gemütlichkeit des Hüttenlebens. In all ihren (nacherzählten) Schilderungen ist der Krieg fern, nicht präsent, nicht existent. Der Alltag der Gebirgsjäger scheint ihn auszuklammern.

Anekdoten werden zum Besten gegeben, ausgelassene Hüttenabende geschildert, bei denen Liesl Karlstadt eine Wahlfamilie gegründet und den jeweiligen Rang des Mitglieds und die Beziehung zu ihr bestimmt hat – Ehemann, Sohn, Onkel. Jeder riss sich darum, dabei zu sein.

Unten im Tal, in Ehrwald, kursierten Gerüchte. Gab sich eine Schwindlerin für Liesl Karlstadt aus? Warum sollte sich die bekannte Münchner Schauspielerin hier aufhalten? War der Mulitreiber überhaupt eine Frau?

Und wieder schlüpft sie in die Männerrolle, mit derselben Ernsthaftigkeit, dem Ehrgeiz und dem Perfektionismus, den sie auf ihre Bühnenauftritte verwandte. Und ihre Schilderungen gleichen denen, die sie über ihre Wirkung als Kapellmeister in Umlauf brachte. Mit großem Stolz erzählt sie, dass sich die hübschen Mädchen aus Ehrwald in sie verliebt hätten und ihr mit Verlegenheit und Herzklopfen begegnet seien. Sie habe Spaß daran gehabt und den Flirt erwidert: »Obwohl ich bestimmt keine Uniformfigur habe, hab ich's am eigenen Leib erlebt, welcher Zauber eine Uniform auf gewisse Mädchen ausstrahlt. Dabei hab ich nur eine blaue Zimmermannshose angehabt und dazu eine zwetschgenblaue Sportbluse mit dem Gefreitenwinkel und dem Gebirgsedelweiß. Um die Hüfte hab ich mir einen Ledergürtel mit einer Messingschließe geschnallt.«[86]

Die Sportbluse wurde später durch das Afrikahemd eines Gefreiten ersetzt, das der ihr gerne überließ.

Anekdoten wie diese und vor allem Liesl Karlstadts Freude darüber, Verwirrung über ihre Geschlechtszugehörigkeit zu stiften, erinnern an die Erlebnisse, die mit ihren Auftritten als alter Kapellmeister verbunden sind. Wenn sie davon erzählte, begann sie meist mit den Worten »Obgleich ich, als Mann verkleidet, bestimmt nicht verführerisch aussehe«. Die Berichte über ihr Auftreten als Gefreiter Gustav beginnt sie mit den Worten »Obwohl ich bestimmt keine Uniformfigur habe«. Diese Einschränkung soll jeden aufkommenden Zweifel am Wahrheitsgehalt ihrer Geschichten von vornherein in den Hintergrund drängen. Da gab es damals am Theater die Büfettangestellte, die ihr jeden Tag einen Liebesbrief schrieb. Da gab es das Zimmermädchen, dem sie als Fritz Maier antwortete und so eine ganze Zeit lang an der Nase herumführte, und da gab es die berühmte Kollegin Fritzi Massary, die während der zweistündigen Vorstellung ganz vorn an der Bühne saß, ohne zu merken, dass der Kapellmeister von einer Frau gespielt wurde.

Nun veranstaltete Liesl Karlstadt das Spiel mit den Männerkleidern fernab vom Münchner Bühnen- und Kulturgeschehen und verkörperte hoch oben auf der Ehrwalder

Alm die Rolle des Gefreiten Gustav mit Eifer und Begeisterung. Allen machte es großen Spaß, der nur dann und wann durch aufkommende Bedenken getrübt wurde. Was würde der Kompaniechef Schleif in Oberammergau zu diesem gesetzeswidrigen Treiben sagen? Sein Besuch ließ nicht lange auf sich warten, nachdem er von dem eigentümlichen Treiben auf der Ehrwalder Alm erfahren hatte. Er ließ das neue Kompaniemitglied antreten und fragte, ob das, was ihm zu Ohren gekommen sei, stimme, dass er nämlich in seiner Kompanie einen weiblichen Mulitreiber habe, der nicht nur ein Gefreiter sei, sondern darüber hinaus auch noch »die« Liesl Karlstadt. Liesl Karlstadt konnte seine Informationen nur bestätigen. Am selben Abend fand auf Veranlassung des Kompaniechefs eine Feier statt, auf der sie zum Obergefreiten befördert wurde. Allen fiel ein Stein vom Herzen, weil der Obergefreite Gustav nun von höchster Instanz innerhalb der Kompanie als Mulitreiber anerkannt worden war.

Mittlerweile vermisste man die Schauspielerin Liesl Karlstadt in München und forderte sie für Bühnen- oder Filmrollen an. Daraufhin beantragte sie schließlich in aller Form Urlaub beim Hüttenwart und erhielt eine »Dringende Feld-Theater-« oder »Feld-Film-Abstellung«. Der Abschied fiel ihr jedes Mal schwer, und sie kehrte immer wieder zurück. Ihre längste Abwesenheit dauerte aber nicht länger als ein halbes Jahr.

Von April bis August 1941 spielte sie am Münchner Volkstheater in Carl Borro Schwerlas »Graf Schorschi« die Blumenhändlerin Graf. Sie hat es genossen, wieder einmal Abend für Abend im Rampenlicht zu stehen und den Beifall des Publikums entgegenzunehmen. Nach Beendigung des

Engagements war es für sie jedoch klar, wohin sie der Weg führte: zurück auf die Ehrwalder Alm.

Von den Kameraden, die sie im Frühjahr verlassen hatte, fand sie bei ihrer Ankunft nur noch einen vor, die anderen waren abkommandiert an die Front im Kaukasus. Liesl Karlstadt alias Obergefreiter Gustav nahm die Arbeit als Mulitreiber wieder auf. Willi Schleif, der Kommandant, der mittlerweile Major geworden war, schickte ihr einen Feldpostbrief aus Russland, der im heiteren Ton der Filserbriefe abgefasst war, zur Ehrwalder Hütte. Er berichtete, dass er sie kürzlich im Radio gehört habe, und beförderte sie schriftlich und aus der Ferne zum Stabsgefreiten. Er klagte über die Schneemassen, die Kälte und – die Russen, vor denen man keine »Ruhe« habe. Liesl Karlstadt feierte mit der neuen Hüttenbesetzung ihre Beförderung und schrieb ihm einen Dankesbrief zurück, in dem die Sätze vorkamen: »Wia die Mulitreiber Eahnanen Luftfeldpostbrief bracht ham, hat's uns direkt am Arsch hig'haut vor lauter Freud'! Da ich ein Münchner Urviech bin, basserten mir zwoa ganz guat zamm'. I sag' Eahna was, schiassen S'do a bisserl schneller, daß der Krieg eher aus is'! Sie brauchen koa Angst ham, daß Sie hernach brotlos wärat'n, denn Sie ham mir armen Teufel aa schon oft aus der Not g'holfen, deswegen laß i Eahna, wenn's soweit is, aa g'wiß net hänga, sondern mir genga miteinander als Ahtragzion auf d'Oktoberwies'n und laß ma uns ausstell'n, nacha san mir erstens auf die Firma Hitler & Co. nicht mehr angewiesen und verdeana an Haufen Geld!«[87]

Bis zum »hernach« sollte es noch eine ganze Weile dauern. Die Firma Hitler & Co. war noch lange nicht am Ende. Liesl Karlstadt ließ sich jedoch ihren heiteren Ton nicht nehmen, auch wenn es um den Krieg ging. Hier oben auf der Ehrwalder Alm schien der Krieg fern zu sein. Der Stabsgefreite Gustav versorgte weiterhin die Muli und war stolz auf seine erneute Beförderung.

»Ihrem großen Weitblick habe ich laut Urkunden-Ausstattung entnommen, daß Sie in mir eine zweite Jungfrau von Orlehans entdeckten. Sie taaten mi gar nimma kenna, so hat's mir mei Heldenbrust zammg'haut. An Stelle der früheren Rundungen kann man jetzt nur noch von Nischen sprechen!«[88]

Die ironischen Anspielungen auf ihre Weiblichkeit setzen den einmal begonnenen Ton der fröhlichen Harmlosigkeit fort. Aber wie sah das Zusammenleben dieser Frau mit den Gebirgsjägern im Alltag aus? Mittlerweile konnte man nämlich von einem Zusammenleben sprechen, denn Liesl Karlstadt hatte ihr Quartier im Gasthof Zum Alpenglühn aufgegeben und war als »Landser unter Landsern« ins einzige Offizierszimmer der Diensthütte eingezogen. Es trug an der Tür das Namensschild »Stabsgefreiter Gustav«.

Die Diensthütte war für hundert Mann berechnet, wie viele Soldaten dort tatsächlich stationiert waren, ist nicht bekannt. Die einzige weibliche Person, die dort lebte, versicherte jedenfalls, sie sei von allen Soldaten als Frau respektiert worden. Ihre Sicherheit bezog sie allerdings aus der männlichen Kostümierung. Hier kam ihr die lebenslange Bühnenerfahrung in Hosenrollen zugute: »Wenn ich einen Frauenrock angehabt hab, hab ich mich nix sagen traun«, sagte sie selbst. »Aber in der Hosn hab ich immer a freche Goschn ghabt, weil ich gwußt hab, daß mich meine Kameraden nicht im Stich lassen.«[89]

Der Alltag in der Hütte brachte naturgemäß heikle Situationen mit sich, die es mit Fantasie, List und gegenseitigem Taktgefühl zu bewältigen galt. Es gab zum Beispiel nur einen gemeinsamen Waschraum. Um sich ungestört waschen und herrichten zu können, musste Liesl Karlstadt sehr früh aufstehen, meistens mitten in der Nacht. Natürlich war auch nur eine Herrentoilette in der Hütte vorhanden. Jedes Mal wenn sie diesen Ort aufsuchen wollte, klopfte sie vorher laut an die Tür des Bretterverschlags und erkundigte sich, ob jemand drin sei.

Aber es waren nicht nur heikle und pikante Situationen, die in Liesl Karlstadts Leben bei den Gebirgsjägern auftraten, sondern auch gefährliche. Als sie einmal in den Ort hinuntergestiegen war, um Proviant zu holen, wurde Liesl Karlstadt alias Stabsgefreiter Gustav auf der Straße von einem preußischen Offizier angehalten und auf ihre Uniform angesprochen. Er drohte, sie wegen Verhöhnung der Wehrmacht anzuzeigen. Doch zum Glück gelang es ihr, die Situation durch eine Mischung aus Humor und Schlagfertigkeit zu entspannen. Wieder einmal konnte sie ihr komisches Talent anwenden, das schon unzählige Male auf der Bühne mit Beifall bedacht worden war. Der Kompaniechef Willi Schleif setzte sich dafür ein, dass die Meldung des preußischen Offiziers an seine Dienststelle zurückgenommen wurde. Die geheimnisvollen Vorgänge auf der Ehrwalder Hütte wurden an keiner offiziellen Stelle aktenkundig.

Der Stabsgefreite Gustav nahm an Hochgebirgsübungen teil, stand den Kameraden an Durchhaltevermögen nicht nach, war strahlender Mittelpunkt der »Himalaja-Expedition«, die als Faschingsgaudi in den Alpen stattfand, und wäre wahrscheinlich noch lange dort geblieben, wenn der Krieg nicht in einer Weise eskaliert wäre, die sich mit Galgenhumor nicht mehr bewältigen ließ. Die Luftangriffe verstärkten sich. Bomben fielen auf München. Dort lebte die Schwester Amalie allein in der gemeinsamen Wohnung. Der Stabsgefreite Gustav verließ Anfang 1943 seine Kameraden und kehrte als Liesl Karlstadt nach München zurück.

ACHTZEHN

Unter Gebirgsjägern im Krieg

»Hoch droben im Gebirge, zwischen Latschen und Fels, verbrachte er mit Liesl Karlstadt idyllische und beschauliche Stunden. Dann spielte sie ihm oft auf ihrer Klarinette uralte Landler und Volksweisen vor und zauberte eine Stimmung, als wäre der grausame Krieg nur ein ferner, unwirklicher Spuk.«[90]

Während Kompaniechef Schleif und sein weibliches Kompaniemitglied Liesl Karlstadt oben auf dem Berg versuchten, den Krieg als bösen Traum und irrealen Spuk in die Ferne zu verbannen, wurde unten im Tal Toni Hölzls »Lied der Gebirgsjäger« vorgestellt. Die Uraufführung fand im Februar 1941 im Rahmen eines lustigen Abends mit Musik, heiteren Soldatenliedern, Varieté und Zirkus im Innsbrucker Stadtsaal statt.[91]

Wir sind die kühnen Jäger
Vom deutschen Alpenland
Der Führer rief zum Streite,
Wir zogen ins Polenland,

Wir kennen West und Norden,
Wir haben vor keinem Scheu:
Im Eise und an Fjorden,
Da halten wir die Treu!

Schon unsere Väter kämpften
Für eines Reiches Wehr.
Das Reich, es ist zerfallen.
Es blieb uns nur die Ehr.
Als altes Siegeszeichen
Blüht uns ein kleines Reis:

Die schöne Bergesblume,
Das stolze Edelweiß!

Wo immer sie uns rufen,
Wir gehn daran mit Schneid
Und schlagen uns und fechten
Getreu den Fahneneid,
Dem Führer stets zur Ehre
Für's große Vaterland:

Wir sind die kühnen Jäger
Vom deutschen Alpenland!

Bunte Abende schienen weiterhin überall beliebt zu sein. Die Zeitungen der Region, der Außferner Bote und die Innsbrucker Nachrichten, berichteten regelmäßig und ausführlich davon. Einen kulturellen Höhepunkt bildeten die »heiteren Bilder aus dem Soldatenleben«, die im Großen Innsbrucker

Stadtsaal unter dem Titel »Traum und Wirklichkeit« präsentiert wurden.

Auch im »hohen Norden«, in Lappland und Norwegen, wo Gebirgsjäger eingesetzt waren, versuchte man, den Humor nicht zu verlieren, was angesichts des verständlichen Heimwehs nach der vertrauten Tiroler Bergwelt nicht leicht war. Aber bald konnte man lesen, dass es den zum unwirtlichen Polarkreis Gesandten glücklicherweise gelungen war, ihre Tiroler Lebensart zu bewahren. »Innsbrucker machen es sich in Kirkenes gemütlich« meldeten die Zeitungen und zeigten als sichtbaren Beweis das Foto von einem »Heimatabend in einer Stube unter den Gebirgsjägern im hohen Norden, unter denen man Innsbrucker Gesichter entdeckt«.

Tapfere Männer waren es, die man in den Norden geschickt hatte, Gebirgsjäger, gewöhnt unter extremen klimatischen Bedingungen zu überleben. Sonst würden sie die Kälte und die Dunkelheit am Polarkreis gar nicht aushalten. Zu Hause in den Tiroler Bergen hatten sie sich auf ihre große Aufgabe für Volk und Führer vorbereiten können. In Ehrwald und Umgebung wusste man: Wer hier oben im Bergmassiv an der Zugspitze zurechtkam, den konnten die Naturgewalten auch anderswo nicht erschüttern. Wer auf alpine Erfahrungen zurückzugreifen verstand, der war den schwierigsten Klimaverhältnissen gewachsen, weil er wusste, wie man sich ernähren muss und welche Kleidung und welche Ausrüstung erforderlich ist. Unterstützt wurden die Soldaten im Norden durch kleine zähe Haflingerpferde. Die schleppten Baumstämme für den Hüttenbau, der eine der wichtigsten Aufgaben der Gebirgsjäger war. Solide Unterkünfte waren dringend notwendig in der eisigen Polarnacht. »Es sollen in diesem Zusammenhang auch die braven ›Haflinger‹ nicht vergessen sein, die kleinen zähen Pferde unserer Gebirgstruppen, die der Jäger liebevoll ›Muli‹ getauft hat – wohl in der Erinnerung an die früher oft verwendeten Maultiere«, heißt es in den Innsbrucker Nachrichten.

Die Soldaten in der Ferne vergaß man in der Heimat nicht. Man schickte ihnen Kriegsberichterstatter, die sich nicht nur für ihre Mission für das Vaterland interessierten, sondern ihnen auch vom Leben daheim erzählten. Dort war man stolz auf die Männer aus den Alpen und veröffentlichte ihre Erlebnisse und Feldpostbriefe. Die Kriegsberichterstatter wurden nicht müde, die vorbildlichen Soldatenheime und »traulichen Tiroler Stuben im hohen Norden« zu preisen. Sogar ein Tanzcafé hatte man in der Polarzone eingerichtet.

Ein Stück Soldatenheimat ließ sich mit Tiroler Stubengemütlichkeit überall zaubern, wenn nur der Soldatenhumor nicht verloren ging. Ihn galt es zu bewahren. Deshalb starteten die Innsbrucker Nachrichten am 15. Februar 1941 den Aufruf zu einem Preisausschreiben: »Wir suchen den besten Soldatenhumor!«

Als erster Preis lockte ein vierzehntägiger Aufenthalt mit Familie in einem beliebten Ort der Alpenländer. Der zweite Preis war eine Ziehharmonika und der dritte ein Paar Ski mit Bindung und Stöcken.

Aber die Zeitungen wussten auch von anderem zu berichten, zum Beispiel von dem eigentlichen Auftrag der Männer im Norden, der dann beginnen würde, wenn die polarwinterfesten Wohnheime errichtet waren. Von bevorstehenden gewaltigen Marschleistungen und dem Kampf in ungewohntem Gelände ist die Rede. Am 28. Juni 1941 heißt es dann endlich: »Die Gebirgsjäger von Narvik marschieren«. Die Marschrichtung ist der Osten, und die Grenze der Sowjetunion wird als überschritten gemeldet. Bilder einer Menschen- und Mulischlange tauchen auf. Gern gesehen sind sie überall, die fremden Soldaten. Die Propagandamaschine meldet eine »enge Verbundenheit der Bevölkerung mit unseren Gebirgsjägern«.

Im Herbst 1941 beginnt man, in den Zeitungen der Region unter der Rubrik »Solche Männer führen unsere Gebirgsjäger« die Kommandanten der Truppenteile zu porträtieren. Ritterkreuzträger schildern ihre Erlebnisse im Südostfeldzug, »der Hüttenwirt vom Kaisertal kommt im Osten zurecht«, und alle gemeinsam stimmen das »Heldenlied unserer Gebirgsjäger« an. Währenddessen ist daheim unter dem Titel »Edelweiß und Lorbeer« eine Wehrmachtausstellung zu sehen. Lorbeeren kann man sich in dieser Zeit verdienen, vor allem durch Tapferkeit!

Berichte aus dem Gau:
31. Dezember 1941
Ehrwald. Auszeichnung. Der Obergefreite bei den Gebirgsjägern Josef Hohenegg wurde beim Einsatz auf Kreta für tapferes Verhalten vor dem Feinde mit dem Eisernen Kreuz 2. Klasse ausgezeichnet und zum Unteroffizier befördert.
21. Jänner 1942
Ehrwald. Das Eiserne Kreuz. Anton Valentin, Gefreiter in einem Gebirgsjägerregiment, wurde für tapferes Verhalten vor dem Feinde beim Einsatz auf Kreta mit dem Eisernen Kreuz 2. Klasse ausgezeichnet.

23. April 1942
Ehrwald. Auszeichnung. Der Jäger Josef Paulweber in einem Gebirgsjägerregiment wurde für tapferes Verhalten vor dem Feind im Osten mit dem Eisernen Kreuz 2. Klasse ausgezeichnet.

Ab Frühjahr 1942 beginnen die Zeitungen, fast täglich Aufrufe zu veröffentlichen, in denen Freiwillige für die Gebirgstruppen der Waffen-SS gesucht werden. Liesl Karlstadt hat diese Annoncen in einer Anekdote aus Ehrwald parodiert. Als sie einmal im Gasthof Zum Alpenglühn von einer »aufgetakelten Blondine« gefragt wurde, wie sie denn Stabsgefreiter geworden sei, antwortete sie mit der Gegenfrage, ob denn die Dame nicht in der Zeitung gelesen habe, dass die Gebirgstruppen weibliche Hilfskräfte suchten. Unterstützt von ihren Kameraden und – obwohl als Frau erkannt – in Männerkleidern sehr mutig, berichtete sie der Verblüfften, dass sich gleich fünfhundert Interessentinnen gemeldet hätten, von denen dann fünfzig in die engere Wahl gekommen seien. Nur eine habe jedoch die Prüfung bestanden. Das sei sie, und die Prüfungsaufgabe, ein vollbepacktes Muli bei nebligem Wetter auf die Zugspitze hinauf- und wieder hinunterzuführen, sei für sie ein Kinderspiel gewesen.

Jede Anekdote wirft erneut die Frage auf, wie es möglich war, dass in dieser Zeit, mitten im Krieg, eine Frau unter Soldaten auf der Ehrwalder Hütte leben konnte? Eine Frau, die Männerkleidung trug, sich Gustav nannte, zuverlässig ihren Dienst tat und schließlich sogar zum Stabsgefreiten befördert wurde. Liesl Karlstadt schlüpfte in diese Rolle mit Spielfreude, Leichtigkeit und Souveränität, so als befände sie sich

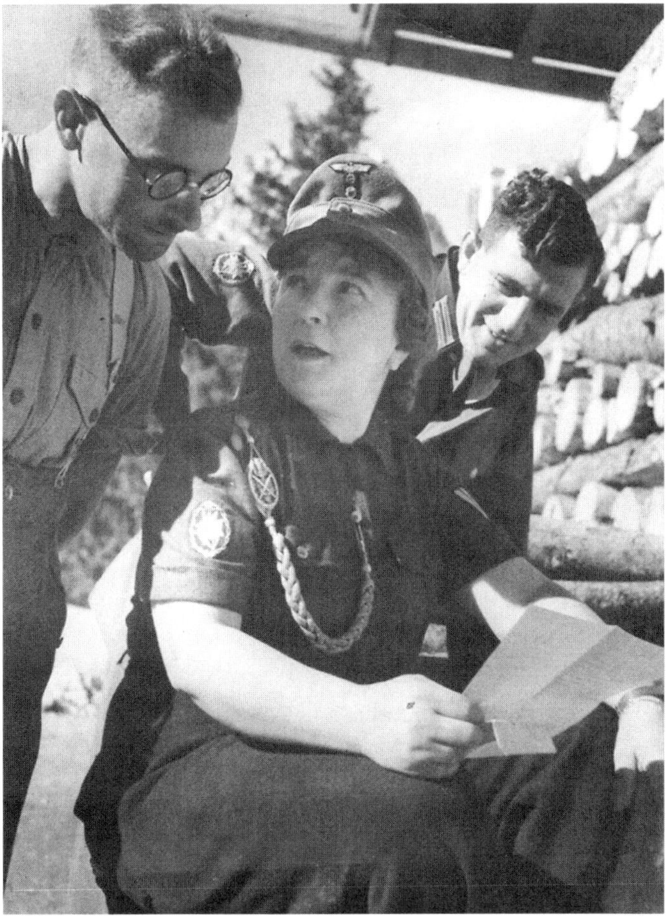

Als Gefreiter Gustav auf der Ehrwalder Alm

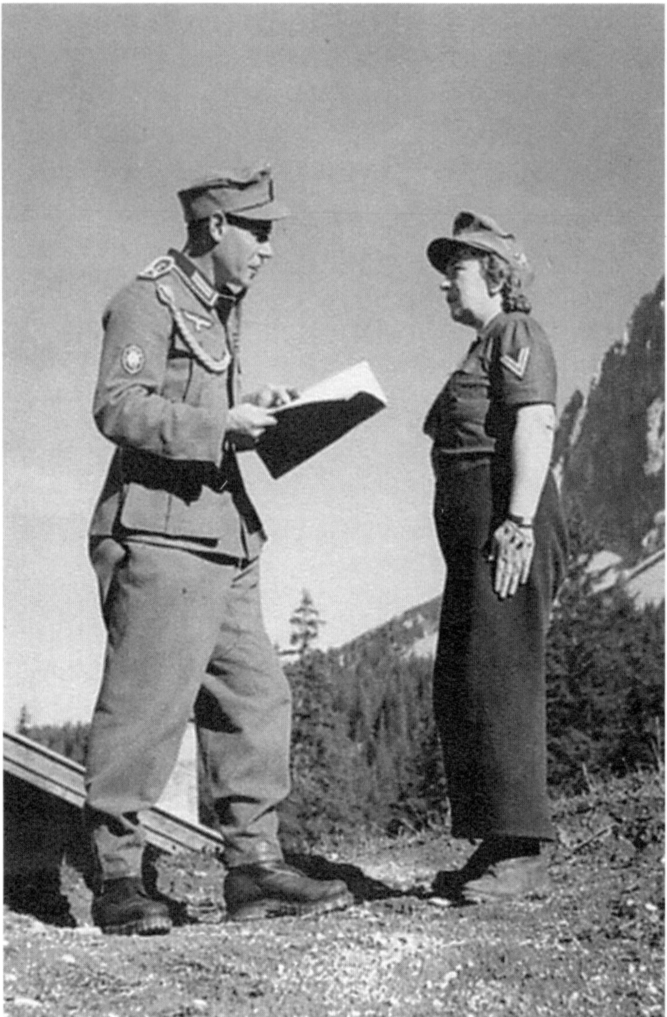

Obergefreiter Gustav

nicht in der Realität eines schrecklichen Krieges, sondern in der Inszenierung eines Theaterstücks auf der Bühne. Selbst Zusammenstöße mit fremden Soldaten, die in die Vorgänge auf der Ehrwalder Hütte nicht eingeweiht waren, konnten sie nicht erschüttern. Sie erzählt mit der gleichen Mischung aus Koketterie, Stolz und Schadenfreude davon wie seinerzeit über ihre Verwandlungs- und Verkleidungsabenteuer im Theater.

War es überhaupt möglich, dass eine Frau zwei Jahre lang unter Gebirgsjägern auf der Ehrwalder Hütte lebte, ohne dass es der Obersten Heeresleitung zu Ohren kam? Denn Liesl Karlstadt führte angeblich ein eigenes Soldbuch als Gefreiter Gustav, hatte eine eigene Feldpostnummer und erhielt Feldpostbriefe an die Adresse der Ehrwalder Alm. Und zwischendurch tauchte in verschiedenen Münchner Zeitungen eine Verlustanzeige auf, die berichtete, dass Liesl Karlstadt ihre Klarinette vermisse. Ein befreundeter Soldat habe sie im Zug, der täglich um 11.10 Uhr von München nach Garmisch fuhr, verloren. Wer etwas über den Verbleib des Instruments wisse, möge sich auf der Ehrwalder Alm melden – man war also nicht besonders bemüht, ihren Aufenthalt geheim zu halten und sämtliche Spuren zu verwischen.

Auch in München war ihr Aufenthaltsort bekannt. Die Versuche, Liesl Karlstadt in die Stadt zurückzuholen, waren mit Theaterengagements verbunden. 1941 spielte sie am Volkstheater in Carl Borro Schwerlas »Graf Schorschi«, in Ludwig Thomas »Die Dachserin«, trat in den folgenden Jahren bei bunten Abenden auf und kehrte anschließend immer wieder nach Ehrwald zurück. Wahrscheinlich war es für die ihr Nahestehenden in München überdeutlich, dass sie ihr Leben hoch auf dem Berg unter Soldaten sehr genoss, dass sie dort aufblühte und dabei war, die schweren Zeiten, die sie hinter sich hatte, zu überwinden. Sie war auf dem Weg, zu einer Stabilität zurückzufinden, die sie in den letzten Jahren für immer eingebüßt zu haben schien. Amalie Wellano wird Hoffnung geschöpft haben, und Karl Valentin war zu diesem Zeitpunkt für Liesl Karlstadt kein wichtiger Gesprächspartner mehr. Das, was er ihr in seinen Briefen in die psychiatrische Klinik versprochen hatte, war längst hinfällig geworden:

»Ich bitte Dich mit aufgehobenen Händen verzeihe mir alles, was ich getan habe, ich will so werden wie Du es willst, ich wußte ja nicht, daß ich so bin, ich bleibe in Zukunft die eine treue Seele. Ich verlange mir so lange Du lebst nichts anders mehr als Dich, und ich werde für Dich sorgen wie eine Mutter für ihr Kind. Du hast zu mir so oft gesagt, ich bin ein guter Mensch, nur in Deiner Krankheit hast Du das alles anders empfunden. Schreibe mir sofort, daß Du mir wieder so gut bist, wie Du es immer warst. Liebe gute Lisi schreibe mir sofort, daß wir wieder zusammengehören krank oder gesund, ich verlasse Dich niemals und arbeite nur mit Dir allein oder gar nicht.«

Und:

»Wir halten fest und treu zusammen. Ein dreifaches Hoch der alten Firma Valentin-Karlstadt und nieder mit allem nervösen Gesindel, wie Ehrgeiz Eitelkeit – Größenwahn – Zukunftsangst pp.«[92]

Doch die alte Firma Valentin-Karlstadt gab es nicht mehr. Nicht nur, weil Karl Valentin sie 1939 durch die Suche einer neuen Partnerin zerstört hatte. Liesl Karlstadt hatte die einst

»leibeigene Partnerschaft« längst für sich selbst aufgekündigt. Die Firma hatte ihre Grundlage verloren, die neben der Funktion, die Liesl Karlstadt für Karl Valentin erfüllte, zum großen Teil in der Bewunderung lag, die sie ihm entgegenbrachte. Wie sollte sie jemanden bewundern, dessen Antwort auf das reale alltägliche Grauen die Erfindung und Inszenierung eines Panoptikums war, in dem Horrorszenarien präsentiert wurden, die sowieso nicht mit der Realität konkurrieren konnten? Der Gruselkeller zeigte ihr deutlich und unübersehbar, wie weit ihre Wege auseinandergegangen waren, bevor sie sich endgültig trennten.

Die Gebirgsjäger, die Liesl Karlstadt auf der Ehrwalder Alm kennenlernte, bildeten einen extremen Kontrast zu Karl Valentin und den Männern, die sie aus der Münchner Kulturszene kannte. Sie waren jung, naturverbunden. Sie liebten ihre Heimat, sie konnten in der Natur überleben. Allein. Sie brauchten niemanden, auf dem sie alles Negative, was ihnen Sorgen machte, abluden.

Überspanntheiten, Hypochondrie, Ängste fanden hier keinen Wirkungskreis. Die Soldaten freuten sich über ihren neuen außergewöhnlichen Kameraden und die lustigen Abende, die sie ihm verdankten.

Von den Gebirgsjägern, die damals auf der Ehrwalder Hütte stationiert waren, ist heute niemand mehr ausfindig zu machen. Und bei den zuständigen Militärarchiven liegen keine Unterlagen über eine Person vor, die sich unter dem Namen Liesl Karlstadt oder Elisabeth Wellano oder Stabsgefreiter Gustav in der fraglichen Zeit auf der Ehrwalder Alm aufhielt.

Ein ehemaliger Tiroler Gebirgsjäger aus der Umgebung

von Innsbruck antwortete auf meine Frage, ob es nicht unwahrscheinlich sei, dass eine Frau unter den geschilderten Umständen illegal zwei Jahre bei Gebirgsjägern gelebt habe: »Da war nix unwahrscheinlich im Krieg.«

Für Liesl Karlstadt mag das in mehrfacher Hinsicht gegolten haben. Neben der allgemeinen äußeren Irritation und Bedrohung, die alle Menschen in dieser Zeit betraf, war sie während ihrer schweren psychischen Erkrankung zusätzlich ihrer ureigensten inneren ausgesetzt gewesen. Im Vergleich zu diesen Grenzerfahrungen war es für sie ein reizvolles Spiel, auf der Ehrwalder Alm in Soldatenkleidern herumzulaufen. Was sollte schon passieren, wenn sie von der Obersten Heeresleitung entdeckt wurde? Bestrafung, Gefängnis? Schließlich war sie den verschlossenen Räumen der psychiatrischen Klinik und Valentins Gruselkeller entronnen und befand sich stattdessen hoch oben auf ihren geliebten Bergen. Dort agierte sie mal als Frau, mal als Mann. In einer Zeit, in der die Welt der Männer gänzlich abgetrennt zu sein schien von der Welt der Frauen, war sie eine Grenzüberschreiterin.

Während des Krieges kamen Frauen in der Öffentlichkeit nur selten vor. Über sie gab es nichts Spektakuläres zu berichten, denn sie wirkten im Verborgenen, versorgten den Haushalt, erfüllten ihre »eigentliche« Bestimmung. Und die lag vor allen Dingen in der Mutterschaft. Während auf den ersten Seiten der Innsbrucker Nachrichten ausführlich über die Heldentaten der Gebirgsjäger am Polarkreis berichtet wurde, malte zwei Seiten später ein bescheidener Artikel das »Mutterglück im Sonnenschein« zu Hause aus. Es gab daneben »Frauenberufe von höchster Bedeutung« in den sozialen Diensten, auf die man als Arbeitsmaid schon vorbereitet war. Und ein ganz neuer Beruf wurde kreiert: »Mütterschullehrerin«.

Der Außferner Bote berichtete am 17. Mai 1941 vom »Muttertag im Kriegsjahr 1941« unter dem Titel »Der Sinn ihres Opfers«: »Solange das Gesetz des Daseinskampfes verlangt, daß Männer ihr Leben einsetzen, um das Leben zu gewinnen, steht zu dieser harten Notwendigkeit in naturgewolltem Ausgleich der ewige Auftrag der Frauen, das Leben zu hüten und zu pflegen. Wir, wir wissen, wofür die Männer kämpfen und die Frauen opfern. Das Ziel, das vor uns aufgerichtet ist, liegt nicht irgendwo versteckt hinter falschen Vorspiegelungen und Illusionen – wir sind schon auf dem Wege zu ihm. Unter unseren Füßen fühlen wir den Boden des nationalsozialistischen Reiches.«

Sechs Wochen später wurde der Außferner Bote eingestellt, wie viele Zeitungen vor und nach ihm im Zuge der Gleichschaltung.

Frauen und Mütter wurden vor allem von den Verwundeten gebraucht, wenn sie nach verschiedenen Krankenhausaufenthalten endlich wieder »heimkehrten in den Schutzbereich mütterlicher Liebe«. Natürlich würde man ihnen auch die freiwillige Kriegsarbeit nicht verwehren, zum Beispiel in einem nationalsozialistischen Musterbetrieb. Den Kriegshilfsdienst konnten auch schon Mädchen leisten. Sie gingen zur Musterung und hofften, von der Kommission mit einem »tauglich« bedacht zu werden.

»Der Bolschewismus schaffte entartete Flintenweiber; durch die Hände unserer Arbeitsmaiden fließt ein Strom des Segens, ihre wertvolle Hilfe brachte Frohsinn und Lachen in manche bedrängte Familie und hat sich längst die Herzen des Volkes erobert. Überall, wo heute die hellen Gesichter und die schmucken Uniformen unserer Maiden auftauchen, folgen ihnen Blicke voll Stolz und Bewunderung.«[93]

Im Oktober 1941 referierte die Reichsfrauenführerin auf dem Internationalen Frauentreffen in Berlin zu Vertreterinnen von 14 Nationen: Die nationalsozialistische Frauenbewegung habe vor der Aufgabe gestanden, eine Organisation zu schaffen, die es jeder einzelnen Frau, auch der einfachsten, ermögliche, am völkischen Leben teilzunehmen. Das bedeute das Hineintragen der Idee in den Alltag der Frauen, »da die Masse der Frauen durch die Gebundenheit an die Dinge des täglichen Lebens im allgemeinen nicht ohne weiteres einer abstrakten Gedankenwelt unmittelbar zugänglich ist«.[94]

Eine einmal überzeugte Frau sei dann nicht nur die treueste, sondern auch die opferbereiteste Anhängerin einer Bewegung. Nur so seien die ungeheuren Leistungen der deutschen Frau im Kriege zu verstehen. Durch diese Leistung und nicht durch den Kampf habe sich die deutsche Frau jene Stellung geschaffen, die ihr in einem germanischen Volke gebührt. Sie besäße zwar keinen Platz im Reichstag, aber sie habe ihren Platz an allen Stellen, wo praktische Entscheidungen getroffen werden, von der Ortsgruppe bis zur Reichsbehörde.

Liesl Karlstadt hatte für sich einen ganz anderen Platz und eine Aufgabe gefunden: oben auf der Ehrwalder Alm als Mulipflegerin bei den Gebirgsjägern. Über die Art ihrer Beziehung zu ihren Kameraden sind unterschiedliche Spekulationen möglich. Sie selbst sprach ausschließlich von der Mutterrolle, die sie für die jungen Männer in der Wahlfamilie, die sie dort gegründet hatte, einnahm.

Irgendwann an einem Abend in den Fünfzigerjahren erschien Willi Schleif, der ehemalige Kompaniechef, in dem Theater, in dem Liesl Karlstadt gerade auftrat, und sagte, er wolle zu seiner Mutter. Die Wiedersehensfreude war groß, als sie ihn als das »13. ihrer unehelichen Kinder« und ihren »Schef« begrüßte.

Zu ihrem 65. Geburtstag am 12. Dezember 1957 erhielt Liesl Karlstadt einen Brief vom Kameradenkreis der alten Gebirgstruppe. Die Kameraden bedankten sich dafür, dass die »sehr geehrte Frau Liesl Karlstadt und der liebe hochgeachtete Oberjäger« treu zu ihnen gestanden habe, als man nichts mehr von ihnen wissen wollte. Sie erinnerten an ihre Teilnahme an den Großtreffen in München und den allerersten Einladungsbrief ihres »getreuen Loisl von der Ehrwalder Alm«, der an die alten Bande aus den Kriegsjahren wieder anknüpfte. Vor fünf Jahren hatte er geschrieben:

»Liabe Liesl!

Daß d'as woaßt, mir Jaga ham Pfingstsonntag Appöl und Du kimmst aa!

Um zehne is Feldgottesdienst, um zwölfe samma im Hofbräuhaus.

Schreib ma, wann i Di abholn soll, I kimm füri g'fahrn mit inseren Muli-g'schbann. Wirst schaung, wia d'Jaga narrisch wern, balst kimmst! Bolitik treib'n ma net, aba auf geht's, wirst seng!«

Diesmal, anlässlich ihres 65. Geburtstags, sollte ihr eine besondere Ehrung zuteilwerden. Sie wurde im Namen der ehemaligen Gebirgstruppe zum Oberleutnant der alten Gebirgsjäger von der Ehrwalder Alm ernannt.[95]

NEUNZEHN

»Mutter Brandl« – Die letzte Rolle

Nach ihrer Rückkehr von der Ehrwalder Alm stand Liesl Karlstadt wieder im Münchner Volkstheater auf der Bühne, bis es 1944 durch Bomben zerstört wurde. Sie wirkte in diesen Jahren auch in zahlreichen Filmen mit. Blättert man in ihren Bühnenalben, gewinnt man rasch den Eindruck, sie habe damals alle Angebote angenommen, die man ihr unterbreitet hat.

Im Lauf der Zeit haben sich die Alben allmählich verändert. Der Zauber, den die ersten durch ihre liebe- und fantasievolle Gestaltung ausstrahlten, ist verloren gegangen. Die Alben erfüllen mittlerweile vor allem die Funktion der Dokumentation und häufen Berichte über Berichte zu Liesl Karlstadts Auftritten an. Manchmal ist auch ein Berliner Zeitungsausschnittdienst bemüht worden, um ein Ereignis möglichst vollständig zu dokumentieren. Man vermisst die Collagen und die inszenierten Seiten, in denen man die Atmosphäre eines Theaterabends spüren konnte.

Nach dem Krieg spielte Liesl Karlstadt am Volkstheater bekannte Rollen in bekannten Stücken. Wie in den meisten

Lebensbereichen des Alltags bestand der »Neuanfang« darin, Altes wieder hervorzuholen, an die Zeit vor dem Krieg anzuknüpfen, als habe es dazwischen nichts gegeben. Die bequemste Möglichkeit, das unfassbare Geschehen der letzten sechs Jahre auszuklammern und die Energien auf das Weiterleben und den Wiederaufbau zu konzentrieren. Im Volkstheater hieß das: Eröffnungsvorstellung am 20. November 1945 in neuen Räumen mit Bruno Franks »Sturm im Wasserglas«. Liesl Karlstadt verkörperte die Rolle der Frau Vogl, mit der sie vor fünfzehn Jahren ihre ersten Schritte auf die Bühne des Schauspielhauses getan hatte, um eine Solokarriere als Schauspielerin zu beginnen – parallel zu ihrer Arbeit mit Karl Valentin.

Anlässlich einer geschlossenen Gesellschaftsveranstaltung in Pasing trat Liesl Karlstadt am 6. September 1947 zum ersten Mal nach sieben Jahren wieder mit Karl Valentin auf. Sie gastierten vom 11. bis 15. Dezember auf der Kleinkunstbühne Der Bunte Würfel, vom 1. bis 12. Januar 1948 im Simpl, vom 22. bis 31. Januar wieder im Bunten Würfel. Auf dem Programm stand die »Orchesterprobe«. Im Bühnenalbum 4 sind Szenenfotos zu sehen, die Liesl Karlstadt als gealterten Kapellmeister zeigen. Der handschriftliche Kommentar lautet: »31. Januar letztes Auftreten Karl Valentins«. Er starb am 9. Februar 1948 in Planegg an den Folgen einer Lungenentzündung. Die Artikel zu seinem Tod füllen zehn Seiten in Liesl Karlstadts Bühnenalbum.

In der Nachkriegszeit verwandten die Menschen ihre Hauptenergie darauf, sich neue Lebensgrundlagen zu schaffen oder die alten zu regenerieren. Liesl Karlstadt stürzte sich in ihre Arbeit auf der Bühne und im Film, nahm sogar kleinste Rollen an, um nicht vergessen zu werden. Einem Journalisten von der Süddeutschen Sonntagspost gestand sie:

»Wissen S', auf der Bühne, da hab ich halt die Schneid, aber nachher ist alls wieder vorbei, und i muaß mi ehrlich plagn! Gschenkt krieg i aa nix! Glei nach der Währungsreform hams mir mei Gage runtergsetzt auf fünfzig Prozent, weil die Eintrittspreise heruntergegangen sind. Wie's aber dann wieder in die Höh sind, hat die Stadt das Versprechen, das sie mir gebn hat, wieder vergessen. Ich kann nur hoffen, daß mich die Stadt München net im Stich laßt, sonst muß ich hungern oder wieder zum Tietz als Verkäuferin gehn. Wie ich als siebzehnjähriges Mädel von der Kurzwarenabteilung weggegangen bin, hat der Personalchef zu mir gsagt, i soll wiederkommen, wenn's mir einmal schlecht geht im Leben.«[96]

Aus der Vielzahl ihrer Theaterarbeiten hat sie für ein Fernsehgespräch, das der Regisseur Hans Reinhard Müller im Januar 1959 mit ihr führte, diejenigen ausgewählt, die ihr selbst wichtig waren:

Kleine Komödie: Rendezvous um Mitternacht (1948), Das Konzert (1948, 1956), Arsen und Spitzenhäubchen (1949), Der erste Frühlingstag (1951).

Volkstheater: O.K. Mama (1948), Der goldne Kranz (Filmstar gesucht, 1949)

Schauspielhaus/Kammerspiele: Starker Stamm (1950/51), Frauen in Newyork (1950/1), Feuerwerk (1952)

Gärtnertheater: Abschiedswalzer (1954)

Staatstheater/Residenztheater: Das Konzert (1953), 3 Thoma-Einakter (Die kleinen Verwandten, Gelähmte Schwingen, Die Medaille, 1957), Witwen (1958)

800 Jahre Volkstheater: Matheis bricht's Eis (1958)[97]

Das Theater und der Film beschäftigten Liesl Karlstadt jetzt regelmäßig. Das Medium, das nach dem Krieg ihre Popularität begründete, war jedoch der Rundfunk. Das massenmediale Zeitalter der Serien kündigte sich Ende der Vierzigerjahre schon an. In den »Brummlgschichten« von Kurt Wilhelm und Olf Fischer sprach Liesl Karlstadt an der Seite von Michl Lang die resolute Frau Brumml. Der überwältigende Erfolg setzte dann für sie mit der Rolle der Frau Brandl in der beliebten Serie »Familie Brandl« von Ernestine Koch ein. Premiere war am 3. Januar 1952 unter dem Titel »Meisterhausfrau – Haushaltslehrling« im Frauenfunk am Vormittag. Zunächst hatte man nur wenige Folgen konzipiert, in denen die Meisterhausfrau Wally Brandl (Liesl Karlstadt) ihre Haustochter, das Flüchtlingsmädchen Gisela, ausbilden und auf die Hauswirtschaftsprüfung vorbereiten sollte. Im Verlauf dieser ersten Folgen waren die Protagonisten den Hörern und der Redaktion so ans Herz gewachsen, dass die Serie erweitert wurde und der Sendeplatz auf den Samstagnachmittag verlegt wurde. Jeden zweiten Samstag wurden die Erlebnisse der Familie Brandl nun ausgestrahlt, unter der Regie von Willi Purucker, redaktionell betreut von Emmy Heilmeier.

Die Familie Brandl bestand aus Herrn und Frau Brandl, die ein kleines Geschäft besaßen, dem Sohn Ferdl, dem der Lateinunterricht große Schwierigkeiten bereitete, und der Haushaltshilfe Gisela, die für die Hauswirtschaftsprüfung lernte. Mit der Zeit kamen noch Onkel, Tanten und entfernte Familienmitglieder dazu.

Die Hörerinnen und Hörer akzeptierten die Familie

schnell als zu ihnen und ihrem Alltagsleben gehörig. Die Zeitungen veranstalteten Umfragen zum Thema »Finden Sie, daß Frau Brandl sich richtig verhält?« und konstatierten:

»Das besonders Liebenswerte an dieser Funkfamilie ist, daß sie vollkommen ›normal‹ ist. Was ihr passiert, kann jeden Augenblick jede andere Familie in München auch erleben, und so, wie die Brandls reagieren, sich mit ihren Problemen auseinandersetzen, machen es täglich zahllose echte Familien.«

Die Probleme, mit denen die Familie Brandl konfrontiert war, bestanden in alltäglichen Fragen: Wie sollte man mit den Schulschwierigkeiten des Sohnes umgehen? War es sinnvoll, einen Bausparvertrag abzuschließen? Wie konnte man den häuslichen Putzalltag zeitsparend organisieren? Die Reihe der Fragen schien endlos zu sein, und am 15. März 1958 lud die Autorin Dr. Ernestine Koch alle Mitwirkenden zum 200. Funkgeburtstag ihrer Sendung ein.

Mittelpunkt der Serie war Mutter Brandl. Als einfache Frau mit Herz und Mundwerk auf dem rechten Fleck wurde sie in den Fünfzigerjahren zur Identifikationsfigur für viele Münchnerinnen und Münchner und ihre Darstellerin Liesl Karlstadt zu einer viel geliebten und geachteten Persönlichkeit in ihrer Heimatstadt. Zu ihrem 65. Geburtstag im Jahre 1957 erhielt sie 1200 Glückwunschschreiben. Die Berichte über ihren Ehrentag nehmen zehn Seiten in ihrem Bühnenalbum 5 ein.

Die Vermischung von Rolle und Person, die diesmal in erster Linie vom Publikum ausging, hat Liesl Karlstadt gern unterstützt und weitergetrieben, wie ihr damaliger Beitrag für die Abendzeitung zeigt:

»Mei, i bin do kei so Mondäne, so a Monroe oder Genalolo Brigida, was Ihr alleweil mecht's! Für die meisten bin i halt die Mutter Brandl. Wie jetz' die Gisela geheiratet hat (in der Sendung, versteht sich), da hab' i so a liabe Kart'n kriagt, zum Beispiel von der Renate aus Niederbayern, die hätt' glei bei mir als Haustochter eintret'n woll'n. Aber leider, im Haushalt kann ich keiner was lernen, ich bin ja viel zu häufig auswärts.«[98]

Dass das Publikum die Figur der Mutter Brandl als wie für sie auf den Leib geschneidert bejubelte, war für sie zunächst gar nicht so selbstverständlich gewesen. Sie hatte es als komisch empfunden, auf einmal eine Frau wie diese sein zu müssen. »Zuerst hab ich direkt Hemmungen gehabt, eine Bluse und einen Rock anzuziehen, weil ich so an Hosen und die männlichen Perücken und Bärte gewöhnt war.«[99]

Mutter Brandl oder vorher Frau Brumml blieben nämlich für die Hörer nicht unsichtbar. Die Darstellung dieser Rundfunkrollen fand nicht nur im Verborgenen des Studios statt, sondern wurde ergänzt durch öffentliche Auftritte der Stars. Man veranstaltete Gastspielreisen »beliebter Funkhumoristen« unter dem Titel »Weißblaue Drehorgel«, »Münchner Lachparade« oder »Münchner Brettl«. Theo Riegler wirkte dabei häufig als Conférencier mit und wurde Zeuge von Liesl Karlstadts wachsender Beliebtheit:

»Die Leute, die vom Rundfunk her ihre Stimme kannten, brannten darauf, sie leibhaftig zu sehen. Wenn wir mit einem Ensemble prominenter Funkhumoristen auf Tournee gingen, war die erste Frage des Publikums, ob denn auch wirklich die Liesl Karlstadt dabei wäre. War dies der Fall, dann verklärten sich die Mienen, und die Stimmung war beson-

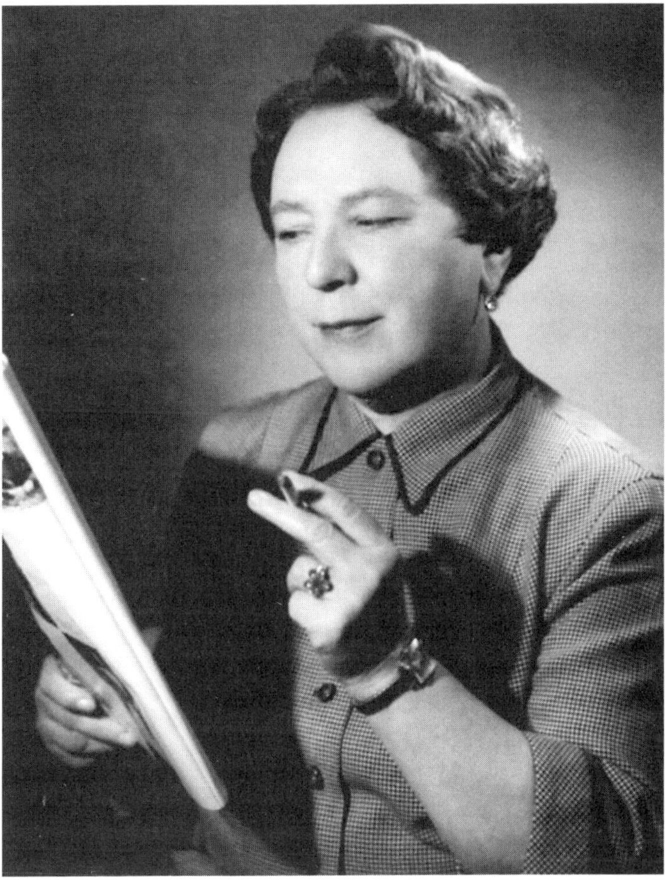

Als Mutter Brandl in den Fünfzigerjahren

ders erwartungsvoll. (…) Beim Namen Liesl Karlstadt erhob sich ein stürmischer Applaus, der von Herzen kam. Wenn sie dann in ihrer bescheidenen und sympathischen Art die Bühne betrat, steigerte sich der Beifall zu einer Ovation.«[100]

War sie bei den Gebirgsjägern auf der Ehrwalder Hütte noch zwischen der Rolle der Mutter und der des Gefreiten Gustav hin und her gependelt, so konzentrierte sie sich seit ihrer Rückkehr nach München nur noch auf die der Mutter.

Sie hatte zwar selbst keine Kinder, aber es war trotzdem eine Rolle, die sie schon als junge Frau eingenommen hatte – vertretungsweise. Nachdem ihre eigene Mutter gestorben war, als sie sechzehn und ihre Schwester Amalie sechs Jahre alt war, fühlte sie sich für die Kleine verantwortlich und versuchte, ihr die Mutter zu ersetzen. So gut es eben möglich war, denn sie selbst war damals dabei, neue Wege heraus aus der Häuslichkeit der Familie für sich zu entdecken.

Vor dem Tod der Mutter hatte sie diese schon einmal für sich verloren, wie sie ihrem Arzt Dr. Seif sagte. Ihr inniges Verhältnis war gestört worden durch die Geburt der kleinen Schwester, die ihren Platz einnahm und im Bett der Mutter schlief. Sie selbst war über Nacht daraus verstoßen worden und hatte diese Zurücksetzung ihrem Arzt gegenüber als das furchtbarste Erlebnis ihres Lebens bezeichnet. Daraus leitete Dr. Seif ihre permanenten Minderwertigkeitsgefühle und ihren Selbsthass ab. Auch wenn man die Wertung des Arztes, der ein Vertreter der Individualpsychologie war, vielleicht ein wenig relativieren sollte, bleibt die plötzliche Verdrängung durch die jüngere Schwester ein traumatisches Erlebnis. Die Mutter hatte sich abrupt von ihr abgewandt, dem jüngeren neuen Schwesterchen alle Liebe und

Aufmerksamkeit geschenkt. Sie wurde Hals über Kopf allein gelassen. Natürlich gab es einleuchtende Erklärungen, aber die vermochten die elementare Erfahrung nicht zu mildern, dass ein sicher geglaubtes Glück zerstört worden war. Ohne jede Vorbereitung oder Vorwarnung.

Die Gefühle, die sie der Kleinen daraufhin entgegenbrachte, werden nicht immer freundlich gewesen sein. Wie schön war doch das Leben, als die Schwester noch nicht auf der Welt war und man die geliebte Mutter für sich ganz allein hatte. Solche Gedanken erzeugen Schuldgefühle und dienen schließlich sogar als vermeintlicher Beweis dafür, dass man kein guter Mensch ist. Und ein guter Mensch – das wollte sie doch so gern sein. In ihren Aufsätzen, die sie als Dreizehnjährige schrieb, klingt das immer wieder an. Sie bemühte sich, es allen recht zu machen, um von ihnen gemocht, vielleicht sogar geliebt zu werden.

Als die Mutter starb, konnte sie die aggressiven Gedanken und die Rivalitätsgefühle, die die kleine Schwester bei ihr ausgelöst hatte, wiedergutmachen und sich zugleich mit der Mutter, von der sie verstoßen worden war, versöhnen. Sie schlüpfte in ihre Rolle. Zeit ihres Lebens blieb die enge Beziehung zu ihrer Schwester bestehen. Sie wohnten zusammen, verreisten miteinander, und vorübergehend tauschten sie auch ihre Rollen. Dann sorgte sich die Jüngere um die Ältere, fühlte sich für sie und ihr Wohlergehen verantwortlich, wollte alles Feindliche und Verstörende von ihr fernhalten. Dazu gehörte vor allem Karl Valentin, über den Amalie Wellano sagte:

»Valentin, ein skurriler, ängstlich immer daran denkend es könnte ihm etwas zustoßen ein Unfall oder eine Krank-

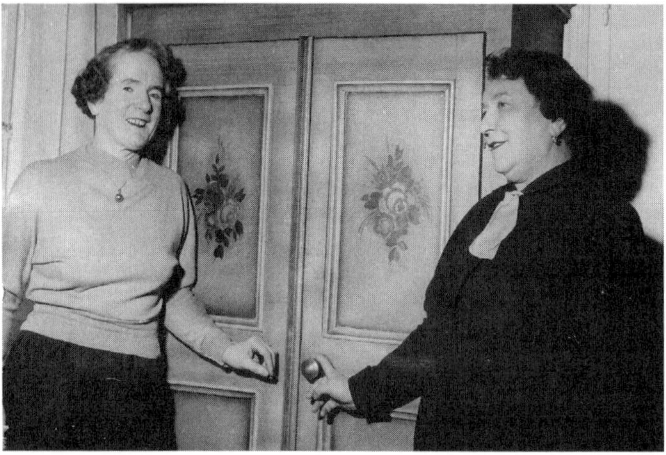

Zu Hause mit ihrer Schwester Amalie Wellano

heit, war sehr schwierig. Oft bewunderte ich die Geduld meiner herzensguten Schwester.«[101]

Dazu gehörten aber auch alle, die der geliebten Schwester nicht die Sensibilität und das Verständnis entgegenbrachten, die sie brauchte, um sich künstlerisch zu entfalten, laute und dominierende Regisseure zum Beispiel.

»Was für ein Zauber ging doch von meiner Schwester aus, das liebe Gesicht, wie ein Barockengerl sah sie aus; das rundliche weiche an ihr so weich war sie im Gemüt. Mit lieben Menschen war sie gerne beisammen. Wieviel Charme entwickelte sich bei ihr und wie viel Liebe strahlte sie aus. Was bedeutete für sie die künstlerische Arbeit. Ein feiner empfindsamer, heiterer Regisseur war für sie ungeheuer wichtig.«

Zeitweise scheint Amalie Wellano ihre Schwester in ähnlicher Weise umklammert zu haben, wie es Karl Valentin tat. Beide äußerten Sorge, wenn Liesl Karlstadt auf die Berge stieg, Skitouren unternahm und Alleingänge wagte. Beide waren ängstlich darauf bedacht, der wichtigste Mensch für sie zu sein, und wollten sich diese Position von niemandem streitig machen lassen. Umsorgt und beschützt zu werden ist ein schönes Gefühl, das Geborgenheit entstehen lässt. Die Grenze zur Einengung und Umklammerung ist jedoch fließend. Dann kann das Gefühl der Sicherheit in Bedrängung und Eingeschlossenheit umschlagen, aus dem man wieder verzweifelt Fluchtwege sucht.

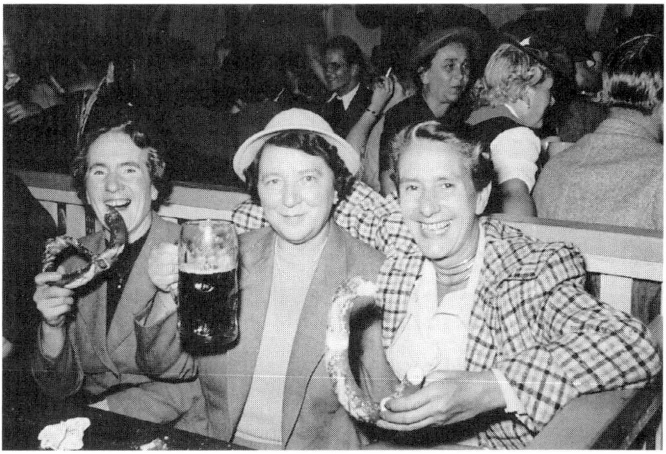

Amalie Wellano, Liesl Karlstadt und Erika Mann vermutlich bei einem Besuch auf dem Münchner Oktoberfest

Im Sommer 1960, bevor eine neue Folge der Serie »Familie Brandl« aufgenommen werden sollte, fuhr Liesl Karlstadt mit ihrer Schwester nach Garmisch-Partenkirchen in den Urlaub. Am 26. Juli besuchte sie ihr geliebtes Ehrwald und schrieb eine Karte an Erika Mann, die dort ein Haus besaß:

»Liebe Frau Erika! Nun habe ich endlich Ihr Häuschen von innen gesehen u. bin mehr als begeistert. Ich gratuliere. Den oberen Platz kann ich mir auch schon gut vorstellen u. ich bin überzeugt, daß Magnus auch das richtig hinkriegen wird u. wir alle uns öfters zwecks Gaudi mit Ihnen treffen. Zu schade, daß ich Sie jetzt nicht hier angetroffen, ich hoffe aber auf bald und bleibe mit herzlichen Grüßen Ihre Liesl Karlstadt.«[102]

Am nächsten Tag starb Liesl Karlstadt in Garmisch an einem Gehirnschlag. Amalie Wellano schrieb in ein Album unter die Postkarte, die die Hotel-Pension Leiner zeigt: »Hier im Haus Leiner starb meine innigstgeliebte Liesl am 27. Juli 1960. Für mich ging die Sonne unter.«

ANMERKUNGEN

Sofern im Text nicht anders ausgewiesen, stammen alle Zitate aus den Bühnenalben Liesl Karlstadts.

1 Deleuze, Gilles; Parnet, Claire: Dialoge, Frankfurt am Main 1980, S. 128
2 Riegler, Theo: Das Liesl Karlstadt Buch, München 1961, S. 5
3 Krauss, Marita; Beck, Florian (Hg.): Leben in München. Von der Jahrhundertwende bis 1933, München 1990, S. 153
4 Krauss; Beck, S. 100
5 Bühnenalbum 1
6 Riegler, S. 7f.
7 Typoskript mit handschriftlichen Ergänzungen im Nachlass Liesl Karlstadt, Monacensia, München
8 Krauss; Beck, S. 170
9 Krauss; Beck, S. 171
10 Originalmanuskript im Nachlass Liesl Karlstadt, Monacensia
11 Typoskript mit handschriftlichen Ergänzungen im Nachlass Liesl Karlstadt, Monacensia
12 Saxophon und Strickstrumpf. Ein Ferien-Kurzbesuch bei Lisl Karlstadt (f.h.), Bühnenalbum 1
13 Dimpfl, Monika: Immer veränderlich. Liesl Karlstadt 1892–1960, München 1996

14 Karlstadt, Liesl: Alte Münchnerinnen. Interview. Originalmanuskript im Nachlass Liesl Karlstadt, Monacensia
15 Bach, Rudolf: Die Frau als Schauspielerin, Tübingen 1937, S. 86 f.
16 Sack, Irene: Münchner Porträts. Liesl Karlstadt als Kameliendame. Süddeutsche Sonntagspost, Bühnenalbum 1
17 Typoskript im Nachlass Liesl Karlstadt, Monacensia
18 Riegler, S. 23
19 Schweiggert, Alfons: Karl Valentin und die Frauen, München 1997, S. 39 f.
20 Fellini, Federico: La Strada, Zürich 1977, aus dem Vorwort
21 Hanusch, Peter: LK+KV, unveröffentlichtes Manuskript, 1997
22 Bühnenalbum 1
23 Berlinger, Joseph: Liesl Karlstadt. Unbekannte Bilder. Mittelbayerische Zeitung Regensburg, 12./13.12.1992
24 Horn, Effi: Erinnerung an Liesl Karlstadt, Unser Bayern. Heimatbeilage der Bayerischen Staatszeitung
25 Feuchtwanger, Lion: Erfolg, Berlin 1996, S. 218 f.
26 Dimpfl, S. 29
27 Bühnenalbum 1
28 Typoskript (bearbeitet von Oskar Weber) im Nachlass Liesl Karlstadt, Monacensia
29 Autobiographische Texte. Typoskript im Nachlass Liesl Karlstadt, Monacensia, S. 167
30 Abschrift im Nachlass Karl Valentin, Theaterwissenschaftliche Sammlung, Köln
31 »Theater in der Vorstadt«, »Vorstadtorchester«, »Orchesterprobe«, »Tingel-Tangel« und andere Titel tauchen im Verlauf ihrer Karriere zu dieser Szene auf.
32 auch unter dem Titel »Beim Vorstadtphotographen« genannt
33 Bühnenalbum 2
34 Valentin, Karl: Sämtliche Werke. Ergänzungsband, München 1997, S. 121
35 Bach, S. 84 f.

36 Valentin Böheim, Bertl, in: Karl Valentins Lachkabinett. Acht Stegreifkomödien. Herausgegeben von Gerhard Pallmann, München 1950, S. 7
37 Walter Jerven: Karl Valentin auf den Proben, Bühnenalbum 1
38 Der Firmling. Liesl Karlstadt erzählt, in: Gerhard Pallmann (Hg.): Karl Valentins Lachkabinett, S. 84
39 Karlstadt, Liesl: Valentin und ich. Zeitschriftenartikel im Bühnenalbum 1
40 Kuh, Anton: Der Valentin ist da! Eine Beschreibung mit Hindernissen, 14. Januar 1928, Bühnenalbum 1
41 eine der Solorollen Liesl Karlstadts
42 Pemsel, Klaus: Karl Valentin im Umfeld der Münchner Volkssängerbühnen und Varietés, München 1981, S. 167
43 Wendt, Gunna (Hg.): Die Jazz-Frauen, Hamburg/Zürich 1992, S. 85
44 »Wo sind sie denn?«
45 Typoskript im Nachlass Liesl Karlstadt, Monacensia
46 Charms, Daniil: Fälle, Zürich 1988, S. 73
47 Laing, Ronald D.: Knoten, Hamburg 1970, S. 81
48 Laing, Ronald D.: Liebst du mich?, Köln 1978, S. 67
49 Feuchtwanger, S. 221
50 Hofer-Dernburg, Dorothea: Der Komiker und die Gefährtin, Bühnenalbum 2
51 Textblatt, Nachlass Liesl Karlstadt, Monacensia
52 Cindy Sherman, mit Texten von Els Barents und Peter Schjeldahl, München 1984, S. 10
53 Valentin und ich. Zeitschriftenartikel im Bühnenalbum 1
54 Riegler, S. 34 f.
55 Bach, S. 87 f.
56 Mein Münchener Film. Zeitungsausschnitt im Bühnenalbum 1
57 auch unter den Titeln »Im Senderaum« und »Der Antennendraht« genannt
58 Abschrift im Nachlass Karl Valentin, Theaterwissenschaftliche Sammlung, Köln

59 Bühnenalbum 2
60 Bühnenalbum 2
61 Walter Jerven: Karl Valentin und München, Bühnenalbum 2
62 Bühnenalbum 2
63 Nachlass Karl Valentin, Köln
64 Nachlass Karl Valentin, Köln
65 Typoskript im Nachlass Liesl Karlstadt, Monacensia
66 Nachlass Karl Valentin, Köln
67 Schulte, Michael: Karl Valentin. Eine Biographie, Hamburg 1982, S. 63
68 Münz, Erwin und Elisabeth (Hg.): Geschriebenes von und an Karl Valentin, München 1978, zitiert nach: Schulte, S. 163
69 Das wird deutlich in der Sammlung »Absonderliches aus den Akten des Dritten Reiches«, die Beatrice und Helmut Heiber unter dem Titel »Die Rückseite des Hakenkreuzes« herausgegeben haben. München 1993
70 Gerhard Pallmann (Hg.): Karl Valentins Lachkabinett, S. 21
71 Eugen Roth: Anekdoten und Erinnerungen, in: Sämtliche Werke, Band 7, Frankfurt 1995, S. 98
72 Polizeidirektion München 7938, Selbstmordversuche 1935, Staatsarchiv München
73 Archiv der Psychiatrischen Klinik und Poliklinik, Nußbaumstraße, München
74 Korrespondenz mit Norma Lorenzer, Valentin-Karlstadt-Musäum
75 Barloewen, Constantin von: Clown. Zur Phänomenologie des Stolperns, Frankfurt/Berlin/Wien 1984, S. 113
76 handschriftlich auf dem Briefpapier Liesl Karlstadts, Maximilianstr. 29/III, Nachlass Liesl Karlstadt, Monacensia und Archiv der Psychiatrischen Klinik, Nußbaumstraße
77 Frank, Wolfgang: Kurzlehrbuch Psychiatrie, Neckarsulm/Stuttgart 1993, S. 50
78 Deleuze, Gilles; Guattari, Félix: Anti-Ödipus. Kapitalismus und Schizophrenie, Frankfurt am Main 1977, S. 173

79 Valentin, Karl: Sämtliche Werke, Bd. 6, Briefe, herausgegeben von Gerhard Gönner, München 1991, S. 92 f.

80 Valentin, Karl: Sämtliche Werke, Dokumente, Nachträge, Register, hg. von Manfred Faust und Gerhard Gönner, München 1997, S. 161

81 Liesl Karlstadt. Originalvorträge von Karl Valentin, München, ohne Datum, S. 11, Nachlass Liesl Karlstadt, Monacensia und Valentin: Sämtliche Werke, Bd. 1, S. 82 f.

82 Valentin: Sämtliche Werke, Dokumente, Nachträge, Register, S. 86 f.

83 Typoskript im Nachlass Liesl Karlstadt, Monacensia

84 Valentin: Sämtliche Werke, Dokumente, Nachträge, Register, S. 159 f.

85 Cindy Sherman in: Peter Sager: Der ganz normale Horror, ZEIT magazin, 4.11.97

86 Riegler, S. 94

87 Riegler, S. 99 f.

88 Riegler, S. 100

89 Riegler, S. 101

90 Riegler, S. 100

91 Innsbrucker Nachrichten, 11. Februar 1941

92 Valentin: Sämtliche Werke, Bd. 6, Briefe, S. 75 f. und 78

93 Innsbrucker Nachrichten, 26. August 1941

94 Innsbrucker Nachrichten, 8. Oktober 1941

95 Nachlass Liesl Karlstadt, Monacensia

96 Riegler, S. 127

97 Dimpfl, S. 107 f.

98 Riegler, S. 150

99 Riegler, S. 126 f.

100 Riegler, S. 136

101 Amalie Wellano: Einige Aufzeichnungen über meine geliebte Liesel, Nachlass Liesl Karlstadt, Monacensia

102 Nachlass Erika Mann, Monacensia

ZEITTAFEL

1892	Geboren am 12. Dezember in München als fünftes Kind des Bäckers Ignaz Wellano und seiner Frau Agathe, geb. Edenhofer. Bürgerlicher Name: Elisabeth Wellano
1898–1905	Besuch der Volksschule
1906–1911	Lehre als Textilverkäuferin bei Eder, anschließend Verkäuferin im Warenhaus Tietz
1910	Jugendliche Soubrette bei einer Münchner Volkssängertruppe im Frankfurter Hof
1911	Begegnung mit Karl Valentin
1912–1915	Auftritte mit verschiedenen Münchner Volkssänger- und Theatergruppen
1913	Beginn der Zusammenarbeit mit Karl Valentin Erster gemeinsamer Film: »Karl Valentins Hochzeit« Erste gemeinsame Szene: »Alpenveilchen-Terzett« Künstlername: Liesl Karlstadt
1915	Mit Karl Valentin Direktion des Kabaretts Wien-München im Hotel Wagner Ab 1915 gemeinsame Auftritte in allen wichtigen Kabaretts. Couplets, Solovorträge, Szenen
1918	Erstmalig die Rolle des Kapellmeisters gespielt, die ihre berühmteste Männerrolle wird

1922–1924	Gastspielreisen nach Zürich, Wien, Berlin
1928	Zweites Berlin-Gastspiel
1930	Erstes Einzelengagement an den Münchner Kammerspielen als »Frau Vogl« in Bruno Franks Komödie »Sturm im Wasserglas«
1932	Einzelengagement am Münchner Volkstheater und Tournee in Heinrich Hincks und Josef Mooshofers Volksstück »Die 3 Gschpusi der Zenta« Ab 1932 Verfilmung der Karlstadt-Valentin-Szenen
1934	Beteiligung an Karl Valentins Gruselkeller mit großem finanziellen Verlust
1935	Nervenzusammenbruch. Am 6. April Selbstmordversuch In den folgenden Jahren immer wieder Krankenhausaufenthalte in der Psychiatrischen Klinik in der Münchner Nußbaumstraße
1940	Einzelgastspiel in Gondrells Bonbonniere, München
1941–1943	Als »Gefreiter Gustav« bei den Gebirgsjägern auf der Ehrwalder Alm in Tirol. Daneben Auftritte in München
1947	Am 6. September wieder erstes Auftreten mit Karl Valentin nach siebenjähriger Pause
1948	Karl Valentin stirbt am 9. Februar Ab 1948 Volksschauspielerin an diversen Münchner Theatern und im Rundfunk in den »Brummlgschichten« und der »Familie Brandl« Gastspielreisen mit den »Funkhumoristen«, kleine Rollen in Film- und Fernsehproduktionen
1960	Liesl Karlstadt stirbt am 27. Juli in Garmisch

LITERATUR

Bach, Rudolf: Die Frau als Schauspielerin, Tübingen 1937

Bachmann, Ingeborg: Undine geht, in: Werke, Band 2, München 1993

Barloewen, Constantin von: Clown. Zur Phänomenologie des Stolperns, Frankfurt/Berlin/Wien 1984

Charms, Daniil: Fälle, Zürich 1988

Deleuze, Gilles; Guattari, Félix: Kafka. Für eine kleine Literatur, Frankfurt am Main 1976

Deleuze, Gilles; Guattari, Félix: Anti-Ödipus. Kapitalismus und Schizophrenie, Frankfurt am Main 1977

Deleuze, Gilles; Parnet, Claire: Dialoge, Frankfurt am Main 1980

Dimpfl, Monika: Immer veränderlich. Liesl Karlstadt 1892–1960, München 1996

Fellini, Federico: La Strada, Zürich 1977

Feuchtwanger, Lion: Erfolg, Berlin 1996

Fleißer, Marieluise: Avantgarde, in: Gesammelte Werke, Band 3, Frankfurt am Main 1983

Fleißer, Marieluise: Ein Pfund Orangen und neun andere Erzählungen der Marieluise Fleißer aus Ingolstadt, Frankfurt am Main 1984

Frank, Wolfgang: Kurzlehrbuch Psychiatrie, Neckarsulm/Stuttgart 1993

Heiber, Beatrice und Helmut (Hg.): Die Rückseite des Hakenkreuzes. Absonderliches aus den Akten des Dritten Reiches, München 1993
Krauss, Marita; Beck, Florian (Hg.): Leben in München. Von der Jahrhundertwende bis 1933, München 1990
Laing, Ronald D.: Knoten, Hamburg 1970
Laing, Ronald D.: Liebst du mich? Köln 1978
Pallmann, Gerhard (Hg.): Karl Valentins Lachkabinett. Acht Stegreifkomödien, München 1950
Pemsel, Klaus: Karl Valentin im Umfeld der Münchner Volkssängerbühnen und Varietés, München 1981
Phillips, J.J.: Mojo Hand. Eine orphische Erzählung, Frankfurt am Main 1989
Plath, Sylvia: Ariel, Frankfurt 1974
Riegler, Theo: Das Liesl Karlstadt Buch, München 1961
Roth, Eugen: Anekdoten und Erinnerungen, in: Sämtliche Werke, Band 7, Frankfurt 1995
Schulte, Michael: Karl Valentin. Eine Biographie, Hamburg 1982
Schweiggert, Alfons: Karl Valentin und die Frauen, München 1997
Sherman, Cindy: Cindy Sherman, mit Texten von Els Barents und Peter Schjeldahl, München 1984
Valentin, Karl: Sämtliche Werke, Dokumente, Nachträge, Register, hg. von Manfred Faust und Gerhard Gönner, München 1997
Wendt, Gunna (Hg.): Die Jazz-Frauen, Hamburg/Zürich 1992

Texte von Liesl Karlstadt

Aus dem Aufsatzheft für Elsa Wellano München
geschrieben 1906 in Riedering (bei Rosenheim) im 13. Lebensjahr:

Das Frohnleichnamsfest in Riedering
Ein Besuch der Wallfahrtskirche in Neukirchen
Ein Ausflug nach Rosenheim

BILDNACHWEISE

Monacensia Literaturarchiv, München
32, 33, 47, 64, 112, 115, 121, 134, 135, 144, 165, 166, 167, 168, 169, 178, 183, 184, 189, 223, 241, 252, 264, 265, 283, 284, 299, 302, 303
Archiv der Psychiatrischen Klinik und Poliklinik, Nußbaumstraße München 226, 227
Staatsarchiv München 215
Valentin-Karlstadt-Musäum 68, 69, 88, 89, 180, 181
Gunna Wendt 28, 29

Wir danken Frau Bertl Scheib, dem Monacensia Literaturarchiv und dem A1 Verlag für die freundliche Abdruckgenehmigung unveröffentlichter bzw. erstveröffentlichter Texte von Liesl Karlstadt.

Folgenden Archiven, Museen und Instituten danken wir für ihre Unterstützung:
Monacensia Literaturarchiv, München
Valentin-Karlstadt-Musäum, München
Stadtmuseum, München
Institut für Zeitgeschichte, München
Staatsarchiv, München
Archiv der Psychiatrischen Klinik und Poliklinik, Nußbaumstraße, München

Bundesarchiv, Abt. Militärarchiv, Freiburg
Bundesarchiv, Zentralnachweisstelle, Aachen
Militärgeschichtliches Forschungsamt, Potsdam
Theaterwissenschaftliche Sammlung, Schloss Wahn, Köln
Tiroler Landesmuseum, Innsbruck

DANKSAGUNG

Bedanken möchte ich mich für Anregungen und wertvolle Hinweise bei Walter Fiedler, Ursula Hummel, Dr. Elke Fröhlich-Broszat, Prof. Dr. Hanns Hippius, Robert Bierschneider, Gabriele Seidl, Renate von Törne und Franz Pfanzelter.

Dr. Gabriele Neundörfer danke ich für ihr Engagement und ihre Unterstützung.

Rüdiger Rohrbach danke ich für alltägliche konstruktive Impulse.

Dr. Elisabeth Tworek danke ich für spannende Gespräche während unserer Spaziergänge zum Herz mit doppeltem Boden.

Franz Klug danke ich für 100 objects to represent a person and more.

Mein besonderer Dank gilt Peter Hanusch, der mit seinen Glasbriefen aus der Galaxis Internet das Wachsen des Buchs begleitet und 1000 Plateaus um viele weitere bereichert hat.